JOSEF WEINHEBER

GEDICHTE

Ausgewählt von Friedrich Sacher

Geleitwort und Zeittafel von Friedrich Jenaczek

»Der wird sich bitter betten,
der treu sich unterfing,
ein teures Gut zu retten,
das längst verlorenging.«

HOFFMANN UND CAMPE

Der in diesem Buch enthaltenen Auswahl liegen die folgenden Gedichtbände – alle im Hoffmann und Campe Verlag, Hamburg, erschienen – zugrunde:

WIEN WÖRTLICH

ADEL UND UNTERGANG

SPÄTE KRONE

O MENSCH, GIB ACHT

ZWISCHEN GÖTTERN UND DÄMONEN

KAMMERMUSIK

HIER IST DAS WORT

DOKUMENTE DES HERZENS (Durch Bauernland)

CIP-Kurztitelaufnahme der Deutschen Bibliothek

Weinheber, Josef:
Gedichte / ausgew. von Friedrich Sacher. — 2. Aufl.,
7.—11. Tsd. — Hamburg: Hoffmann und Campe, 1978.
ISBN 3-455-08124-X

7.—11. Tausend 1978

Gesetzt aus der Borgis Linotype-Garamond
Gesamtherstellung: Wiener Verlag, Wien
Printed in Austria

INHALTSÜBERSICHT

I

LEICHTER BOGEN

Ach, in wieviel bunten Dingen
suchte ich mein Heimatland.
Suchte ich die klare Seele:
Wilden Wald und sanfte Hügel,
tiefen Himmels Wolkenauen,
eines stillen Tages Blond.
Süß verströmte Philomele
meines Heimwehs hob die Flügel,
sang und schluchzte, und im Blauen
stand ein sehnsuchtsvoller Mond.

(Du bist Orplid)

Aus »WIEN WÖRTLICH«

... Doch den Kranz der Heimat gebt mir Wien,
lobt mir diese Stadt!
Holde Frau und Mutter, Königin,
ganz von Schönheit satt.
Froh- und Schwermut, hell und trübe Zeit
hat sie angesehn.
Ihre Stirne ist vom Leid geweiht
und vom Wissen schön ...

(Lob der Heimat)

Alt-Ottakring

Was noch lebt, ist Traum.
Ach, wie war es schön!
Jüngre werden kaum
jene Zeit verstehn,
wo das Kirchlein stand
und die Häuser blank
unterm Giebelrand
hatten Weingerank.

Und im Herbste gar,
wenn der Maische Duft
hing im blauen Klar
der beschwingten Luft!
Von den Hügeln schlicht
kam der Hauer Sang,
da die Stadt noch nicht
grau ins Grüne drang.

Heut ein Steinbezirk
wie ein andrer auch,
und nur sanft Gebirg
schickt wie einst den Hauch,
Hauch von Obst und Wein
in die Gassen aus,
und der Sonnenschein
liegt auf altem Haus.

Da und dort ein Tor
hat noch breiten Schwung,
Buschen grün davor
lädt wie einst zum Trunk,
und im Abend wird
längst Vergangnes nah,
spielt ein Bursch gerührt
Ziehharmonika.

Vorfrühling in Schönbrunn

Schwimmendes Frühlicht und Reif im Schatten.
Damals war Sommer, lange ist's her.
Kunstvolle Schnörkel auf stillen Rabatten,
nackte Erde, braun in dem matten
Grün der Parkette, und blumenleer.

Schwarz in dem strengen Schnitt der Alleen
knorplig verkrüppeltes Astgeschling.
— Ewig verklungenem Kinderflehen:
»Mutter, ich möcht die Giraffen sehen . .«
schwebte zur Seite ein Schmetterling.

Marmornes Fischweib, der Flut entwunden,
— golden huschten die Fische darin —
schützt mit dem Arme den Blick der runden
Steinaugen, sinnlos und stolz gebunden
in die Gebärde seit Anbeginn.

Grotte des Meergotts. Heilige Rosse
spielen versteint auf geschwungenem Wall.
Muschel und Dreizack, Felsen und Flosse,
— blau stand der Himmel über dem Schlosse,
wunderbar blau wie nur dazumal.

Gelbe Pilaster vor bräunlichem Grunde.
Adelig schwingt sich die Treppe hinan.
Herren im Weißhaar gehn ihre Runde,
schmächtige Sonne, flüchtige Stunde,
zart und zerbrechlich wie Filigran.

Zart und zerbrechlich, wie nun von droben
die Gloriette herniedergrüßt.
Fürstlicher Traum, in den Himmel gehoben,
laß mit den Augen des Knaben dich loben,
dem du ein Wunder gewesen bist.

Drüben im Kammergarten hantieren
Gärtner mit Leiter, Säge und Scher',
Knospen glänzen und Amseln probieren.
Hier ging vor Zeiten der Kaiser spazieren,
aber der Kaiser ist auch nicht mehr.

Kinder spielen mit Ball und Reifen
mütterbewacht in der Stillen Allee.
Frühling wird, kann es das Herz nicht begreifen?
Marmorweiß stehen die Götter in steifen
Tuniken, zeitlos in Wonne und Weh.

Eden aus helleren Kindheitstagen,
immer noch da, und so namenlos fern!
Eben hat fein eine Glocke geschlagen —
Ach, auf dem blauen Matrosenkragen
prangten dem Knaben drei schneeweiße Stern . .

Die Pensionisten

Die Pensionisten, wie eh und je,
in Schönbrunn, auf dem Ring, in der Hauptallee,
mit dem weißen Bart und dem weißen Haar,
die leben das Leben, das gestern war.
Die Zeit ist fort, und das Blut geht leis
und rauscht eine lang verklungene Weis.

Sie gehen gemessenen Schritts, zwei, drei
in einer Reih und plaudern dabei.
Der Rang, der Dienst, der Ruhegenuß,
das schwache Auge, der steife Fuß —
und sie machen exakt am gleichen Ort kehrt
und grüßen einander hochgeehrt.

Sie sitzen im prachtvollen Sonnenschein
und schauen mitunter ganz kaiserlich drein.

Und auf einmal zeigt so ein alter Rat
einen Ring, eine Nadel, die er noch hat
von Seiner Majestät. Und ein Flüstern geht
herum wie ein Gebet.

Sie stehen oft Stunden an einem Platz
und locken die Vögel zu zärtlicher Atz,
und schwuppt ein Fink nach dem Bröserl und holts,
dann dreht sich der Alte in richtigem Stolz,
als wollt er sagen: »Nun, bitte sehr,
was tät das Viecherl, wenn ich nicht wär.«

Die Zeit ist fort, und das Blut geht leis
und rauscht eine lang verklungene Weis.
Die Pensionisten wie eh und je
in Schönbrunn, auf dem Ring, in der Hauptallee,
mit dem weißen Bart und dem weißen Haar,
die leben ein Leben, das schöner war . .

Blick vom oberen Belvedere

Fülle du! Gezier- und schöner Geist,
übersetzt in edelstes Gebreite:
Rechts die Kuppel, links die Kuppel weist
majestätisch ein dies Bild der Weite.

Ach, wie hatten jene Zeiten Kraft,
Roh- und Wildes in die Kunst zu heben!
Irdischer Gesetzlichkeit entrafft,
engten sie und weiteten das Leben.

Gehn nicht die Terrassen ab und an
Reifrockdamen, sanft hofiert von ihren
eindrucksicher steifen Kavalieren?

Nein, die Gärten zaubern holden Wahn.
Ganz verging dies Planen, Lächeln, Lieben —
gilb und weh — nur Schönheit ist geblieben . .

(Akrostichon für die Zeichnerin der ersten und zweiten Auflage, Marie Grengg)

Sieveringer Elegie

(Alkäische Strophe)

Das Strässel schweigt schon, schläfrig, in Dämmerung.
Der Flieder duftet schwerer im Abendwind.
Schon wuchtet breit die dunkle Einfahrt,
drüber behaglich der Buschen schaukelt.

Im Flur ists kühl. Der Leitgeb im blauen Schurz
begrüßt mich, nickt. Was sollen viel Worte, wo
sein Vater doch schon meinem Vater
unter dem Nußbaum den Trank kredenzte?

Es hat sich nichts geändert seitdem. Noch heut
im Glase schimmert grün der gepflegte Wein,
und noch wie einst legt sich der Nachtwind
kühl in die schwärzlichen Nußbaumkronen.

Wie einst die Resi, oder die Mizzi, bringt
die Kellnerin mit ihrem durchtriebnen Gang
das Windlicht. Wie ein zages Sternchen
spiegelt sich klein seine Flamm im Glase.

Behutsam bin ich, daß mir die Flamme nicht
verlöschen möge — aber weiß Gott, es ist
der alte Garten nicht, und ach, die
liebliche Flamme verlosch im *Herzen.*

Erwachend, einsam, seh ich um mich . . Zu laut
die fremden Leute; fremd auch, zu laut die Zeit.
Mich fröstelt. Ferner Frühling, deine
innigste Strophe hieß Maß und Schweigen.

Elegie auf den Tod eines alten Wieners

(1922)

Er ging von uns. Weint nur! Sein Hingang war
nicht beiläufig bloß eines Lebens Verglut.
Da er starb, erzitterte dumpf dieser Stadt
Wahrzeichen, mitgetroffen bis in den Grund,
uralten, heiligen Domes ein Quaderstein
barst, da den Sarg die bergende Scholle empfing.
Einer losch aus, und in Trauer aufschauend, sehn
wir gewaltigern Tod: Es stirbt eine ganze Stadt.

Da er, noch ehrfurchtgeschult, eine Tradition
klamm in den Händen hielt, während um ihn der Betrieb
einer entgötterten Zeit hohnlachend Worte spie,
welche zum Tod wurden all der Getroffenen;
da er ein *Mensch* war, gab seinen Wurzeln sich
nicht mehr dies Erdreich her, das, geschändet vom Tritt
fortschrittshungriger Tiere, Stein ward und Sumpf.

Also mußte er sterben. Könnte die Zeit
noch sich besinnen — fürwahr! sie besänne sich
an diesem einfachen Grab, um welches gelind
bald nun der Frühlingswind von den Hügeln her weht.
Aber der Tag ist taub für den Schollenwurf,
und der Wind um sein Grab, der weint durch die Nacht,
weint von den Hügeln, er weckt dieser Zeit nicht die Scham.

Um ein Grab mehr: Was tuts? Ach, wo bleibt der Trost
großer Kultur, gegliederten Lebens Sinn,
schön und harmonisch aus Weisheit, weise aus Leid,
leidvoll aus Menschlichkeit, menschlich aus tiefer Kraft,
Kraft, die aus Heimat und uraltem Glauben floß:
Wien selbst ist tot.. Dort tanzt eine fremde Stadt.
Drei Schaufeln Erde hinunter! Sie klagen an,
aber sie wecken — weint nur! — ein Totes nicht mehr.

Auf eine Wienerin

Heiter, ohne Schwere,
wo auf Erden wäre
jene stille Größe, die dich ehrt;
diese Leidensreine,
und im Glück dies feine
Lächeln, noch im Makel liebenswert?

Soviel Anmut lassen,
soviel Welt-erfassen
dieser Landschaft Genien nicht im Stich:
Die den Strom bewohnen
und die Hügelkronen,
gute Göttlichkeiten schützen dich.

Wenn ich leise klage
um die alten Tage,
nimm es als ein Teil des Wieners hin!
Hätt ich nicht dem Herzen
diese *Lust* der Schmerzen,
liebt ich denn in dir die Wienerin?

Dir, der ewig Jungen,
tief ins Blut gedrungen
ist der Kunst geheimnisvolles Reich.
Aufgelöst im Tanze
zeigst du unsre ganze
Künstlergabe, warm und rhythmenweich,

die am Quell des Lebens
lebt und süßen Schwebens
noch den Alltag adelt mit Musik:
Aller Weisheit Krone,
bittrer Zeit zum Hohne
gibst du sie der bittern Zeit zurück.

Laß mich ruhig klagen!
Deine Augen sagen
mir den Sieg der Schönheit stolz voraus.
Ewig unverloren,
Stadt, die dich geboren,
und gesegnet bis ans letzte Haus!

Biedermeier

Der Herr Vater okuliert
gelb- und rote Rosen.
Die Frau Mutter wischt gerührt
Staub von Spind und Dosen.

Tante stapft zum Schlummersitz
in die Laubenecke.
Um ihr Antlitz, grau und spitz,
flirren Sonnenflecke.

Jettchen träumt von ihrem Franz,
Franz von seiner Jette.
Und er schreibt ihr einen Kranz
zierlicher Sonette.

Abends in der Dunkelheit,
beim Staketenzaune,
ach, wie schnell vergeht die Zeit
zärtlichem Geraune.

Unterm Glassturz schlägt die Uhr
folgsam Stund um Stunden:
Zeit, von einer Nippfigur
neckisch überwunden.

Plötzlich wettert scharfe Luft
in den Trödelladen:
Spielerischer Traum verpufft
auf den Barrikaden.

Hofmusikanten

Er hat die Zither auf dem kleinen Wagen.
Sie singt, indem sie kurzen Tanzschritt geht,
und tut, als wolle sie die Laute schlagen,
daran ein blaues Band im Zugwind weht.

Er dreht den Kopf auf dünnem Vogelhals
und sucht die Fenster ab, wo sich nichts regt.
Ein Hund, verstört vom Lärm des Saitenschwalls,
dreht sich im Kreis, eh er sich wieder legt.

Es schnarrt und wimmert. Jetzt, in stummer Pein,
hebt er den Blick nach ihr und deutet Schluß.
Und überraschend wie ein Gellerschuß
knattert ein Groschen auf den Pflasterstein.

Ballade vom kleinen Mann

(1926)

Wie jeden Tag durch die zwanzig Jahr,
die er dient in seinem Büro,
steht er auf, streicht mit den Fingern durchs Haar,
wärmt Kaffee sich auf dem Rechaud,

wäscht Händ und Gesicht, fährt rasch in den Rock,
(nur im Amt nicht unpünktlich sein!)
streicht sich sein Brot, nimmt Hut und Stock
und läßt sein Zimmer allein.

Um die Groschen für die Straßenbahn
krampft er wichtig die Hand,
eh er hält beim Tor einen Augenblick an,
um zu schaun nach dem Wetterstand,

geht ein wenig müd, denn er schläft nicht gut,
bis zur Straßenbahn die paar Schritt;
mit Gesichtern, ihm vertraut wie sein Hut,
fährt er verdrossen mit.

Vor dem Amtshaus zupft er an Kragen und Rock,
verhält sich, ein weniges nur,
und vor seinem Schreibtisch im dritten Stock
sitzt er punkt acht Uhr.

Er nimmt seine lausigen Akten vor,
schreibt »zufolge« und »auftragsgemäß«,
macht Pause punkt zehn, und die Feder am Ohr,
ißt er sein Brot indes.

Dann schreibt er wieder »indem« und »hieraus«,
bis Zeit ist zum Mittagstisch.
Die Gemeinschaftsküche ist gleich im Haus,
und es stinkt nach Rüben und Fisch —

Er würgt am Schreibtisch den Fraß wie ein Mann,
der zuhause Besseres hat.
Dann raucht er sich eine Pfeife an
und gibt der Verdauung statt.

Er leiht sich dazu eine Zeitung aus
vom nächsten Kollegen und liest,
daß eine Dame aus gräflichem Haus
eines Knaben genesen ist.

Dann schreibt er von neuem »mithin« und »anbei«,
ganz pflicht- und schweigenumweht,

und endlich ist es auch heute drei,
und er nimmt seinen Hut und geht.

Die Sonne scheint blank, also fährt er nicht
wie sonst auf der Straßenbahn.
Er schlendert langsam, mit stillem Gesicht,
sieht sich die Schaufenster an,

weicht ängstlich einem Betrunkenen aus
und staunt nur: Gibt es das auch?
Schaut ihm kopfschüttelnd nach, bis ans letzte Haus,
und spürt den Fuselhauch.

Er sieht den Mädchen scheu nach der Brust
und denkt: Ist nichts für mich.
Lang ist die Ehe und teuer die Lust . .
und spuckt und räuspert sich.

Jetzt kommt der Uhrmacherladen am Eck.
Hier verweilt er, wie manchen Tag.
Und verschlingt mit dem Blick »seinen« Ring, der am Fleck
liegt, wo er immer lag.

Er geht durch den Park, und die Lindenblüh
duftet süß und schwül.
Ein heller Tag aus der Kindheit früh
steht auf einmal vor seinem Gefühl.

Es zerstiebt gleich wieder. Er denkt der Schuld,
die noch beim Schneider steht,
wischt sich den Schweiß mit Ungeduld,
schiebt den Hut ins Genick und geht.

Zuhause empfangen die Wände ihn,
wie er sie morgens verließ.
Er muß die Kissen frisch überziehn,
lüften, und jenes und dies.

Der Staubwedel rührt mit leichtem Schwung
an die Lautensaiten; der Klang
weckt halb verwehte Erinnerung
an die Zeit, wo er jung war und sang.

Du mein Gott, die Jugendeseleien,
die waren gründlich vorbei . .
Schnell holt er Eier und Wurstzeug ein
und brät sich »Schinken mit Ei«.

Er ißt aus der Pfanne (wer sieht es denn!)
lang, schwelgend und ohne Gier
und putzt nachher das Geschirr wieder schön
mit vielem Zeitungspapier.

Dann streicht er sich mehrmals über den Bauch,
sein Leiblied kommt ihm zu Sinn:
»Ja, die alten Deutschen tranken ja auch —«
und er brummt es so halb vor sich hin,

zieht die Uhr und schaut eine Zeit an die Wand,
denn die Zeit läuft schrecklich leer,
wenn kein Ding und Tun die Minute bannt
und kein Mensch ist um einen her —

und räkelt sich und zählt zweimal sein Geld:
Der Stammtisch wartet schon.
Dort ist das Leben, dort ist die Welt,
dort verebbt der Tag und die Fron.

Er genießt seine üblichen drei Achtel Wein
wie ein Bürger: gehalten, adrett.
Und fällt mit einem Seufzer klein
punkt zehn in sein einsames Bett.

Alt-Ottakringer Pilgerfahrt

Herr Koller, ein Mann nach der Väter Art,
beginnt jedes Werk mit großem Bedacht.
Begibt sich schön sacht auf die Pilgerfahrt
des Abends um halb acht.

Beim Kaspar, einst Gräf, im alten Ort,
da sammelt er sich für den künftigen Strauß.
Der Rosenklub tagt und der Pfarrer sitzt dort:
Es ist ein christliches Haus.

Hier nimmt er zwei Achtel nach Fug und Brauch:
»Alt, alt — ja, ja — denn der Heurige, nein,
der legt seinen Kalk in Adern und Bauch
und knistert bös im Gebein.«

Sein Antlitz ist rot wie ein Feuerbrand,
und ein Banner weiß, steht der Bart darin.
Und so, zwischen Lipp und Kelchesrand,
läßt er sein Fürzchen ziehn.

Begibt sich — nur Leute von Stand und Gewicht
begeben sich, merkt es — begibt sich sodann,
die blumige Weste mit Würde gericht,
zum Haimböck ein Stück obenan.

Ein Viertelstündchen sieht hier ihn bemüht
um des Burgenländers schmeckende Kost.
Zwei Achtel nur sinds, daß kein Unglück geschieht
und daß die Kehle nicht rost'.

Dann quert er die Straße, die Weste geschwellt,
mit den juchtenen Stulpstiefeln bis unters Knie,
blinzelt zum Himmel, schneuzt sich und hält
wie die Pflicht bei der Zehner-Marie.

Ein Achtel, und dieses nur gleichsam im Flug.
Kein Christengewinn ists für unseren Mann.
Die Biederkeit fehlt, und teuer genug
läßt sich der Schilcher an.

Er kämpft es durch, und gesammelt sticht
er in den bewegteren Wogengang.
Zwei Achtel beim Wagner, und sein Gesicht
ist wieder von Kampfmut blank.

Doch der Weg ist weit, und er sieht sich vor;
und beim Stritzl ists nur ein Achtel mit Gieß.
Dann gehts in die Weite, den Hut auf dem Ohr
und ein wenig schon ungewiß —

Jetzt kreuzt Herr Koller im offenen Meer.
Eine steife Brise treibt ihn hindann.
In der Erdbrustgasse, die See geht schwer,
legt er zum Löschen an.

Ein Achtel beim Völkel. Herr Koller zieht
durch die Zähne das Ottakringer Gefechs.
Der Himmel besternt sich, die Glatze sprüht,
es zittert der Nase Gewächs.

Und am Berge der Türk. Die Entscheidung ist nah.
Wie ein Irrwisch schwankt überm Tore das Licht.
Und Herr Koller sagt nein, doch der Wein, der schreit ja,
da ist kein Ausweg nicht.

Und hinein in die Schlacht! Sechs Achtel und acht!
Wie ein Sturmsegel bauscht sich der Weste Panier.
Herr Koller liegt steif um zwölf in der Nacht
vor dem Schanktisch unterm Klavier.

Der Stammgast

Wann ich im Wirtshaus einzieh,
da stehn die Stifte stramm.
Ich geh schon vierzig Jahre
hieher ins weiße Lamm —
Drei Wirte sind schon drüben,
ich bin gesund und frisch,
und seit dem Umsturz sitz ich hier
am Einsertisch.

Der Ober weiß schon selber,
was ich so konsumier:
Zuerst kommt die Wetschina
und dann ein Seiderl Bier,
am Montag krieg ich Stelzen,
am Mittwoch Leberwurst,
und vierzehn Achtel gehn genau
auf meinen Durst.

Gilt Ehr und Würde nimmer,
und ist die Welt defekt:
Die Stift' und Speisenträger,
die haben noch Respekt.
Der Wirt hat nichts zu reden,
ich bin der Herr im Haus,
und wann es nicht am Schnürl geht,
so bleib ich aus.

Mir ist schon längst zuwider
die ganze Politik.
Ich war einmal Bezirksrat,
doch das liegt weit zurück.
Ein Schnapser ist mir lieber,
hab ich ein schönes Blatt —
Ich bin der größte Schampion,
den Erdberg hat.

Die Autos und die Flugzeug,
die hab ich auf dem Zug.
Als gäbs nicht wilde Narren
und Krüppel schon genug —
Träumt mir was Schönes, spiel ich
es in der Lotterie;
und nur beim Sitzen seh ich noch
auf meine Knie.

Um zwölf Uhr, wann ich Schluß mach,
die Welt ist schön und gut.
Die Spezi sagen Servus,
ein Stift halt' meinen Hut,
den Mantel bringt der Ober
und hilft mir sacht hinein,
der Wirt reicht mir den Weichselstock:
Denn Zwirn muß sein.

Wienerwald

Du im Traum
geh nur zu!
Rauschebaum,
Lindenruh;
Landstraß auf,
Landstraß ab,
Wolkenlauf,
Wandertrab;
Schöntagsblau,
Sturmgebraus,
weite Schau
hügelaus;
Wald an Wald,
wellengleich,
streng geballt,
anmutweich;

eingestreut
zwischendurch
Wies und Weid,
Ackerfurch,
Blütenvlies,
Wegeband,
alles dies
ist dein Land,
alles dies
ist noch mehr:
Paradies-
wiederkehr,
Zeit, die kreist
und beruht:
Ahnengeist
dir im Blut.

Hymnus auf den Kahlenberg

Nicht weil du, glanzbewußt,
heute so vornehm tust:
Weil du ein Wiener bist,
Berg, sei gegrüßt!
Warst in der überlangen Zeit
Glück für die kleinen Leut,
seliger Sonntagsgang,
waldwiesenlang.

Hast unsre Jugendjahr gesehn,
Veilchen und Primeln stehn
— längst ist die Kindheit fort —
immer noch dort.
Schwärmerisch frühestes Gefühl
aufnahm dein Waldgewühl,
einsames Liebesleid,
du hast's geweiht.

Hast uns die Stern' in der Nacht
heimatlich nahgebracht,
heimatlich Turm und Dom,
blinkenden Strom.
Wunderbar säumende Sicht,
unten lag, Licht an Licht,
die uns geboren hat,
schimmernd die Stadt.

Oder wenn Sonnenschein
wiegte die Wege ein
und du standst ernst und schwer
weinhügelher;
talwärts ein winzig Haus,
Buschen zum Tor heraus:
Noch schaut im Traume der Sinn
so nach dir hin.

Warst uns, Geschlecht um Geschlecht,
wie du dich gabst, schon recht,
haben den feineren Herrn
auch wieder gern.
Weil du durch alle Not und Last
immer ein Lächeln hast,
weil du ein *Wiener* bist,
Berg, sei gegrüßt!

Grinzinger Weinsteig

Vom Schreiberweg geht es hinein.
Ein Hauserl steht mitten im Wein.
Der Mai war ein wenig zu kühl:
da sind halt die Reben noch klein.

Noch klein, aber gut fürs Gefühl.
Ich schau auf das Blättergewühl.
Vom Hollerbusch fächelt der Wind
hangauf ein Harmonikaspiel.

Hangab zwischen Linden beginnt
ein Zwiebelturm, goldener sind
die Häuser ins Grüne gestreut,
das zart in der Bläue verrinnt.

Es hat mich nicht immer gefreut.
Dort unten verdämmert das Leid.
Dort schwimmt mir ein silbernes Band,
das bindet gelinde ans Heut.

Du welliges, seliges Land,
du Blick, in die Sinne gebannt:
Noch ist es wie ehemals mein
und schön und im Blute verwandt.

Das Große läßt fremd und allein.
Am Ende doch tröstet der Wein.
Der Mai war ein wenig zu kühl —
da sind halt die Reben noch klein.

Herbstvormittag in der Wildgrube

Es war ein gesegnet lang sonniges Jahr:
Der Schatten tut wohl an der Mauer.
Dünn tönt im unendlich stillen Klar
und schläfrig die Harke der Hauer.

Da unten am Bach, wo Beethoven ging,
hangt wilder Hopfen im Laube.
Am Gatter taumelt ein Schmetterling,
im Weinberg leuchtet die Traube.

Ein Viereck Astern steht blau und schön,
darin sich die Bienen versäumen.
Und Dung riecht auf, und Leitern stehn
an den durchherbsteten Bäumen.

Geländer senkt sich hinab zum Bach
und neigt sich über die Rinne.
Ein Grauhaar sieht einem Wölkchen nach
und wird des Traums nicht inne.

Der weiße Windling im Brombeergesträuch,
die Schatten auf Steig oder Schwelle:
Das webt und raunt und zittert euch
leicht in der Mittagshelle.

Musik kommt weich wie ein Vogellaut.
Unmerkbar löst sich die Enge.
Fern liegt die Stadt und dunstüberblaut
weit in der Wiege der Hänge.

Und wäre der dicke Nußbaum nicht
in seiner Blätterfalbe:
Wir schauten ganz ihr Angesicht —
So sehn wir bloß das halbe.

Liebhartstal

Das bißchen Wein, das südseits noch gedeiht,
lockt Sonntags kleine Leute in die Schenken.
Gekicher, Kreischen, Schrammeln, Trunkenheit,
Schaubudenlust, Lampions und Hüteschwenken —

Ein Rest von Wienertum, verfälscht, gestreckt,
so wie der Wein aus den verbliebnen Gärten.
Dienstmädchenelend, festtäglich geschleckt,
Familienzank, Geraunz von Knasterbärten.

Im Herbst jedoch, an einem Wochentag,
ist alles hier wie einst: Kastanien liegen
vom Baum geplatzt am Weg; der Amselschlag
müht sich umsonst, die Stille zu besiegen.

Melancholie streicht sanft durch die Alleen,
liegt als Musik auf den gelösten Lehnen.
Und steigst du höher, siehst du fern und schön
die heißgeliebte Stadt ins Blau sich dehnen.

Leopolditag

Im Schutz der weißen Türme
gekeltert und gepreßt:
Laß rinnen, Herr, und schirme
das schöne, schöne Fest!

Das drückt sich, stößt und drängt sich
ins gotische Gelaß;
die Trepp hinan und zwängt sich
ans Riesenfaß.

Am Abend, schwer geladen,
durchsummt es Hof und Gang;

an den Barockfassaden
gehn Schatten lang —

Und stehn am Brunnenraine
und schwanken in der Flut.
Sankt Leopold im Steine
schläft wundergut.

Die Nacht, der Wein, die Sterne:
Das ist noch Christentum!
Es wankt aus der Taverne
zu Gottes Ruhm;

es füllt die Gassen trächtig,
es reißt die Buden ein,
und ist wie ehe mächtig
im Klosterwein.

Sankt Leopold im Himmel
wacht auf, schaut durch die Stern
herab auf das Gewimmel
und sieht es gern.

Sankt Nikolaus

Dort, Mutter, schau! Im Schnee der Schein,
jetzt biegt es in die Gass' herein,
der eine schwarz, der ander weiß,
jetzt stapft es über die Stiege leis,
ist an der Tür — Wohin? — Davon!
Knie nieder, Bübel, da sind sie schon.

»Ich bin der heilig Nikolaus,
sonst Schneidermeister im Huberhaus.
Zieh all herum und schau geschwind,
ob mir die Büblein richtig sind;

artig, folgsam, auch fleißig schier:
Wie steht es dieserhalb mit dir?«

Heiliger Nikolaus, bitte schön,
ich kann schon alleine zum Kaufmann gehn,
ich wasch mir schon selber Hals und Gesicht,
(nur Strümpf anziehen kann ich noch nicht)
und bevor ich essen und schlafen gehn tu,
falt ich die Händ und bete dazu.

»Dort hinten wart' mein schwarzer Knecht,
dem bist du in die Butten recht.
Sein Ketten, sein Hörndl, sein Ochsenschlepp,
sein lange Ruten, herauf die Trepp,
sein Feuerzungen, glüh und gleiß,
die machen dir, hoff ich, die Hölle heiß.«

Ich bitt dich, heiliger Nikolaus,
meine Schuh, die stehen im Fenster drauß,
schütt Äpfel und Nüss' und stell über Nacht
ein lebzelten Reiter hin, der mirs bewacht.
Die Datteln aber mit lutschigem Kern,
die hab ich, weißt du, besonders gern.

»Mein liebes Bübel, steh auf von der Erd,
du bist mir Heiligem lieb und wert.
Halt' mir derweilen den Bischofstab,
damit ich dir leichter ein Bussel gab.
Geh, fürcht dich doch nicht vor meinem Bart!
Derselb ist bloß von Watte zart . .«

Platz am Hof

So ist er am schönsten: Wenn mit blauern
Lasuren winters der Abend beginnt,
wenn zwischen Himmel und grauen Mauern
weiße Dächer die Grenzen sind.

Wenn sanft im Zwielicht die nebligen Sonnen
der hohen Bogenlampen aufgehn
und aus den Fenstern, gelb und verronnen
zögernde Lichter herübersehn.

Wenn aus der Härte der Welt entglitten,
mit Formen, himmlisch und ungenau,
die schlanke Mariensäule inmitten
aufragt, ein schwarzes Zepter im Grau:

Dann wird der Platz ganz Traum, und am Ende
verschwimmt er in seltsam gestrigem Licht,
indes überm Düster der Buden und Stände
Schnee fällt — weiß und leise und dicht . .

. . . I, san S' net harb, wann i hundert wir,
red, wia ma ållwei gredt ham,?
— Språch, des is Bluat, und Schrift is Papier —
Weil i aus Ottakring stamm.

Synonyma

Verehrte Herrn Fremde! In unserer Språch
steht ans oft fürs andre, und denk i so nåch,

wia Namen sich wandeln und Zeiten dazua,
rentiert sa si fåst, daß i 's aufzeichna tua.

Schaun S' glei meine Freund an: Der Wondraschek haaßt
jetzt Wagner, weils besser zu Richardl paßt.

Die Leut gengan påbeln, doch d' Bramburi wern
jetzt vornehm Kartoffeln und spreizen si gern.

An Kåschernåt låßt åls »Menü« man antrågn,
weil nämlich d' Franzosen »Repas« dazua sågn.

A gschåffte Arbeit, drauf müassn S' net hörn:
Man kann zu an Freund do net sågn: Håb mi gern!

Des wissen S' vielleicht scho, daß jetzt und zum Glück
mir Bundesståat haaßen anstått Republik,

daß aus die Fiaker san wurn die Schaffeur,
aus an Gwölb a Lokal, åber furtafurt leer,

aus Muatta und Vatta Mama und Papa,
aus an schlafrigen Wirtshaus a wurlerts O.K.,

aus manchen no manches, von den i net red,
weils eh ålle Tåg in die Zeitungen steht.

Es bleibt der Begriff, und es wechselt der Laut:
Bei uns sågn s' zum Thymian — Kudelkraut.

Jå, daß i zum Schluß net aufs Beste vergiß:
Mir wienern hålt ein, wås net wienerisch is,

und haaßen die »Interurbane« daher
nur »Überlandfernsprechvermittlungsamt« mehr.

Sieg der Provinz

I waaß net, es gibt so vü' Dichter in Wien,
und ålle geehrt und berühmt.
Daß i allani net drunter bin,
håt mi scho immer verstimmt.

Der ane is Dante fürs Burgenland,
der andre Tiroler Horaz.
Der dritte is Sålzburger Repräsentant,
der vierte ein Hamsun aus Graz.

A jeder håts frischweg mi'n Åcker z' tuan
und stellt si, als geberts ka^{n} Ståd.
Åber zhausz'gehn zum Pflug, des håt jeder verschwurn —
Weil er durt hålt ka^{n} Publikum håt.

Sie ham uns erobert: Bruck, Gurgl und Gföhl.
Då gibts jetzt nix wia pariern.
Beim Heurigen måchen jetzt de den Bahöl
und tan mit die Glasln skandiern.

Jå håt denn, so fråg i, Wien går niemand mehr,
der *sei*^{n} Kind und *sei*^{n} Dichter is?
Jå, aner war scho, åber segn S', des is schwer:
Der *kann* wås — um den is ka^{n} G'riß.

A Söl von an Dichter: Wien und sei^{n} Scha^{n},
die passerten wunderbår z'samm.
Åber dann war Wien *groß* und Gföhl wieder *kla*^{n}*:*
Und des, na^{n}, des wolln ma net ham!

Impression im März

Wårme Sunn, dås erste Pråterveigerl:
Ållwei wieder gfreust di wiara Kind.
Zårte Blatterl schiaßen aus die Zweigerl,
und Papierln ziagn im Fruahjåhrswind.

Zwischen d' Bam palästern a påår Lackeln
g'schrian und sölig mit an Fetznbålln,
drunt bein Bootsmann streichen s' schon d' Schinakeln,
und a Måler tuat die Gegend måln,

auf der z'nepften Jesuitenwiesen
prackn s' G'wehrgriff, so åls war nix gschegn,
und durch d'Bam durch kannst a Stückl Riesen-
radl und d' Rotundenkuppel segn.

Der Auflauf

»Wås gibts denn då? Wås is denn gschegn?«
— »Mir scheint, es setzt a Gaudi.« —
»San zu vü' Leut, ma kann nix segn.«
— »Geh, druck di fiari, trau di!«

»Aha, an Diab ham s' arretiert.«
— »A Wolfshund håt wem bissn.« —
»Sågn S', Herr, wås is denn då passiert?«
— »A Baumberl håt er gschmissn.«

»Bei sowås segn S' kan Wåchmann net,
derwei kann ans verblüatn.«
— »An Herzstich? Schrecklich!« — »D' Rettung steht
scho durt ums Eck, beim Wirten.«

»Einsturzgefahr beim Würschtelstand!«
— »Göl, der durt is der Mörder?« —

»Des schiefe Gschau! Auf d' Pritschen gspannt
und urndlich trückert ghört er.«

»Na, endlich a Inspekter, sixt?«
— »Tun S' da kein Auflauf machen!« —
»Er håt eahm scho. Jetzt, Freunderl, pickst.«
— »Sie, da is nix zum Lachen!

Sie gehen mit!« — »Då bin i gspannt.«
— »Sie revoltiern die Gassen!« — —
»Ich håb do nur beim Würschtelstand
zehn Eß wolln wechseln låssen . .«

Kalvarienberg

Ålt-Wiener Gigerlfutter, Dåtteln, Feign,
Papierschirm, Teddybärn und Kindergeign,
Wurschteln und Puppen, Blechuhrn, Gummibålln,
mit Vornam ausstaffierte Jausenschåln,
vü' Taschelziacher und ka[n] Detektiv,
der ideale Druckknopf »Nur ein Griff«,
Pistolen, Tomahawks und Federhaubn,
ein Durchanand und Wirbel, net zum glaubn,
Kruppzeug von Madeln, dreizehn, vierzehn Jåhr,
verwogne Kappelbuam mit pickte Håår,
Holzteller, Kollöffeln und Schåchtelwerch,
echt brandgemålt: »Gruß vom Kalvariberg«,
Bamkraxler, Ratschen, Trummeln, Luftballaun,
a Schreihåls: »Hier die letzte Sensatiaun«,
dazwischen Kinderg'wirkst und Kinderglück,
versoffne Tippler, gierig auf an Tschik,
blecherne Saxophon und Zeppelin,
kopfgroße Juxpaketln und nix drin,
kandierte Äpfeln, Zelteln, Kokosnüß,
Wurstzeug aus Marzipan, mit Fliagnschiss',
»Das Wunder-Ei, zehn Groschen nur ein Stück«,

und wieder Kinderg'raunz und Kinderglück,
der erste schöne, wårme Tåg im März,
dazua das guade, ålte Wienerherz,
wås in sein Leichtsinn, in sein Übermuat
auf sei^{n} Årt fåsten und in sich gehn tuat,
von Åschermittwoch bis Kårsamståg nei^{n} —
So wårs, so is 's, und so solls immer sei^{n}.

Der Präsidialist

Gehn S', sind S' so freundlich, lieber Herr von Schur,
richten S' mir ja den Sprechakt für elf Uhr,
der Sektionschef hat ihn gestern schon
dringend urgiert zur Approbation,
gleich nach der Sitzung — was? schon wieder zehn? —
muß ich hinüber — ham S' ihn? — sprechen gehn.
Nun, lassen S' sehn, ich bin nicht informiert:
.. ersucht anher .. wenn da nur nix passiert ..
im Zuge aller die Konzession
betreffenden .. verdammtes Telephon!
Ob man nur einen Augenblick .. hallo?
Ach, du bist's, Margit, denk dir, ich bin so
pressiert .. der Herr Minister .. Küßdiehand! ..
beim Ronacher? So geh! Wars intressant? ..
Nein, heut gehts nicht .. ich ruf dann noch, wir sind
heut abend in der Burg .. leb wohl, mein Kind ..
.. betreffenden und im Verfolge des
h. o. bezogenen Bedingnisses,
sowie der etwa unter Rücksicht auf
den abzuwartenden Prozeßverlauf
erforderlichen Maßnahmen, womit
der Bundesschatz die Pfandrechte vertritt
und unter Anschluß — Servus, Herr Baron,
weißt schon das Neueste, nimm Platz, der Sohn
vom Hofrat Krk soll sich, no ja, man sagt,

— Gehn S', Herr von Schur, ich braucher t noch den Akt —
du glaubst nicht, wie der aufpaßt .. also soll
sich auch betätigt .. gestern? Alles voll,
die Jeritza, ich sag dir, epochal!
Was? Gleich elf Uhr? Entschuldige .. Eine Qual,
wie man gehetzt ist, schrecklich! Apropos:
Gehst heut zum Rennen? Weißt, auf Nitschewo
ist kein Verlaß — no schau halt, daß d' gewinnst.
Jetz' muß ich rüber, Servus! Dienst ist Dienst.

Die Hausfrau und das Mädchen

»Marie, ich bitt Sie auf den Knieen, ziehn
S' mir nicht so närrisch an die Jalousien,
Sie reißen mir die Fensterstöck heraus!
Und heute nachmittag bleibn Sie zuhaus
und putzen Messing. Schaun S' die Schnallen an,
wenn man nicht ständig hinterher sein kann,
verdreckt das Haus. Skandal! Beim Herrn drin ist
ein Chaos, der Papierkorb platzt vor Mist,
der Lurch ist schon so dick, daß man ihn riecht,
und von der Küche reden wir erst nicht.
Papier und Fetzen müchteln in der Speis,
das Schneidbrett pickt — wir kriegn am End noch Mäus! —
und hundertmal schon hab ich Ihnen gsagt,
daß man am Küchenherd ein Hauberl tragt,
erst gestern zu Mittag, pfui Teufel, war
im Reisfleisch *so* ein endstrumm langes Haar.
Wir sind doch nur zwei Leut. Das wär nicht schlecht,
wenn da nicht alls am Schnürl gehen möcht.
Die halbe Woche sind S' mir irritiert
davon, wer Sie am Sonntag ausführn wird,
die halbe Woche nachher träumen S' dann,
wie stimmungsvoll es war beim Kadrmann.
Natürlich geht die Wirtschaft da zugrund.

Sie sind doch jung und was ich weiß gesund —
Ich bitt Sie auf den Knien, bemühn Sie sich . .«

(Das Mädchen, abgehend:)

De Gnädige glaubt rein, i bin a Viech.

WAASST? NET? VERSTEHST?

(Selbstgespräch eines Biertipplers)

Wann i, verstehst, wås z' reden hätt,
i schåffert ålles å.
Wås brauch ma denn des ålles, net?
Is eh gnua då.

Zum Beispü' die Gehälter, waaßt,
i streichert s' glått.
Net einz'segn, net, daß aner praßt
und aner går nix håt.

Und dann die Auto: Hårmlos gehst —
du bist do' Publikum —
då kummt a so a Gfraßt, verstehst,
und scheibt di um.

Die Fremden, waaßt, de schmeißert i
— a Schupfer, net? —
beim Tempel außi. Schert des *mi*,
wo so a Denkmål steht?

Die Pflåsterer, verstehst, de stiern
mirs heulig aa.
I låsserts ålle arretiern,
daß 's nur a G'hörtsi war.

Die ewige Aufgråberei,
verstehst, des Röhrlwerch,

då leb i, waaßt, do liaber glei
am Bisamberg.

Und d' Wåchter, net, i bin do g'wiß
a rare Söl,
åber de müaßten weg, sunst is
nie Schluß mit den Bahöl.

Wo unseraner do nix wül,
waaßt, åls sei^{n} Ruah.
Sogår die Tschecherln, in mein Schwül,
verstehst, i sperrerts zua.

Wirtshausgespräche

»Gehts, Kinder, ruckts a wengerl z'samm!
I kumm jetzt gråd vom Lobesam,
er liegt no immer in Spitål,
die Doktern sågn, a rarer Fåll,
schaut aus als wiara Schwangerschåft,
sei^{n} Frau, des wißts jå, hams verhåft,
die Kinder san derweil am Land,
ma redt aa sunst no ållerhand,
's is jedenfalls wås dran nåch ålln,
sei^{n} Bauch håt mir scho lang net gfålln,
und daß er in der letzten Zeit
so gfehlte Guster ghåbt håt, Leut,
auf Nägel, Glåsscherbn, Schlüssel, Håår,
des is, gering gsågt, sonderbår.
Der Mensch is do ka^{n} Vogel Strauß.
A Krüagel, Franz! Dann geh i z'haus.«

»Weils gråd von Viecher reden tan,
i håb an Spezi ghåbt, i man,
des is jetzt aa scho dreißg Jåhr her,
— mir ham uns kennt vom Mülitär —

der håt in der Sandleiten draußt
in an klan Hauerhäusl ghaust,
und wiara amål in sein Schwül
in Weingårt obn a Gruabn gråbn wü',
weil er, so håt er gsågt, beim Wei^{n}
ganz knåpp hiebei begråbn wü' sei^{n},
da stößt er, d' Schaufel bricht eahm fåst,
auf an großmächtig dicken Åst.
Und wiaran rausziagt aus'n Sand,
wås glaubn S', wås 's wår? — A Mammutzahnd!
's Museum håt nan glei erwurbn.
Der Mann is leider båld drauf gsturbn.«

»Weil S' ›gsturbn‹ sågn, ham di Herrn scho ghört,
der Spårverein håt sich beschwert,
daß s' bei der Leich von ålten Schramm
am Gråb ka^{n} Red net ghålten ham,
wo er åls Obmann dreizehn Jåhr
und vierazwanzg im Ausschuß wår.
Es hätt ihm, Gottigkeit, gebührt,
und wanns zu Wåhlen kumma wird,
zu Obmannswåhlen, wüll i sågn,
kanns nur von Wert sein, anzutrågn,
daß die Statuten g'ändert wern.
So gehts net weiter, meine Herrn,
im Grund is dås die Anarchie,
i sag nur: Jetzten oder nie!
A Fasserl, wann i Obmann wir.
Ah wås! Die Zeiten san hålt stier.«

»Es is a Jammer, då ham S' recht.
Åber die Zeiten san net schlecht.
Gehts nimmer mit der Politik,
probiern S' beim Schnapsen Ihna Glück!
Es gibt a Radio, gibt an Spurt,
a Feier då, a(n) Anspråch durt,
wer gscheit und stad is, håt zum Lebn —
und Bedler, Herr, wirds immer gebn.

Daß d' Leut ka^n Geld zum Saufen ham
— Jetzt sans vier Vierteln, häng ma's z'samm? —
des ärgert höchstens d' Wirt, und d' Wirt,
ghörn eo ipso massakriert.
Is d' Kuah hin, soll des Kaibl aa
hin sei^n, i trau mi wås, i drah
auf den sein blanken Zehner zua. —
Zåhl, Herr Raneder! — I håb gnua!«

Strassenvolk

I bin der g'flickte Schani,
i steh am schårfen Eck.
Dås Eck g'hört mir allani,
des nimmt ma kaner weg.

Und tuat a Wåchmau^n kumma,
so palisier i hålt.
I gfreu mi scho am Summa,
då schlåf i draußt in Wåld.

Z' Mittåg der Gollaschg'stankn
kann mi net irritiern.
I geh so in Gedankn
Coloniakübeln stiern.

Steckt aner kane Maxen
ins Gschäft, dann håt er's schwer.
Nur so mit bloße Haxen
in Schnee steh^n, ziagt net mehr.

Der Pepi, der måchts nobel,
glei vis-a-vis von mir.
Der spü't auf sein Fotzhobel
den Gardeoffizier.

A so aner is eisen,
der reine Burschoa.
Geht, wann er Schluß mâcht, speisen
— dâ lâcht ma — ins O. K.

Die Jazz von Jaunerheini,
die hâts scho net so guat.
San eahna netto neune,
und aner geht mi'n Huat.

I huast auf d' Propaganda,
i bedl, wiar i kau^{n}.
An aner solchern Banda
is meistens eh nix drau^{n}.

Die Konkurrenz is größer
âls unser Gschäft verträgt.
Mir ham gâr an Professer,
der in Park Ziddern schlâgt.

Gegn so an is a stierer
Hausierer Kavalier.
Mir san hâlt Kriegsverlierer
und Friedensopfer, mir.

Der Hunger, d' Ârmut, 's Wana,
des san so unsre Tricks.
Und manchmâl meutert aner,
âber 's passiert scho nix.

Mir hâlten schon die Goschen.
Mir san jâ mârb und stier.
»I bitt schön, nur an Groschen,
gnä Frau, aufs Nachtquartier!«

Der Ober an den Stift

Erdzeissel, raudigs übereinand,
håst wiederum kan Eßzeug putzt!
Tua nur so weiter! — Eine Schand,
daß bei dir går nix nutzt.

Du håst die Konsequenzen z'trågn.
Mi stiert dås schon, dås ewige Gwirkst.
I wers dem Herrn von Kargl sågn,
mei^{n} Liaber, nåcher fliagst.

Du solltest dankbår sei^{n}, verstehst,
daß d' dienen derfst in so an Haus.
Göl, 's Trinkgeld nimmst, und Montåg gehst
jedsmal schön g'statzter aus.

Daß diese Jugend heut im Lebn
nicht für an Kreuzer Ehrgfühl hat!
Zu *meiner* Zeit, då hätts dås gebn!
— Ein Achterl noch, Herr Rat?

Saus hin! — Is recht, i maan dirs jå
nur guat. Im Handumdrahn bist frei,
und sixt as net, is 's Ålter då
und die Gaudee vorbei.

Der mit der Sensn und der Uhr
klopft an und schmeißt dich in die Gruabn.
Und frågn d' Leut, haaßts: »Is heulig nur
a(n) ålter Kellner g'sturbn.«

Der Phäake

Ich hab sonst nix, drum hab ich gern
ein gutes Papperl, liebe Herrn:
Zum Gabelfrühstück gönn ich mir
ein Tellerfleisch, ein Krügerl Bier,
schieb an und ab ein Gollasch ein,
(kann freilich auch ein Bruckfleisch sein),
ein saftiges Beinfleisch, nicht zu fett,
sonst hat man zu Mittag sein Gfrett.
Dann mach ich — es is eh nicht lang
mehr auf Mittag — mein' Gsundheitsgang,
geh übern Grabn, den Kohlmarkt aus
ins Michaeler Bierwirtshaus.
Ein Hühnersupperl, tadellos,
ein Beefsteak in Madeirasoß,
ein Schweinspörkelt, ein Rehragout,
Omletts mit Champignon dazu,
hernach ein bisserl Kipfelkoch
und allenfalls ein Torterl noch,
zwei Seidel Göß — zum Trinken mag
ich nicht viel nehmen zu Mittag —
ein Flascherl Gumpolds, nicht zu kalt,
und drei, vier Glaserl Wermuth halt.
Damit ichs recht verdauen kann,
zünd ich mir mein Trabukerl an
und lehn mich z'rück und schau in d' Höh,
bevor ich auf mein' Schwarzen geh.
Wann ich dann heimkomm, will ich Ruh,
weil ich ein Randerl schlafen tu,
damit ich mich, von zwei bis vier,
die Decken über, rekreier'.
Zur Jausen geh ich in die Stadt
und schau, wer schöne Stelzen hat,
ein kaltes Ganserl, jung und frisch,
ein Alzerl Käs, ein Stückl Fisch,
weil ich so früh am Nachmittag
nicht schon was Warmes essen mag.

Am Abend, muß ich Ihnen sagn,
eß ich gern leicht, wegn meinen Magn,
Hirn in Aspik, Kalbsfrikassee,
ein kleines Züngerl mit Püree,
Faschierts und hin und wieder wohl
zum Selchfleisch Kraut, zum Rumpsteak Kohl,
erst später dann, beim Wein zur Not,
ein nett garniertes Butterbrot.
Glauben S' nicht, ich könnt ein Fresser wern,
ich hab sonst nix, drum leb ich gern,
kein Haus, kein Auto, nicht einmal
ein G'wehr im Überrumplungsfall.
Wenn nicht das bissel Essen wär — —

(Stimme des Volkes:)

Segn S', *deswegn* ham S' nix, liaber Herr!

Die Landpartie

Resi, Schursch, Mizzi, seids ålle beinand?
Påckts eng z'samm, Sunntåg is, heut gehts aufs Land!

Freulich, bis Hütteldorf kosserts z'vü' Gö'd:
Mir schaun vom Schüttel aus eini in d' Wö'd.

Vurn bei der Hauptallee gengan ma's au^{n}:
Drah di net, du schiabst den Kinderwågn, Mau^{n}!

Resi, den Rucksåck nimmst du — und paß auf,
obn in der Höh san die Fleischlaberln drauf.

Schursch, du påck d' Kandl mi'n Gurkensålåt!
Låß die Spassettln sei^{n}, tråg ma s' schön gråd!

Mizzi, du bleibst bei der Klan vurn am Wågn,
Gölsen wegwacheln und Mülchflaschel trågn.

I geh åls letzters, i gib auf eng åcht,
drunt untern Lusthaus wird Mittågsråst gmåcht.

Durt ham ma Wiesen und Wåsser und Bam,
drinnat in Schülf san die Kroten daham,

Achkatzeln flitzen und Grülln schrein in Gräs,
und übern Sand hupft a Kiniglhås.

Schurschl, und fischen kannst, Fisch' san durt gnua.
Nimmst dir, wann s' laar is, die Kandl dazua.

Ålsdern, då warn ma scho, då setzts eng her!
Då is in Umkraas ka^n Wirtshäusel mehr.

Mau^n, tua net grantig sei^n, waaßt as do eh,
's schådt dir — dafür kriagst an guaden Kaffee.

Schursch, spann es Leintuach auf, måch uns a Zö't!
Daß ma sein Schåtten håt, d' Sunn, de is g'föhlt!

Mizzi, fürn Vatern des größere B'steck!
Wia i net hinschau, san d' Fleischlaberln weg.

Resi, wås treibst denn? Die füattert då hint
d' Fisch mit'n Strudel! Des is do a Sünd!

D' Klane hätt trunken. Jetzt kriagert i Luft.
Kinder, wo seids denn? San de gschwind verduft'!

Les nur dei^n Zeitung, Mau^n, låß di net störn!
I tua derwei aufn Kroteng'sang hörn.

Ziag da die Schuach aus und 's Röckl dazua!
Bis auf die Gölsen: A heulige Ruah . .

Jessas, die Söckeln! Ganz neuch und a Loch?
Wann i nur wüßt, wås i murgn wieder koch . .

Die Werbung

Sind S' nicht so stützig, Fräuln Marie,
schaun S', gebn S' mir doch a G'hör!
Ich hab jetzt Chancen wie noch nie,
g'winn ich erst in der Lotterie,
gibts keine Würstel mehr.

Ein Posten is mir auch schon g'wiß,
bei Mond und Siebenschein.
Und wanns auch nur als Aushilf is,
ich wer mirs richten, und präzis
am Ersten tritt ich ein.

Und dann — nicht daß ich reden will,
dann nimm ich mich erst z'samm:
Kein Spieln, kein Raukerl und kein Schwül —
So kann ich mir schon im April
mein Puchrad aus'glöst ham.

Am Samstag um Mittag wird alls
zum Weekend fertig g'macht.
Dann blädern wir so von Hernals
bis ins Gesäus — doch allenfalls
bis Purkersdorf, daß 's kracht.

Und nobel Schani wird am Wald
ein Picknick arrangiert.
Wann dann gespeist is, schaun wir halt
in Himmel rein, so lang 's uns gfallt
und Zeit zum Z'hausfahrn wird.

Fräuln Mary, fahrn S' mit mir, ins Glück!
Die Welt is doch so schön . .
Wolln S' nicht, weil ich im Augenblick
grad nicht bei Kassa bin, ein Stück
mit mir in Prater gehn?

Wurstelprater

Kumm, Antscherl, a Ringelspü' zåhl i dir gern,
des draht sie wia d' Wö'd umadum.
Heut fåhrn ma in Flugzeug und Auto wia Herrn,
die Zeit für die Rösser is um.
Die Rösser, die stengan ganz hinten,
sie brauchen si nimmermehr z'schindten:
Die Jucker san heut nur für sta^{n}ålte Leut —
Wer jung is, der geht mit der Zeit.

Mir gengan ins mysteriöse Hotel
und schaun uns das Geisterschloß an.
Mir ham mit die G'spenster den höchsten Bahöl,
uns liegt aun an Sterbn nix mehr dran.
Die Grottenbahn g'hört ins Museum,
die Zirkusflöh stengan båld eh um,
denn d' Flöh håt a Pest jetzt dahing'rafft, verstehst,
in Pråter, da zeign s' uns den Rest.

Beim Wurschtel, o mein Gott, die Bankerln san leer,
vur 'n Gådern heraußt stengan d' Leut.
Und kummt der mi'n Kapperl und wü a Douceur,
so schaun s' wia die Haubnstöck auf d' Seit.
Der Wurschtel, der raaft si mi'n Teufel,
mir wurschteln wia er ohne Zweifel.
Den Kindern tuats gfålln, aber d' Großen solln zåhln,
drum tan ma dem Wurschtel wås måln.

Wü'st segn, Antscherl, wås für a Kerl i bin?
I schiaß auf elektrische Birn.
Beim Watschenmann hauri mit åller G'wålt hin,
då treibts mir die Augn aus'n Hirn.
Då kann i der Wut no an Ruck gebn,
er derf mir die Watschen net z'ruckgebn.
Drei Fotzen ins G'sicht — zehn Groschen: Beim G'richt
war 's net a so büllig, die G'schicht!

Der Ausruafer plågt si und schreit wia am Spieß:
»Zur Kassa — Sogleich is Beginn!«
Die Weltschau, die då in dem Diabsgassl is,
sixt besser heraußt åls wia drin.
Die Kappelbuam, Madeln, Soldåten,
san ålle guad troffen und g'råten —
Sie ziagn umanand, von Bude zu Stand,
und g'freun si, dås liegt auf der Hand.

Es riacht nåch 'n Gollasch von vurigen Tåg,
's is nämlich erst aufg'warmter guat.
Und göl, der Radetzkymarsch, des is ka^n^ Fråg,
der liegt uns no immer im Bluat.
Mir san hålt jetzt wieder die Ålten,
båld wern s' assentiern uns und g'hålten,
dann kumm' ma auf Ehr mülitärisch daher
mit an Sterndl am Krågn oder mehr.

Die Luftballaun blädern, die Lautsprecher plärrn,
es is a Gedräng, gotterbårm.
Wannst tanzen wü'st, Antscherl, du tuast es jå gern,
so nimm in Gottsnamen mein' Ärm.
Mir gengan zum Englischen Reiter,
der Marokkaner is Zweiter,
man wü' doch zum Tanz aa a bisserl an Pflanz,
und die Jazz durt is tulli, die kanns.

I fåhr aa mit dir auf der Liliputbahn,
des håb i scho ållwei in Sinn.
Sie führt uns — den Schülling, den schauri net an —
durchs Greane zum Stadion hin.
Durt kann ma sich ungeniert küssen —
vom Riesenråd wü'st jå nix wissen —
Auf der Railway, då möcht wieder i net so recht:
Mir wird von den Hopsen ganz schlecht.

Mir könnten vielleicht aa ins Schweizerhaus schaun,
der Karpfen durt is a Genuß.

Im Gehn a Påår Würschteln so g'schwind einihaun,
des war net der richtige Schluß.
Beim Wålfisch, då hättens a Gösser,
der Eisvogel is mir zu »besser«,
und wann ma am End bis zum Kadrmann rennt,
is der Måstochs vielleicht schon verbrennt . .

Beim Heurigen

»Hau di zucha, ålter Spezi!
Heut wern kane Faxen g'mådht.
Gschwind zwa Liter! Nuß, versteht si —
Muatta, gib auf d' Fannerl åcht!«

»Vatta, geh gib 's Messer umma,
daß i euch in Schunken teil.«
»Fix, jetzt kännt der Weiⁿ scho kumma!«
»D' Musi!« — »Pepperl, hålt deiⁿ Mäu'!«

Drunt in Erdberg steht a Gassl —
»Hörst, de winseln går net schlecht.«
»Sixt, der Blade aufn Faßl
is der Herr von Engelbrecht.«

»Hab die Ehre, schamster Diener!
D' Frau Gemahlin? Sehr erfreut!«
»Segn S', des is die echte Wiener —
nur net stößen! — Gmiadlichkeit.«

»Såg ma, Ålte, wo is denn 's Madl?
Du, de mådht des wirkli guad!«
»Durt, der Herr mi'n pickten Schadl,
der is aa auf amoi furt.«

»Kruzitürken, de soll jå net —«
»Geh bleib sitzen, Spezi, geh!«

»I muaß nåchschaun, ob i då net
mitfåhrn kann bei der Gaudee.«

»Jessas, Vatta!« — »Jå, wo steckst denn?«
»Waaßt, i suach — i suach — waaßt eh.«
»Suachst? Und håst as in der nächsten,
des is g'schpaßi, nächsten Näh?«

»Ålsdern, 's Madl håt si g'fundtn,
wo is jetzt der Pepi aus?«
»Der is gråd da hint verschwundtn
mit der Fräuln von Neunerhaus.«

»Åber, Vatta, låß na renna.
Muaßt net glei so kritisch sei^{n}.
So a Nåsn, des solltst kenna,
is hålt no net g'aicht fürn Wei^{n}.«

»Schau, jetzt bringans d' Liachta fiara.
So a Windliacht låßt si segn.«
»D' jungen Leut ham kan Schenierer —.
Schau de zwa durt, då wird wås gschegn.«

»Håt dar der går 's Liacht ausblåsn.
Na, vur so an håb i gnua.
Solln in Wåld gehn! So a Nåsn!«
»Vatta, 's is do unser Buà . .«

»Du, jetzt wird ma langsam dosti.
Der Nußberger legt sie au^{n}!
Ållwei riach i, ållwei kost i,
bis i nur mehr scheangeln kau^{n}.«

»Wås sågst, Spezi, a Nußberger?
Hörst, då kennst du aa kan Wei^{n}.
A Nußberger påckt di ärger —
Dås muaß a(n) Ålsegger sei^{n}.«

»A(n) Ålsegger, der war kecker,
der war schärfer, sei so guad!
Des is so a stader Lecker,
der dirs murgn erst kramperln tuat.«

»Heuligenstaner, des is aner!
Recht fürs Gmiad und für die Niern.«
»Nåch zwölf Vierteln kannst dar d' Baner —
denn då z'lecksnst — numeriern.«

»Meine Baner? Du, mei Liaber,
wü'st mi du am End vexiern?«
»Hörts, der Wamperte håt 's Fiaber!«
»Schaun S', daß S' Ihna g'schwind verliern!«

»Se Bagauner!« — »Reib eahm ane!«
»De håt zundtn, der håt gnua!«
»Gemma, Vatta!« — »Zahlen, Schani!«
»Jessas na, mir föh't mei^{n} Uhr . .«

Hörts, wås die Musi spü't:
A harbes Weanerliad.
Då is, wia jeder sicht,
der Streit glei g'schlicht:

Des is ka^{n} Grinzinger und ka^{n} Nußberger net,
des is a echter, unverfälschter Säuerling,
dem hams die Sunn wegg'stohln,
den soll der Teufel holn,
des is der letzte Rest von Ottakring!

Moralischer

Wann mir aa heut no
der Kopf brumma tuat:
Åber der Wei^{n} beim Lier,
Harr, der wår guat.

Håb i — du schaust so
unfreundschäftlich drei^{n} —
gestern wås angstellt, såg?
Guat wår der Wei^{n}!

Wia maanst, es graust dir,
du schaust nimmer zua?
Drahst di hålt weg, wann i
drei^{n}kumma tua.

Drunten a Windliacht
und droben die Stern:
Madel, då håb i di
doppelt so gern.

Glaubst es net, sågst går,
i bin a Kretin?
Mein Gott, i wehr mi jå
eh gengan Wei^{n}.

Wo i a Zwerg bin
und er so a Ries',
då is dås Resultat
ungschauter g'wiß.

Stått daß d' mi trösterst,
— bin eh scho ganz z'nicht --
haaßt mi ålls mögliche,
des is a G'schicht!

Ganz kånn jå kaner
für des, wås er tuat.
Geh, setz di her zu mir,
sei wieder guat!

Das Ross

(Schauplatz: Schulerstraße—Stephansplatz)

»Daß nur der Gammel wiedrum steht!«
— »Für Glåtteis is er z'schwåch.« —
»Schau, ob er bis zum Standplåtz geht,
mir schiabn da 's Wagerl nåch.«

»So. Drah eahm d' Stolln an!« — »Heb auf! — Bum!
Då ham ma dås Malheur.« —
»Jetzt fållt er uns schon wieder um!«
— »Des gfreut hålt eng Schaffeur!« —

»Das arme Tier! Bist sicherlich
recht roh behandelt worn.«
— »Gehn S', Frau, san S' stad, i håb des Viech
doch erst åcht Täg zum Fåhrn,

bei uns wird net am Håbern gspårt..«
— »Åchtung, der Autobus!
Wann der eahm übern Schädel fåhrt,
is mit den Mustang Schluß.«

»Ålsdern, so hebn ma'n auf. Horuck!
Von so her ham ma 's båld.«
— »Gebts åcht, daß er uns jetzt net z'ruck
auf d' andre Seitn fållt!«

»Na, na, spann ei^{n}, jetzt geht er scho.
Gehts, Leutln, helfts bein Wågn!
Mir schiabn derwei bein Bräunl au^{n}.«
..Ui Jessas, nur net schlågn..

Es wäre nicht Wien

War net Wien, wann net durt,
wo ka^{n} Gfrett is, ans wurdt.
Denn dås Gfrett ohne Grund
gibt uns Kern, hålt' uns gsund.

War net Wien, ging net gschwind
wieder amål der Wind,
daß der Staub wia net gscheit
umanandreißt die Leut.

War net Wien, wolltst zum Bier
und es stößert mit dir
net a B'soffener z'samm,
der a Feuer mächt ham.

War net Wien, wann net gråd
aufgråbn wurdt in der Ståd,
daß die Kübeln mit Teer
sperrn den Fremdenverkehr.

War net Wien, käm net glei
aner dasig vorbei,
der von d' Federn aufs Stroh
g'rutscht is, so oder so.

War net Wien, Pepi, wannst
raunzen *mächst* und net *kannst:*
Denn dås Gfrett ohne Grund
gibt uns Kern, hålt' uns gsund!

GEDICHTE UND LIEDER, I

Menschliche Landschaften

Junges Mädchen

Es ist ein sanftes Land.
Frühlingsbeginn,
unschuldige Matten.
Manchmal erregt ein Wind
Blumen, die Zeit verrinnt
traumhaft, und Hand in Hand
wandeln darin
Gestalten und Schatten.

Es ist ein stiller See.
Kühl, nicht zu tief:
Flimmernde Feuchten.
Und in den Spiegelschein
münden die Himmel ein,
die Gottes Vaternäh
gütig berief
zum Leben und Leuchten.

Jüngling

Herber Wind über braunen Hügeln.
Fahriger Frühling bebt
schluchzend ins Gras.
Wolken ziehn an lässigen Zügeln
durch einen Himmel aus blauem Glas.
Vom Weiher auf, vom Birkenhag
ein Reiher
sich in die Frühe hebt
mit wunderschmächtigen Flügeln.
In seinem trunkenen Schwingenschlag
aufbrandet, Feuer um Feuer,
der junge Tag.

Weib

Am Rain die Margueriten raunen. Breit
in ihrem Frauenduft steht eine Linde.
Geruch von Brot und Wärme weht im Winde,
und Hummeln läuten durch die Mittagszeit.
Die Ähren wogen weich und reich und rund,
der wilde Mohn brennt wie ein reifer Mund,
und eine Lerche, hoch, voll Leidenschaft,
vertönt sich in den Glast, indes im Baume,
aus dunkler Wurzel pulsend, schwerer Saft
die Wipfel füllt mit seinem süßen Schaume.

Mann

Einsame Insel, Felsen, Meer.
Der Brandung trotziger Hall.
Sturmwind die Dünen her,
Himmel aus Stahl.
Am Strand ein Boot, die Riemen bereit,
im Boote ein Schwert.
Möwen prüfen zum tausendstenmal
ihrer Schwingen Wert.

Die Badende

Das Wasser wartete schon grau
der Nacht entgegen. Alles schwieg.
Jedoch im matten Himmelsblau
stand einer Wolke klarer Sieg,
durchsichtig Fleisch und helles Blut:
Wie eine Königin.
Ein Beben ging die Weiden hin,
ganz leis.

Die wunderbare Wolke stieg
in ihrem Abglanz, gliederweiß,
unirdisch, in die Flut.

Die Ebene

Im wilden Wind gewaltig und groß besonnt,
ihr Haar weht tiergestaltig, weiß, grau und blond,
in Wolkenquadern mächtig um ihren Schlaf
und fegt, mit Blitzen trächtig, den Horizont.

Dort draußen stürzen Sterne ihr schwer aufs Lid
und säumen, Glut und Ferne, das Traumgebiet,
wo über ihrer Glieder gestrecktes Maß
aufschürfend immer wieder die Pflugschar zieht.

Bei Siebenhirten

Einsames Land um einen Ziegelofen.
Ginster und Distel dürr, im Glutwind verbrannt.
Steppengeheimnis, einsames Land
um einen Ziegelofen.

Halden aus Lehm und lehmiger Bruch, darin
totes Wasser steht.
Totes Wasser, wo gespenstisch die Wolke
auf dem Grunde vorüberweht.

O, die Öde der sinkenden Nacht!
Drohender Schlot und nicht geheuere Mauer,
schwarzem Rabenvolke
zur Heimstätt gemacht.

Gläsernes Rascheln im Brombeergesträuch.
Draus des verheimlichten Mords entsetzliche Trauer
aufgeht über Mauer und Teich.

Das Haus

Am Rand der Stadt, in die Äcker hinein,
wo die Furt der Straßen sich schlammig verliert,
steht es, das Haus, verlassen, allein,
kein Vogel verweilt ums Geviert.

Der Lebensklagen tödlicher Wind
bestreicht die kahlen Simse aus Stein;
grün fällt der Mond in die Fenster blind,
daß es schimmert wie Totengebein.

Der Armut ewige Spindel surrt
und immer ist Nacht und Verruf um das Haus.
Die Schreie des Sterbens und der Geburt
schießen wie Garben zum Dach hinaus.

Der Baum

Vor meinem Fenster steht ein Baum.
Es ist ein Baum und keiner doch.
Hofmauern rauben ihm den Raum.
Sein Himmel ist ein Zellenloch.

Im Frühjahr treibt er greis und blaß
— er blühte nie — sein Laubwerk aus.
Dann starren Augen, groß vom Haß,
auf dieses Fest im Hinterhaus.

Kommt Sonne, ging sie eben fort.
Kommt Wind, so heißt er Stank und Stein.
Wird Sommer, war der Herbst schon dort.
Wird Herbst, fiel längst der Winter ein.

Um seinen Stamm kein Reigensang.
In seinem Schatten keine Rast!

Die Ratten rascheln nächtelang
und knabbern an dem Lederbast.

Ist nicht ein Baum, mit Wurzeln fest,
mit praller Frucht und runder Kron,
mit biegsam kräftigem Geäst
des Lebens bester, schönster Sohn?

Hat jemand Heimat so wie er?
So jemand zeugende Gewalt?
So Mutterkraft, so Weisheit schwer,
so ahnensichre Wohlgestalt?

Dagegen dieser! Schande, Schmach!
Er ist ein Baum und keiner doch.
Er trauert seinem Leben nach,
Gefangener im Zellenloch.

Gebt Raum, ihr Mauern! Himmel, brich
herab auf ihn und mach ihn frei!
Er blühte nie! Er martert mich!
Er ist mein Herz! Mein Lebensschrei!

Himmelwiese

Es raunt im Gras, o Mutterschoß —
Wie ist die Stille feiergroß!
Ein Wolkenboot
im satten Licht,
der tiefe Tod,
er quält mich nicht.

Ein Wind beginnt. O Bruderhauch —
Die Seel in deinen Schlummer tauch!
Verloren an
ein Saitenspiel,

von irgendwann
sinkt mein Gefühl
ins Blaue.

Der Wind wird still, o Himmelsschoß!
Laß nimmermehr die Blicke los!
Es pflügt mein Boot
den goldnen Schaum,
im Lichte loht
der Menschentraum.

Kein Kampf, kein Schmerz. Es bebt nur so,
da sanft das Herz zu Gott entfloh.
Du tiefstes Lied,
das keiner singt.
Die Wolke zieht,
der Tag verklingt
voll Gnade.

Zeitvorbei

Ihr Frost hat mich verbrannt.
Ein guter Wald schenkt Kühle.
Ich bleibe gern verbannt.
Ihr Land war nie mein Land,
ihr Schmerz nicht, was ich fühle.

Ein Amselruf beginnt:
Es war vor tausend Jahren . .
Da flog mein Herz im Wind.
Jetzt soll ich wie als Kind
es wiederum erfahren.

Es ist noch nicht zu spät.
Die Mutter nimmt mich wieder.
O, wie die Zeit vergeht,

hier wo sie stille steht —
Und dies sind meine Lieder.

Die Amsel hob sie auf.
Hier wehn sie in den Winden.
Es türmt der Wolkenlauf
Gefühl und Ton zuhauf:
O, welch ein Wiederfinden!

Ich trug von Ort zu Ort
mein untergründig Weinen.
Sie krümmten mir das Wort,
ich war von Hause fort
bei Menschen und bei Steinen.

Dort hab ich meiner Schuld
vergänglich Weh ermessen.
Doch hier ist Gottes Huld:
Laß er mich in Geduld,
was war und wird, vergessen.

Dunkler Erwecker

Dunkler Erwecker, im Heilen geübter
Engel, o still mich mit sanftem Gebot!
Laß mich gewahren den Schimmer von Rot
dir auf den Wangen, Geliebter!

Stille mir, Großer, das stürmische Warten!
Hehr ist dein Haupt unterm Abend erhellt.
Nimm von der Stirn mir die Klage der Welt!
Führ mich zurück in den Garten!

Laß es mich fühlen im Schweigen der Sendung!
Laß es mich ahnen im Donnergericht:
Jenseit vom Wirrsal, süßer Vollendung
schrecklicher Engel, dein Angesicht.

Am Ziele

Angelangt am Ziel der Reise,
Mensch auf blassem Sterbelager:
Letzte Stunde macht dich weise,
naher Friede macht dich schön.
Du, kein Tor mehr und kein Frager,
siehst die Frucht des Lebens leuchten,
ahnst das süße, schwere Dunkel
hinter hoher Pforte stehn.
Hörst von schwarzen Nachens Ruder
lautlos silberne Tropfen fallen,
lautlos fällt das Wortgefunkel
von den Ding- und Taten allen.
Sanft entgleitend Freund- und Feinden,
beugst du dich vollendet leichten
Willens in die Wurzel nieder . .

Die um dich im Dunkel weinten,
Bäume wieder deine Brüder,
und du selbst, verirrter Müder,
wieder aller Blumen Bruder.

Vor dem Einschlafen

Sich selbst so nah zu ruhn!
So fern sich selbst, zu schweben:
O Leben ohne Tun!

O Singen ohne Sinn!
O süßes Tor der Freiheit —
Ich schwinde sanft dahin.

Die Flöte

Odem der Dämmrung wob schon um das Buch,
aus dem der Dulder las die Schuld, den Fluch.

Da hub ein Tönen an durch dunkles Tor
und wurde groß und trug das Herz empor —

Klang war voll Huld und sang des Leidens Lob.
Der Träumer überm Buch die Lider hob.
Der müde Blick, noch schauensungewohnt,
empfing ein Licht. Im Blauen hing der Mond.

Des Lichtes Lied, wie Perlen ausgestreut
aus nächtger Flöte, löste Last und Leid.
Es trank die Brust in Zügen mild und tief
Lust jener Liebe, die im Himmel schlief.

Die Posaune

Schlag uns, schlage uns, furchtbare Klag!
Über Gräbern bleichst du den Tag,
alle Toten dunkel im Ton
tönen davon.

Alle Toten waren nur Saat.
Über Gräbern wartet die Tat.
Daß sie vollendet der Lebenden Hand,
rufst du ins Land.

Jeglicher Baum ist gedüngt mit dem Tun
derer, die unter den Wurzeln ruhn;
denen der Schnitter die Ernte zerschlug,
ehe sie trug.

Trag uns, die Lebenden, trag uns empor,
bis uns dein Ruf in die Wolken erkor.
Stimm des Gerichts, unendliche Klag,
schaffe den Tag!

Die Trommel

Im Traum ein dröhnender Trommelton
erreichte rufend das Ohr.
Die da ruhig gehn, die da fromm verwehn,
blieben taub, mich riß es empor.

Und die Trommel dröhnt in der anderen Ruhn,
und sie treibt und sie trifft mir das Herz.
Was ich tat, ist vertan, und ich mußte es tun,
daß der Turm sich vollende dem Schmerz.

Und die Trommel dröhnt, und sie tönt von Gott,
und Gott ist noch namenlos weit.
Durch die Nacht, durch die Not, in den Heldentod
dröhnt es, schreit, durch die Zeit, durch die Zeit!

Die Wolke

(Zweite asklepiadeische Strophe)

Hochher schimmernde Burg, die sich der Himmel baut!
Zwischen Baum und Gebüsch, hinter dem schwarzen Berg
steigst gewaltig du auf, golden die Türm umsäumt,
Herrin über des Abends Reich.

Wie du wunderbar dich wandelst von Blick zu Blick,
dennoch bleibst, was du bist: himmlischer Traum und Hauch:
Folgend tiefstem Gesetz, schenkst du dem Aug das Bild,
das der Dichter in sich geschaut.

Nun aus seinem Gedicht strahlend der Gott hertritt,
Abbild ist es von dir, die du den Donner trägst,
in den Hallen aus Hauch birgst das erhabne Haupt
und die Stirn, die den Blitz gebiert.

Das reine Gedicht

Du gabst im Schlafe, Gott, mir das Gedicht.
Ich werde es im Wachen nie begreifen.
Nachbildend Zug um Zug das Traumgesicht,
nur sehnen kann ich mich und Worte häufen.

Da es ein Klang war, sollt ich es nicht hören?
Da es ein Bild war, sollt ich es nicht sehn?
Nun wird die Oberfläche mich betören,
im Tonfall wird der Klang zuschanden gehn.

Wie war es doch? Es war in seligem Traume.
Nur noch in solchem Wachsein lebe ich.
Die Augen schließend, raubt es mich dem Raume.
Traum schlägt den Blick auf, und ich schaue dich.

Die Nacht ist gross

Die Nacht ist groß. Ich stehe und verrichte
den Dienst im aufgelösten Heiligtume.
Die Nacht ist groß. Ich leide die Gesichte
und sage sie, dem dunklen Gott zum Ruhme.

Die Nacht ist groß. Verfallen dem Gerichte,
zerstörten sie den Glanz der letzten Blume.
Die Nacht ist groß. Ich stehe und verrichte
den Dienst im leergewordnen Heiligtume.

Aufhalten kann ich nicht. Jedoch ich sehe
wie keiner, der da lebt, die Rächer schreiten.
Die Nacht ist groß. Die schwarzen Schleier wallen.

Mein Teil ist: Unberührt vom eignen Wehe
und jeder Hoffnung fern, dem zornbereiten
Ratschluß der Götter in den Schoß zu fallen.

Meditation

Ich schau es und erdenk es nicht:
Geheimnisvolles Sternenlicht,
den Mond auf seiner stummen Bahn
und alles, was die Nacht getan —

Ich schau die Sonne schön genug
heraufgehn über Traum und Trug,
und Blatt und Blüte, Halm und Klee
erdenk ich nicht, wie ich es seh.

Die rasche Zeit, kaum hergesehnt,
schon dort, wo sich das Dunkel dehnt;
den Tod, der jäh das Leben bricht,
ich fürcht es, doch erfaß es nicht.

Vor all dem äußern Schein und Dust
steig ich hinab in meine Brust,
dort bohrt der Zweifel, sitzt das Weh:
Ich faß es nicht, wie ich es seh.

Die Spur von Güte ab und an,
und alles, was die Nacht getan,
und Scham und Reu und schwarz Geschick,
erlöst durch einen Kindesblick:

Du Macht, die es zerstört und schafft,
schenk mir die wahre Lebenskraft:
Zu atmen ohne Fragenpein.
Da werd ich still und weise sein.

Im Grase

Glocken und Zyanen,
Thymian und Mohn.
Ach, ein fernes Ahnen
hat das Herz davon.

Und im sanften Nachen
trägt es so dahin.
Zwischen Traum und Wachen
frag ich, wo ich bin.

Seh die Schiffe ziehen,
fühl den Wellenschlag,
weiße Wolken fliehen
durch den späten Tag —

Glocken und Zyanen,
Mohn und Thymian.
Himmlisch wehn die Fahnen
über grünem Plan:

Löwenzahn und Raden,
Klee und Rosmarin.
Lenk es, Gott, in Gnaden
nach der Heimat hin.

Das ist deine Stille.
Ja, ich hör dich schon.
Salbei und Kamille,
Thymian und Mohn,

und schon halb im Schlafen
— Mohn und Thymian —
landet sacht im Hafen
nun der Nachen an.

Baum des Lebens

Herzqual, du Samenkorn,
quillend aus innen weit,
keimst als ein Gnadenborn,
Freiheit, Gerechtigkeit.

Sprießest, ein reicher Baum,
auf in das Menschenlicht;
trägst als die Frucht den Traum
und den Verzicht.

Raunst in den wüsten Raum
Sanftmut wie ehedem;
daß auch, wer ohne Kleid,
nimmer sich schäm.

Wurzeltief wühlt sich ein
Ziesel und Züngelwurm:
Dir ist der Stamm geweiht
von Blitz und Sturm.

Und deine Rundung weist
Ordnung und Glück und Maß.
Und deine Krone heißt
Humanitas.

Still zu wissen ...

Still zu wissen, du gehst
bald hinab zu den Vätern.
Oben im heiligen Blau
fahren die Wolken im Wind.

Beug dich über die Strömung,
höre die Wasser schweigen!

Hast du je vorher
ähnlich wie diesmal geliebt?

Wer noch Zeit hat, der weiß nichts.
Tiefes Leben! O Abschied,
bittre Schwäche des Herzens
unter der Blumengewalt.

Nicht zu fassen und traurig.
Süße, süße Gestalten!
Ach, mit Blüten beschwert ihm
nicht seine letzte Fahrt!

Dunklerer, brauner Herbst,
laß dich noch einmal umarmen!
Fallen die Früchte, vielleicht
bricht gelassner das Herz.

Fortgehn im Frühling ist schwer.
Wachsam sind aber die Toten.
Schöne Blume, ich darf nicht.
Strenge Mutter, ich geh ...

Sonntagnachmittag

Meine Primeln, die ich anfangs Jänner
aus dem nassen Erdreich grub, sie prangen
jetzt in bunter Schale, wunderbare
sammetgelbe Sterne, mir am Schreibtisch.

In der süßen, stillen Langeweile
dieses Sonntagnachmittags bemüh ich
mit der Schere mich an ihren welken,
alten Blättern, schaff den jungen Trieben
Raum, rühr an die schlanken Stiele,
die wie Mondstrahl sind, schau in die feinen

Kelche — Spiegel, die den Schöpfer spiegeln —
stundenlang hinein und bin ganz wunschlos.

Die Beschäftigung mit diesen sanften,
kühlen, lieben Blumen macht von selber,
daß ich an Sie denke: Ihre Seele . . .

Warum wehren Sie sich, warum schweigen
Sie so lange? Ihre scheue Seele,
in die Blumen vielmals eingefangen,
ist bei mir. Wie schön sind diese Blumen!
Glauben Sie mir! Nicht erblühte Rosen,
nicht die Schwüle banger Liebesnächte
träum ich mir. Ich hab an diesen Primeln,
die mir ihr Geheimstes offenbaren,
alles, dessen ich zum Glück bedarf:

Daß ich hier in meinem kleinen Zimmer
ganz allein sein darf, mit diesem Blühen
Gottes ganz allein, ist viel der Gnade;
aber daß ich Ihnen all dies schreiben,
sagen kann, wie ich mit Ihnen lebe
durch die sanften Blumen; wie ich ohne
Wunsch und Unruh, ganz im Wunder selig,
Sie zu ahnen, während draußen Frost ist,
hier in meinem nachmittägigen Zimmer
in die Stille träume, leis und lang:
Das erst gibt dem Tag den Weiheschimmer,
dieser Stunde ihren Feierklang.

Das Landhaus

Mein alter Freund!
Ich habe lange Wochen
nicht mehr geschrieben. Sei mir drum nicht böse!
Da waren Reisen, dann die viele Arbeit
am neuen Werk, und daß ich's gleich gestehe:

Ich habe mir — Du staunst — ein Haus gekauft.
Du weißt ja: ein Stück eignen Grund und Bodens
war immer meine Sehnsucht. Also höre:

Es steht im Hügelland. Buntfarbene Bänder
von Äckern wechseln dort mit dunklen Streifen
Nadelgehölz und heitern Buchenständen,
und eingeduckt sind Dörfer, klein, verschlafen,
dem Blick zur Hand mit ihren breiten Kirchen
auf sanftem Bühl. Land, recht wie ich es liebe:
nahrhaftes, schlichtes, stilles Bauernland.
Vom Ort herauf geh ich ein Viertelstündchen
durch Felder, über Wiesen, eine Zeitlang
bachaufwärts, bis hinan zum niedern Rande
des Jungwalds, dran mein Zaun vorübergeht.
Acht Fenster Front und fünfe in die Quere,
so steht das Haus auf einer leichten Lehne
inmitten seines — gar nicht kleinen — Gartens,
sonnseitig Obst, und an der Schattenseite
abfallend, wilder Park und Wiesengrund.
Der Zaun herum ist arg verlottert, neigt sich
an vielen Stellen, reif zum Niederbrechen,
die Wege sind vermurt, jedoch der Brunnen
hat gutes Wasser. Eine schöne Linde
— Du weißt ja, wie ich diese Bäume liebe —
steht mitt' im Grund, gesund und mütterlich.
Geschwisterliche Birkenstämme leuchten
durch aufgerissnes Tannenschwarz — die Tannen
wird man wohl lüften müssen — um das Haus her
wuchert Holunder, und den Brunnen schatten
grobwuchernd lockre Fliederbüsche ein.
Wie du drauf hinsiehst, merkst Du wohl, daß lange
schon keines Menschen Hand sich mehr bemühte,
den Wuchs zu ordnen, dem Verfall zu wehren.
Da werd ich ein paar Jahre Arbeit haben:
Der Zaun ... die Wege ... jäten, setzen, schneiden ...
ein neues Gartenhäuschen ... ach, wie freue
ich mich auf jene bessre Tätigkeit.

Wie es so geht, steht auch im Haus nicht alles
zum besten, weißt Du, aber Dach und Keller
sind gut, die Räume hoch und licht, ich werde
gar eine Halle einbaun können, denk Dir,
mit offenem Kamin! Mein Arbeitszimmer
hat Morgensonne! Und vom fensterhellen
Speisesaal aus betret ich die Veranda,
schummrig gedeckt vom Hausdach drüberhin.
Die Wände wirst du bis zur halben Höhe
getäfelt finden, auf den Borden altes
Steingut und Zinn, und schwere, hohe Stühle
um den bereiten Tisch. Nun komm, ich zeig Dir
sonnseits den Platz vorm Haus. Bei seiner Hütte
liegt träg und treu der Bernhardiner, sieht uns
gelassen nach und blinzelt nach der Frau hin,
die auf der Hausbank sitzt und in den Weidling
auf ihrem Schoß eigelbe Pilze schneidet.
Den steinbelegten Plan — wie saftig drängt sich
das Polstermoos aus dem Genetz der Ritzen! —
beleben gelb- und rote Gartenstühle,
und weiter drüben, an der Ziegeltreppe
zum Rosengarten, schau doch, spielt mein Junge
mit drei, vier Weinbergschnecken Pferderennen.
Jetzt hebt sich leicht der Wind. Und von dem süßen
Haarspiel der Birken löst sich sacht ein Blatt
und liegt, ergebne Gabe, mir zu Füßen.

Wohl mir, mein Freund! Wohl dem, der Heimat hat!

Postskript: Es ist nicht wahr! Kein Blatt ist mein!
Kein Ziegel, gar nichts! Alles Schall und Schaum.
Ich schlafe nicht vor Sorgen! Bin allein
und krank und werde nicht mehr lange leben
und *habe* keinen Sohn, ihm meinen Traum
von Haus und Grund und Glück zu übergeben —
Leb wohl . . .!

BLUMEN

Blumen

Ihr, die ihr tiefer steht als wir, der Erde näher,
und ferner ihrer Qual, ihr habt das reine Leben.
Ihr kehret wieder: Uns ist Tod ein weher
Abschied für immer.

Nur eine Rast ist Sterben euch. Und schöner heben
sich eure Blütenflügel in die zärtlichen Winde,
und ihr unsterblicher Schmelz macht tief erbeben
uns böse Schatten.

Euch macht die Nacht nicht bang, die unsrer vielen Sünde
anklagend stummer Sprecher ist. Ihr stillen Sterne
schwebt, groß euch spiegelnd, durch die Morgengründe
kindlichen Schauens.

Dort ist Geschwisterschaft. Dort mögt ihr Scheuen gerne
aufschließen euch dem Tau, dem Sturm der Liebesbitten.
Wir stehen ausgestoßen in der Ferne;
hoffärtig, weinend —

Und wandeln, während eure Wurzeln, unverschnitten
bewahrt in Gottes Schoß, sich brüderlicher bergen
und eure Andacht Gottes Stirn küßt, mitten
in unserem Abgrund.

Primel

Woher, du süße Erstlingin im März,
nimmst du die unbeirrbare Gewalt
und nennst die Schuld, von der die Erde hallt,
und weckst das wirre Herz?

Und während es noch leise weiterweint,
wer lehrte dich den sanften Sturm, der stet

am Schmerze rührt und wie ein Reigen scheint,
der von den Sternen weht —

Wer führte dich, daß du zur rechten Zeit
uns kamst (wir hatten kaum mehr, kaum gelebt)
und blühst die Erde wieder gut und weit,
indes das Herz noch leise weiterbebt?

Buschwindröschen

Du Mädchen — nein, Seele nur
in blassem Mädchengesicht;
Aufblick aus Hauch, und Spur
aus Sternenlicht:

Nähm ich dich, stürbest du. Aber wer,
wer wagte, dein Mörder zu sein?
Stehst du, so zart, nicht hehr
in der Opfer vordersten Reihn?

Du so zart,
Abklang aus Ahnung und Licht,
bist nach der Edlen Art
groß im Verzicht,

groß im Ertragen auch.
All der Sternflug, nachtvoll und schwer,
stürzt auf dich, Aufblick aus Hauch,
fessellos her —

Du aber, welk und beraubt
schon im Nahn einer Hand,
stehst, trägst dem Schicksal ein Haupt
klar zugewandt,

blühst unterm Himmelssturz,
schön, rein, still in des Daseins Haft.
Leidend mit all deiner Kraft.
Denn das Leben ist kurz . .

Tulpe

Fest das Fleisch und prall die Haut,
seh ich dich im Garten
magdlich rund und wohlgebaut
in die Dämmerung warten.

Recht zum Küssen angetan,
Weibs, es auch zu zeigen:
Gehn nicht gar zu zeitlich an
Lieb und Liebesreigen?

Wenn die Mädchen rank und schloh
noch den Kindsschlaf lieben,
treibst du's zwischen Schütt und Stroh
und beim Nachbar drüben;

schenkst das Weiß, das Flammigrot,
und das Gäl des Vlieses:
Lippenwein und Wangenbrot,
ach, und jen- und dieses.

Antje, gute, derb und froh
und so schön durchtrieben:
Wer im Dorf und anderswo
müßte dich nicht lieben!

Taubnesseln

Da der große Mond
stumm und erlaucht
sein gelöstes Blond
in die Brunnen taucht:

Hebt ihr, grau bestaubt,
ihr im rauhen Gewand,
hebt das feuchte Haupt
nach dem Himmelsbrand.

Ist nicht alles gleich?
Ist nicht alles tot?
Über Gräbern bleich
wogt ihr weiß und rot

und die Straße hin
in die Ewigkeit.
Eine wilde Welt,
eine schütternde Zeit
hat euch taub und dumm
an den Rand gestreut —

Und ihr schwellt und weint,
an den Rand gestreut,
wo kein Stern mehr scheint,
der den Bund erneut;

und ein Ruf geht um
in später Frist,
eine Trauer geht um,
die kein Herz ermißt:

Da der große Mond
erhaben und stumm
sein gelöstes Blond
in die Brunnen gießt.

Immergrün

Du weltversunknes Blau!
Du Schatten scheu
vom Mund der stillsten Frau.

So tief, so fern, so ab
von Glück und Reu.
Wie Tränen auf ein Grab . .

Gesegnet, dunkler Stern!
Her blüht die Wimper treu
und liebt und lächelt fern.

Löwenzahn

Keine Vase will dich. Keine
Liebe wird durch dich erhellt.
Aber deines Samens reine
weiße Kugel träumt wie eine
Wolke, wie der Keim der Welt.

Lächle! Fühl dich gut gedeutet!
Blüh! So wird aus Schweigen Huld.
Bittre Milch und Flaum, der gleitet:
O, nicht Haß — den Himmel weitet
Weisheit. Stillesein. Geduld.

Wärst du auf der Höh geboren,
ferne, selten, früh empor:
Teilnahmslosem Gang der Horen
blühtest ruhmvoll, unverloren,
groß, dein Wunder vor.

Narzissen

(Dritte asklepiadeische Strophe)

Längs dem Quell und hinan über den Wiesenhang,
wo der Birken Geweb gegen den fahlen Firn
geistert — Horch, eine Flöte
klagt der Stille ihr perlend Leid.

Bald ersterbender Ruf, Jugend und Liebeswahn:
War es hier? Oder litt ewig im Traum das Herz?
Und erkennt sich in diesem
Schweigen? Sieht seine Tränen, sieht

aufgegangen das Blut, sternenerstarrt den Schmerz
und die Schönheit nicht tot, da sie zu singen glückt?
Steige, namenlos stiller
Jüngling! Nimm dir die Seele, fühl

unerwiderte Glut, schmerzvoll versunkne Schau
in das eigene Bild, ewigen Opfers nie
endendürfende Trauer,
fremd und ferne dem plumpen Tag.

Wie dein Schicksal doch ganz meines in sich erfüllt!
Kühle Blumen — und ach! Da ich mein Herz zerriß,
war es Blut. Noch im Tode
folg ich, edle Gestalt, dir nach.

Vergissmeinnicht

O du leises Weh,
o du kühler Schnee
auf die schuldgebräunte Stirne her:
Wie ein Weinen blinkt,
da er niedersinkt,
dieses Himmels stille Wiederkehr.

Wie die Zeit verwich!
Warum schaut ihr mich
mit dem Kinderblick so traurig an?
Letzten Schmetterling,
den der Knabe fing:
Ach, ich wurde grau im Lebenswahn.

Ja, Vergißmeinnicht..
Aber keine spricht,
keine Stimme mir das liebe Wort.
O, ihr mahnt und klagt,
aber ungefragt,
ist das Licht im Herzen mir verdorrt.

Daß ich immer noch,
daß ich nimmer doch
wissen müßte um ein Kindheitsland!
Längst nicht mehr gefühlt:
Um so tiefer wühlt,
daß ich wieder seine Sterne fand.

O du leises Weh!
O du kühler Schnee
auf die schuldgebräunte Stirne her:
Wie ein Weinen blinkt,
da er niedersinkt,
dieses Himmels stille Wiederkehr.

Distel

Links
oder rechts,
Gutes, Schlechts,
kalt, heiß, scheel, schön:
Du kennst die Welt: Du kannst allein bestehn.

Stich und brings
recht zu Gefühl:
Weh tun muß,
wer er selbst bleiben will.

Haks
grimmig ein!
Mehr in die zarte Hand
als in die harte Hand!
Liebts erst der Kinderschopf,
übts auch der Sauertopf,
und es kost' deinen Kopf.

Tröst dich und trags
ohne Verdruß!
Dir und mir
bleibt gemein:
Stracks
gerupft
und im Maul jeden lahmen Esels zu sein —
Denn das ist der Schluß.

Wilde Rose

(Alkäische Strophe)

Du fern Geliebte! Schreck mich nicht auf, ich bin
vorbei, vorüber. Laß mich, solang du winkst,
dir nachschaun, trauern. Scham und Sehnsucht
dunkeln im Kranz der Erinnerungen.

Dort stehst du noch und blühst einem neuen Jahr
und blühst zu Unruh neuem Geschlecht und hauchst
wie ehe, schön und weiß und blutwild,
Kelch der Verzauberung! her die Wolke,

den süßen Rausch der Leiber, die stöhnenden
und feuchten Lippen, purpurn Gelöstsein, Last
der lauen Luft, Umschlingung unter
sausenden Bäumen, gegeben in die

Gewalt der Küsse, Taumel und Übermaß
des Glücks! O nimm das Süße zurück, den Hauch
des Damals. Längst zuviel ist dieser
herbe Geruch, der die Jugend aufruft.

O fühl: Dies ist dein bitterster Dorn: Du kommst
noch einmal: prüfst, beschwörst dieses Sterbens Kraft;
verführst noch dort, wo still zu gehen
einzig bewahrt vor dem Krampf der Schwäche.

So laß mich außerhalb! Und die Trümmer will
ich sammeln in den Traum: In das Glück, für dich
gerettet, mein zu sein; entrückt schon,
singen zu dürfen: O fern Geliebte . .

Glockenblume

Leises Geläut!
Heiliger Ort,
handbreit;
letztem Wort,
letztem Weinen einsam bereit.

Schmaler Raum,
niederzuknien.
Mein Gott, hieher
ist der Traum,
ist die Lieb, ist die Stille gediehn.

Unhörbar Geläut
festlichem Jahr:
Wo blieb die Zeit,
welche die deine war?
Die hier schreit
und dröhnt.

Weltvorbei,
tiefblau und zart.
Vollkommner Glanz:
Ganz
nimm das verschwisterte Herz
in deine ferne Gegenwart!

Sonnenblume

Diese reifen Tage,
wie verklärst du sie!
Süße Sommersage
ohne Reu und Frage,
reine Melodie!

Du, vom Weltenfeuer
Abbild, Gleichnis, Glanz,
treibst mit immer neuer
Kraft ins Abenteuer
und verschenkst dich ganz.

Starke! Gott zum Ruhme
trag dein Liebeslos:
Hier auf schmaler Krume
und für eine Blume
ist es fast zu groß . .

Zyklamen

Langer Regen fällt
auf die Buchen her.
Von dem Moos auf riecht
schwarze Erde schwer;
und der Feuersalamander kriecht
unterm Lattichgezelt.

Aus der Finster bricht
ein geheimer Schein;
was die Furcht ersann,
will mir gnädig sein:
Und ein tiefstes Auge schaut mich an
wie der Glaube ans Licht.

O du Todbewußt!
Nur ein leiser Schritt,
und uns reißt das Jahr
in sein Dunkel mit —
Hoch und fern der Stern geht unsichtbar
durch den weiten August.

Herbstzeitlose

Kränklicher Kelch,
steigst in die Welt,
wenn das Jahrblau
rauchigem Rot verfällt.
Ach, wenn es morgen schneit!
Zitternder Hauch!

Zeitloses Leid
weiß um Weisheit auch;
weiß um letztes Licht,

lebt von der Not.
Schicksal schändet nicht:
Groß ist der Tod.

Aber Vergängliches
gibt schmaler Schönheit Kraft,
eh sie ein herbstlicher Stern
ewig entrafft.

Christblume

Hart Ritterkraft,
helmlos entflammt;
weiß den Lanzenschaft
frostein gerammt —

Rundum ein Kreis
schneefreie Erd.
Sturm nicht, nicht Eis
der Treue wehrt.

Treu sagt: Ich fall
da, wo Blutnot ist.
Arm liegst im Stall,
Herr Jesus Christ.

Schön liegst im Stall.
Mitt' in der Nacht
aufbraust Orgelschall:
»..und hat ein Blümlein bracht..«

Aus »O MENSCH, GIB ACHT«

Jänner

Das Jahr geht an mit weißer Pracht.
Drei König stapfen durch die Nacht.
Das Rehlein scharrt den harten Grund,
klar ziehn die Stern in ernster Rund.
Der Weg verweht, das Haus so still,
der Bauer liest in der Postill,
der Ofen singt, die Stund vergeht,
nur sacht! Wir kommen nie zu spät.
Um Fabian, Sebastian
hebt neu der Baum zu saften an,
und an dem Tag von Pauls Bekehr
ist halb der Winter, hin und her.

Meister Anton Pilgram

Selbstbildnis unter der Kanzel im Stephansdom zu Wien

Dem HERRN zum Preis, mir selb zu Ehr,
schau ich aus meiner Luken her.
Halt noch den Zirkel in der Hand,
darmit ich gfunden Bug und Kant,
als da ich hab voll Zier und Pracht
die Trepp und Kanzel hie gemacht
mit allem Fleiß und auch Gelück,
recht als ein redlichs Meisterstück.
Möget mein Sach mit Gunst besehn:
Die Kunst mueß durch das Handwerk gehn!
Dem Geist, er sei so kühn wie zier,
gestrenger Griff die Zügel führ,
auf daß der Stein, sonst nit gewillt,
sich füg in ein erleucht Gebild,
das angeblickt ohn Zorn und Hast
den ewigen Odem merken laßt.
Mit Reden ist nit viel getan,
wäg jeder Meister, was er kann,
und druck sich, wie ich selb im Stein,

getreulich den fern Zeiten ein.
Darinne macht er offenbar
die Weile, so die seine war,
dem spaten Nachfahr, arm und reich,
zu Nutz und mannichem Vergleich.
Der siehet mit getröstem Blick
auf dieser Zeite Werk zurück
und schaffets sub auspicio
aeternitatis ebenso.
Sich selb zu Ehr, dem HERRN zum Preis,
so wahr ich Meister Pilgram heiß.

Sternsingerlied

Wir sind die drei Weisen, drum ziehn wir zu dritt,
Gold, Weihrauch und Myrrhen hätten wir mit.
Der Tag nimmt zu um einen Hahnenschritt.

Den Weihrauch wir geb'n für ein frommes Gedicht.
Das Gold, das ist für den Klugen gericht.
Die Myrrhe kriegt ein Bauer nie zu G'sicht.

Der Stern an der Stangen hell leuchtet und brinnt.
Wir suchen die Jungfrau, wir suchen das Kind,
in Stall und Haus, wo es sich eben findt.

Wir kommen von weit, und es nieselt und schneit,
der Mantel ist purpur, die Kreide geweiht,
und dürschtig sind wir schon wie nicht gescheidt.

Wir schreiben euch an das neue Jahr
mit Kaspar, Melchior, Balthasar,
und etwas Fests zum Beißen, das wär rar.

Ein schön guten Abend, ihr Frauen und Herrn!
die Nüß und den Enzian nehmen wir gern.
Geh, heb dich, Lipp — und trag jetzt *du* den Stern!

Arbeiter

Wir Hände millionenmal,
in Werkstatt und Maschinensaal
den Griff zu machen hingestellt;
gleich reich, gleich arm in aller Welt.
Gedungen für den Bissen Brot,
aus Nöte dienend einer Not,
alltage unten, alltag klein,
mit Worten nimmer zu befrein,
so lang geduldig, Weib, Kind, Mann,
als uns ein Herr befehlen kann.

Des freien Himmels lang entwöhnt,
durch ein Stück Garten ausgesöhnt,
mit Gras und Zaun und Laubenbank,
so wüßten wir dem Leben Dank,
so wär die Arbeit nicht zu schwer,
wenn nur schon wieder Arbeit wär.
Daß aber *immer* Arbeit sei,
steh uns ein gutes Schicksal bei,
damit die oben, Mann, Weib, Kind,
wahrhaben, daß wir Menschen sind.

Die Uhr

Du stet und treu Gepoch,
vertrautes Zeigergehn,
uns vom Gestirn geschenkt,
die Zeit zu sehn.

Uns vom Gestirn geschenkt
in dieser Gnadenfrist,
zu haben und zu tun,
was menschlich ist.

Gewesensein und Sein,
und Früh- und Abendrot.
Erinnern, Wissen auch
um unsern Tod —

Ja, Wissen um den Tod.
Vom dumpfen Tier getrennt
durch dies dein eigentliches
Sakrament.

Und wahrlich so durch dich
erst unserm Herzen nah:
Du schlägst die Zeit — und es
ist fühlend da.

Und weil es zeitlich schlägt,
— o leider ganz wie du —
hast du die Unruh und
das Herz nicht Ruh.

Es eilt die Stund voraus
und sehnt sich aus der Zeit
in seine fromm geahnte
Ewigkeit.

Denn nur vom *Herzen* ist
die Ewigkeit getan.
Den Geist verwirrt es gleich,
denkt er daran.

Februar

Die Dohlen überm Baumschlag schrein.
Es fegt der Wind den Himmel rein.
Der Schlitten schellt, das Tannicht rauscht,
die Magd aus stiller Kammer lauscht.
Der Knecht fährt mit dem Holz zu Tal,
viel Narren hat der Karneval.
Schon färbt sich rost der Haselstrauch,
am Fenster friert der Atemhauch.
Was Matheis und Sankt Peter macht,
das bleibt noch so durch vierzig Nacht.
Der Riegel knirscht — o Heimlichkeit!
Jetzt ist der Frühling nimmer weit.

Handwerker

Das Unsre ist zwar Werk der Hand,
doch hat es, durch die Kunst, Bestand.
Wer seine Sach von Grund auf kennt,
mit Recht sich einen Meister nennt.
Ein Gwölb, ein Schild, ein grader Sinn,
da ist zum Bürger nicht weit hin.
Der Kreis ist klein, der Ausblick schmal,
doch reichts noch wohl zum Original
und gibt — wer groß ist, hat das kaum —
der Menschenwürde füglich Raum.

Nun läuft heut freilich nicht die Zeit
auf Füßen der Zufriedenheit.
Doch geht es karg und donnerts fern,
wir haben unsre Lieben gern,
den Winkel still, die kleine Stadt,
wo gute Zunft noch Ehren hat.

Gott geb, es geh mit Kunst und Fleiß
ein Zeitlang noch im alten Gleis,
eh daß uns, hilf Herr Jesu Christ,
unrettbar die Maschine frißt.

Lichtmess

Der Tag weht grau herauf.
Der Schnee vor meinem Fenster
liegt meterhoch zuhauf.
Und heute wird es wieder schnein,
und frieren tut es Stein und Bein —
Ich steh gleich gar nicht auf.

Was braut im nahen Tann?
Es will ein Licht sich rühren,
daß man es spüren kann.
Es wächst der Tag, so kindeljung,
schon gar um einen Hirschensprung —
Ich zieh mich hurtig an.

Will schauen, wie ichs mach.
Zu Lichtmeß Schnee und Finster,
das ist die rechte Sach.
Heraus den Schlitten — Jörg, spann ein,
die Wachsstöck leg mir hinterdrein,
fein unters Wagendach.

Und der da ist der größt.
Und gegen Blitz und Hagel
entzündt, das allerbest.
Mit dem geh ich ums Immenhaus,
und der treibt Sucht und Fieber aus —
So bin ich wohlgetröst.

In Gottes Namen denn!
Du liebe Sonne, scheine,
du gutes Lichtel, brenn!
Steig an und geh mit mildem Schein
ins Jahr, ins dunkle Herz hinein,
daß ich das Heil erkenn.

Die Blinden

Nach dem gleichnamigen Bilde von Pieter Brueghel d. Ä.

Was für eine jammervolle
Aicht kommt da herangezogen?
Ausgesogen
sind die Blicke;
an dem Stricke
torkeln sie in ihr Geschicke.

Voller Gruben ist die Scholle.
Daß der Teufel Mitleid hätte!
Um die Wette
sie die Stecken
und mit Blecken
hilflos ihre Hälse recken.

Statzt der Letzte an der Stangen
noch dahin, als ging er sicher:
Ängstiglicher
als der sechste
schon der nächste
spürt da vorne das Verhexte.

Kommt der Vierte hergegangen
wie die Klage vorm Verhängnis.
Großer Bängnis
und Verzagen —
kanns nicht sagen —
liegt die Hand auf 's Dritten Kragen.

Mantel des im Höllenwinde
plustert wie Gespensterfahne.
Hält sich ane,
kann dem Ziehen,
allermühen
schwarz der Himmel, nicht entfliehen.

Jener tölpelhafte Blinde
vor ihm in den weißen Strümpfen
saust mit Schimpfen
sondermaßen,
Gott vergaß 'n,
auf den Ersten, ab die Straßen.

Dieser wird sie alle täuschen.
Wo ein Blinder zieht die Blinden,
muß sich finden,
daß die Toren,
gar verloren,
sind zu Schand und Spott erkoren.

Hinten siehst du Kirch und Keuschen:
Konnten sie nicht hocken bleiben?
Ihren Weiben
in der Stuben
vorzutuben?
Nein, sie *müssen* in die Gruben!

Die Schüssel

Von deinem runden Bord
geht warme Stillung aus.
Du läßt die Werke ruhn,
du einst das Haus.

Des Lebens Auf und Ab
vergleicht sich schalenschwer
an deiner Gebelust —
und schwankt nicht mehr.

Wer ist vor dir denn klein,
und wer ist vor dir groß?
Du bist uns ja zunächst:
fast wie ein Mutterschoß.

Die Erde schenkt so reich:
Und sie versagt sich doch?
Bleibst du dem einen leer,
wie schläft der andre noch?

Sieht er dich nicht zur Nacht
als einen wüsten Kreis,
um den Gespenster wehn,
von Rache weiß?

Der Satte neigt zu gern,
den andern nicht zu sehn.
Doch plötzlich wird die Welt
in Flammen stehn.

Und wäre doch so leicht.
Und wandelte dich schlicht
zur Schale, voll mit Maß-
lieb und Vergißmeinnicht.

Was hilft, wenn wir nicht teiln,
die beste Gabe dein?
Lehr uns ein gutes Herz
und laß die Armen ein!

März

Die Wälder brausen nah und fern.
Die Erde riecht, es regnet gern.
Windröschen stehn im apern Grund,
an Kunigund wirds warm von unt.
Die Kranich ziehn, bald blüht der Schleh:
Um Benedikt den Hafer säe!
Den Hering iß zu Okuli,
das Licht zur Gleiche löscht Marie,
sie kommt und richt' die Reben auf,
nimmt auch den leichten Frost in Kauf;
und ist getan, was nötig war,
so gebe Gott ein gutes Jahr!

Bauer

Wir Bauern sind aus hartem Holz,
im Reden schwer, im Werken stolz.
Wir haben Weib und Kind und Knecht,
und Sonntags ist ein Spaß uns recht.
Wir geben euch das Brot, den Wein,
und unsre Söhne obendrein,
und unsrer Töchter Liebeskraft,
daß nimmer das Geschlecht erschlafft,
daß sich sein Kern, sein Glück und Glut
erweise im gesunden Blut.

Wir hangen zäh am alten Brauch,
ziehn Zauber auch aus Kraut und Lauch,
wir von dem Ahn zum Enkel hin
auf eignem Grund seit Anbeginn.
Nicht minder als die Herren Herr,
wenn Herr nicht unser Herrgott wär.

Der Erde treu mit treuer Hand,
und unvergänglich wie das Land:
Stürzt Babylon verwirrt zuhauf —
Wir bauen Korn und Rebe drauf.

Land im Lenzing

Überm Haus braust der Wald.
Kommt die Kirschenblüh bald.
Knarrt die Stadeltür leis.
Gluckst das Wasser im Gleis.

Feucht und fettig die Scholl
geht nicht ab von der Sohl.
Schaut der Winterhalm her.
Siehst die Furchen nicht mehr.

Hüoh weiter, geh an!
Hinterm Pflug, im Gewann.
Überm Wald, überm Gscheid
stehn die Berg, so blauweit.

Und der Ochs geht im Strang,
und das Brausen macht bang,
bimmelt 's Avegeläut,
steh und laß, es wird Zeit.

Oben frosthaft die Stern,
in die Kammer gehst gern.
Überm Haus braust der Wald:
Kommt die Kirschenblüh bald?

Überm Wald braust der Wind,
machst der Deinen ein Kind,
Fenster auf, Fenster zu —
Wird ein Bauer wie du.

Judaskuss

Ihr seht nur das verfluchte Geld,
das ich genommen hab.
Und schweigt davon, daß Er mir doch
beim Mahl den Bissen gab.

Damit die Schrift erfüllet sei,
sollt es an mir geschehn.
Er trug mir auf, es bald zu tun.
Und also mußt ich gehn

und ging und kam zurück, und nahm
und hatte meinen Lohn.
Doch jener, der am Kedron stand,
Er wußte alles schon,

und sah mich an und redete
und ließ mir keine Frist:
»Mit einem Kuß verrätst du mich?«
So hab ich Ihn geküßt.

Sie griffen Ihn und banden Ihn
und schleppten Ihn davon.
Und ob mir fast das Herz zerriß,
ich hatte meinen Lohn.

Du bittre Reue, Scham und Gram!
Er gab mir mein Geschick.
Er starb für euch den Kreuzestod.
Ich ging und nahm den Strick.

Das Bett

Heiliger Hausrat Bett!
Still wird, wer dich bedenkt.

Du, der unendlichen Kett'
unsres Geschlechtes geschenkt,

Zeugen, Empfangen, Gebärn,
menschenheimlichstem Tun
und am Ende dem schwern
Seufzer, um ganz zu ruhn,

jeglichem Schlaf — o leis
nimmt er die Schmerzen fort —,
einsamer Träne heiß
bist du Stätte und Ort.

Kranksein, Leiden und Kampf
kommen zu dir: Machs gut!
Und du lösest den Krampf,
träufelst Heilung ins Blut;

gibst uns, die von dem Ziel
abirrn und schwanken im Wind,
selig ein schmales Gefühl,
daß wir geborgen sind.

Schüchtern, bei Tag nicht gewagt,
wo uns bewachte der Spott,
schmilzt nun das Herz, und es sagt
alles, es redet mit Gott.

Und noch der Härteste nimmt,
liebt dich, denn Schmach hat und Pein,
welchem das Schicksal bestimmt,
ohne Bette zu sein.

Bleib unserm Leben Freund,
mach uns das Sterben nicht schwer!
Denn nur, wer fällt vor dem Feind,
wagt es, braucht dich nicht mehr.

April

Der Regen sprüht, die Sonne scheint.
Der Knecht er lacht, die Magd sie weint.
Vom Kirschbaum flockts, der Kuckuck schreit,
der Rebentrieb hat all noch Zeit.
Ein Farbenbogen steht gespannt,
und nimmer ruhn Gerät und Hand.
Noch drohn Sankt Georg und Sankt Marx,
die sind schon so, der Blüh viel Args.
Wenn aber nur die Frösch nicht schrein,
dann kanns um Peregrin auch schnein.
Was wär denn das für ein April,
der nicht tun dürfte, was er will?

Soldat

Hie Saurekrut, hie General:
Soldaten sind wir nun einmal.
Der Schimmel tanzt, die Fahne weht,
der Säbel blitzt, die Reihe steht.
Mit Schultert! Fertig! Ruht! Habtacht!
im Frieden ist es eine Pracht,
nicht Handgranate noch M. G.
tut irgendwem im Frieden weh.
Was Überzeit, was Hausarrest:
Schuft, wer sein Mädel warten läßt.

Dagegen ist, gradaus und schlicht,
der Krieg kein Honiglecken nicht.
Die Trommel dröhnt, die Reih marschiert,
wer desertiert, wird füsiliert,
so geht es über Stock und Stein
Hurra! in Feind, in den Feind hinein.

Beschirm uns, Gott auf deinem Thron,
ist jeder einer Mutter Sohn,
und lohn uns du nach unserm Stand:
Wir sterben für das Vaterland.

Albrecht Dürer

Selbstbildnis in der Alten Pinakothek in München

Von meiner Stirne geht das deutsche Licht.
Die Schläfenfurche Traum und Grübeln spricht.
Durchsichtig fast, der Braue ferner Schwung
nennt heilig unsre Überlieferung.
Das treue Aug erfaßt die reiche Welt,
nichts ist so klein, es werde wohlbestellt.
Von meinen Locken geht ein Leuchten still,
sie sind des Christus, wo er deutsch sein will.
Die Nase, südlich schmal und streng geführt,
gibt Maß und läßt der Form, was ihr gebührt.
Im Schnurrbart lebt das Volk nach seiner Art:
Es ist ein heller, dünner Frankenbart,
wie jener, dunkler um das Kinn herum
von harter Kraft sagt, Stand und Herrentum.
Der Mund, keusch, fest und voller Innigkeit,
hat in den Winkeln schon den Schwank bereit,
indes die Wange, trauerschön genug,
aufzeigt den ewigen deutschen Leidenszug.
Es ruht die Hand, Einfalt und Stolz zugleich,
dem Mantel auf, als hielte sie das Reich.
In diesen Fingern, weg- und hergebracht,
hab ich gedeutet, was den Künstler macht.
In ihnen webt der bildsam hohe Geist,
der euch das Rätsel *und* die Lösung weist.
Wahrhaftig steckt die Kunst in der Natur:
Reißt sie heraus, ihr habt sie, klar und pur.

Als meines Volkes gültige Gestalt,
für *alle* da, so hab ich mich gemalt.
Euch völlig zugewandt ist mein Gesicht.
Wend't ihr euch ab von ihm, so seid ihr nicht.

Auferstehung

Als Magdalena kam zur Gruft,
fand sie die Stelle leer.
Ein fremder Jüngling war und sprach:
»Du findest ihn nicht mehr.«

Sie hatte keine Träne, nur
die Arme sanken ihr.
»Drei Tag, drei lange Nächte lang,
wie klagte ich nach dir.

Da ich dir einst die Füße wusch
mit meiner Tränen Quell,
drang wie ein Schwert dein Zauberblick
in meine wirre Seel.

Wie hab ich meinen Schoß verflucht
und meine Brüste braun,
da ich am Weg stand, hundertmal,
dir brennend nachzuschaun.

Wie hat dein mildes Manneswort
mir bitter wehgetan:
›Wer ohne Sünde ist . .‹ Mir war,
ich müßte sterben dran.

Nun bist du fort, ich werde nie,
nie wieder fröhlich sein.
Was rein an mir war, ganz zutiefst
mein tiefstes Herz war dein.«

Da ging die Sonne strahlend auf
über Jerusalem.
Und mitten inne stand der Herr
im goldnen Diadem —

Sie hatte keine Träne, nur
die Augen schwanden ihr.
Und eine Stimme war und sprach,
ganz nah: »Ich bin bei dir.«

Die Truhe

Dem Erworbnen strenge
Wahrerin:
Aus der Lust, zu mehren,
blüht dein Sinn.

Schufst den Bürger, halfst den
Herrn erhöhn.
Auf den Bauernböden
ruhst du schön.

Schwer beschlagen, schwer im
braunen Holz;
vätermächtig, und der
Enkel Stolz!

Web und Waffen, Seide,
Gold und Buch,
und lavendelfeiner
Moderruch.

Ach, so gestern, edle
dunkle Truh!
Uns treibt Wahnwitz, dich doch
schuf die Ruh.

Seßhaft feierliches
Nur-bestehn,
feind dem lauten Hin- und
Widergehn.

Fremd uns, fremder: wie die
Welt, die war;
abseits und verschlossen
Jahr um Jahr:

Erst dem Toten wieder
treu bereit,
trägt man, den du hüllest,
aus der Zeit.

Mai

Die Schwalbe flitzt im Sonnenglast,
der Brunnen rauscht dem jungen Gast,
der Zeiger an der Sonnenuhr
malt an die Kirchturmwand die Spur.
So wächst das Jahr mit Lust und Mühn:
Sankt Urban, laß die Reben blühn!
Schon rührt sich neu der Wein im Faß,
die Quetsche tönt zum Kirmesbaß.
Sind erst vorbei die strengen Herrn
Pankraz, Servaz, dann tanzt man gern,
wo auf dem Platz der Maibaum steht,
dem süßer Wind die Bänder dreht.

Kaufmann

Wir vielgeschmähten Handelsleut,
aus Eigennutz für Redlichkeit.
Ob Sonnenschein, ob Hagelschlag,
uns bindet bindend der Vertrag.
Vom Mitteln ziehen wir Gebühr,
euch zu genügen, leben wir.
Das Links und Rechts im Kassabuch
macht unsern Segen, unsern Fluch,
und zwischen Debet und Credit
nimmt Zoll dies Dasein, bis wir quitt.

Von fernem Land in fernes Land
geht jeglich Ding durch unsre Hand,
die Ware treibt uns um die Welt,
und unsre Heimat ist das Geld,
doch viele Sprache, vieler Brauch
hat uns den Blick geweitet auch,

und unser Manko und Profit
schuf eure höhern Dinge mit.
Wer trägt zuletzt das Risiko,
macht Völker reich und Fürsten froh?

Mutter mit dem Kind

Du von den sieben Schmerzen
der Mütter herzdurchbohrt:
Im milden Schein der Kerzen
gib einem armen Herzen
ein tröstlich Mutterwort!

Die meine liegt begraben
seit über dreißig Jahr.
Versunknes Leid des Knaben:
Noch will es Heimat haben,
die gut wie jene war.

Sieh, wie ich klein und ohne
viel Worte vor dir steh.
Gewähre und verschone!
Du trägst ja groß die Krone
misericordiae.

O Mutter mit dem Kinde,
so spät find ich zu dir.
In soviel Qual und Sünde
verging das harte, blinde,
gemeine Leben mir.

Du Hohe, Reine, Ferne,
brich auf das Herz aus Stein!
O Weinen, lang und gerne . .
Die Tränen werden Sterne
an deinem Himmel sein.

Herr Walther von der Vogelweide

Zur Miniatur der Manessischen Handschrift

Herr von der Vogelweide,
o Walther, knabengleich,
so zart im Faltenkleide
und schweren Sinnens reich,

das Haupt seitab gezogen,
geschmiegt in schmale Hand,
daß Knie zu Ellenbogen
und Traum zu Liede fand:

Das Schwert an deiner Seiten
ist dir wohl viel zu schwer.
Für Zucht und Maß zu streiten,
taugt Wort und Fiedel mehr.

Die Blumen dir zu Füßen
blühn auf im deutschen Mai.
Du hast uns hold gewiesen,
wes Art die unsre sei.

Es steigt in leichter Schwebe
vom Schwertknauf auf das Lied,
daß es uns Einfalt gebe
und adle das Geblüt —

Daß es uns spät begleite
und wachse durch die Zeit:
Nach Unrast, Gram und Streite,
die deutsche Menschlichkeit!

Der Herd

Geisterbewohnt
urehrwürdigster Ort,

nährendes Feuer vererbst
du den Sterblichen fort;

Feuer das beste ist
uns, die erdegeborn.
Um die gehütete Glut
sippen wir unverlorn.

Wasser vom Himmel stürzt,
Sturm fährt sausend ums Haus.
Wir darin sind gefeit,
geht nur die Glut nicht aus.

Würde des Hauses, Stolz,
Ehr und Sitte dazu —
und dem Fremden, der friert,
gastlich geneigt bist du.

Hilfst kunstfertiger Hand;
um Geschmied und Geschmeid
essengewaltig zuckt
sprühend die Flamm vom Scheit.

Altarmaßen gefügt,
stehst du, helle und heil,
gibst die göttliche Kraft
noch deiner Asche zuteil:

Auf die Fluren gestreut,
neuem Wachstum zugut,
bannend Dürre und Fraß
und der Unholden Wut —

Immer ein Funke von dir
springt in das Menschenherz,
daß es Heimat erführ'
oder den Heimwehschmerz.

Juni

Im heißen Hauch mondsilbergrün
die Wiese wehet her und hin.
Goldamselruf, Hornissenton,
den Wald bekrönt die Sommerkron.
Mit seiner Sens' Sankt Barnabas
rückt an und schneidet ab das Gras
im Dengeltakt und Mäherschritt.
Und alls, was Hände hat, tut mit.
Jetzt regne nur nicht, heiliger Veit,
bis uns das Heu im Stadel leit
und Peter-Paul, gestellt ans End,
die Deichsel gegen Juli wendt.

Beamter

Ob großes oder kleines Amt:
Gehorsam sind wir allesamt.
Die Mienen ernst, die Scheitel licht,
tun wir laut Vorschrift unsre Pflicht.
Der Dienst ist alles. Nebenher
sind unsre Taschen leicht und leer.
Im Amtsbereich, von Fall zu Fall,
beziehn wir uns auf eine Zahl
und schicken, unserm Stand zum Ruhm,
die Kinder ins Gymnasium.

Wir halten euch für wenig Dank
das große Räderwerk in Gang.
Die Jahre gehn im gleichen Schritt,
es steigt der Rang, die Plage mit,
wir dienen lang, wir dienen gern,
von ferne blinkt ein holder Stern.

O endlicher Genuß der Ruh,
dir nähern wir uns immerzu
und hoffen still und sterben so.
Bisweilen plötzlich, im Büro.

Sankt Antonius

Antonius mit dem göttlichen Kind,
der das Verlorne uns wiederfindt,
ich bitte dich nichts, als bring mir zurück
die Zeit, wo ich lebte mein stilles Geschick,
ohne Ruhm oder Nam, ohne Zahl oder Zeit,
niemand zulieb, niemand zuleid.
Bring mir die Ruhe, teil mir dein Brot,
segne mir wieder die reine Not!
Was mir ansonsten abhanden kam,
was man mir diebischer Listen nahm,
Schlüssel und Groschen, Leuchter und Licht
magst du behalten, ich brauch es nicht.

Ich geb dir noch drauf, und ich gebe dir gern
die Blumen des Juni, Glocke und Stern,
Büschel und Dolde, Einblatt und Zwei-,
Akelei, Pfefferminz, Wiesensalbei;
Kornblumen, Margueriten und Mohn
und Lilien — freilich, die hast du schon.
Weil aber jeder, der richtig schenkt,
die Welt als Brüder und Schwestern denkt,
und weil wir doch alle in Armut sind,
die das Verlorne nicht wiederfindt,
bitt ich, o bring uns, das bitt ich dich sehr,
unser verlorenes Herz wieder her!

Tischgebet

Nach dem gleichnamigen Bild von Albin Egger-Lienz

Der Bauer in der Mitt. Die Händ wie Pflüg',
erdschwer, müd, laß, gefaltet ungefüg.
Das Hemd, breitflächig, ohne Farbenlüg';
des Christ der Kopf, ergebne Leidenszüg'.

Die Bäurin, links, viel Licht, im Vordergrund.
Das Haar, fest aufgesteckt zu blondem Bund.
Der Nacken breit, die Schultern derb, gesund;
ins Bild gewandt. Nicht Brust, nicht Aug, nicht Mund.

Rechts, stählern, hart, jungmänner-gertenhaft,
der Sohn. Unfertig: Trotz, Scham, finstre Leidenschaft.
So um den Tisch. All drei gesparte Kraft.
Inmitt der Napf. Dorthin die Blick verhaft'.

Die Stube leer: Querüber rechts die Bank,
die Lade, offen halb, der Tisch — leer, blank.
Im Fenster, niedrig, streng: Kein Blumgerank.
Nur das Gebet. Dreieinig. Bitt und Dank.

Geheimnisdünner Rauch geht von dem Brei.
Dies karge Brot ins Fleisch gewandelt sei!
»In meinem Nam, wo immer euer drei
zusammenkommen, bin ich mitt dabei.«

Der Krug

Immer so hoben sie dich,
heben dich während zum Mund:
Wenn sie die Furcht überschlich,
und in der tröstlichen Stund.

Wenn sie zu feiern begehrn,
wenn sie die Sprüche getan;
Heimat und Ehre zu ehrn,
Sieg und den redlichen Mann.

Wenn sie die Toten zurück
geben dem tilgenden Schoß,
wenn sich ein neues Geschick
ringt aus dem kreißenden los.

Voller aus Rausche erblüht,
dem du tief unten entstammst,
immer so lobt dich mein Lied,
das du entflammst und verdammst.

Edleren Ahnen zubrauch,
gabst du den Göttern ihr Teil:
Wein, doch des Wasserguts auch.
Denn das Wasser macht heil.

Edleren Ahnengeist groß
schlürfen aus dir wir indes.
Aber der Kommenden Los
grüß uns, du männlich Gefäß!

Allem Erhobnen vermählt,
tief auch dem Tage verwandt:
gehst bei den Mähern im Feld
ruhig von Händen zu Hand —

Ach, ohne Sage gesagt,
aber mit Wehmut gesehn,
wie aus dir abends die Magd
trinkt vor dem Schlafengehn.

Juli

Kornblume blau, Mohn flammig rot:
Im Mittag rauscht das heilige Brot.
Die Linde schneit, die Wachtel schlägt,
der Bauer bang das Wetter wägt.
Die erste Birn bricht Margaret,
drauf überall die Ernt angeht.
Im Schatten steht der Schnitterkrug,
die Magd geht mit dem Ochsenzug.
Der starke Leib, die schwere Fracht:
Im fernen Land ein Donner kracht.
Mög uns der Himmel gnädig sein —
Sankt Jakob, Dank! Das Korn fährt ein.

Bauerngarten

In meinem Bauerngarten
da stehn viel schöne Blum.
Stiefmütterchen, die zarten,
Narziß und Lilium.

Und schlanke Pappelrosen
am Rand von Kraut und Kohl,
Goldlack und Skabiosen
und Nelken und Viol.

Und zwischen Bohnenhecken
und Dill- und Bertramkraut
hab ich mir ein paar Stecken
Tomaten angebaut.

Und reichlich Georginen,
sieh an, sie kommen grad!
Und vor und hinter ihnen
Kohlrabi und Salat.

Ein Schmeckerchen Kamille,
ein Rüchlein Rosmarin,
Und daß es heil und stille,
die Minze zwischendrin.

Das gibt ein Blühn und Schwellen
wohl hinterm knappen Zaun;
mit Liebe zu bestellen,
mit Freuden anzuschaun.

Kommst du die Straß vorüber,
schau auch und freue dich!
Du hast die Blumen lieber
und Erbs und Gurken ich.

Durch Bauernland

Ein Streifen Mais, ein Streifen Klee,
Kartoffelfurchen je und je,
und Acker braun und Acker rot,
im gelben Mittag reift das Brot,
der Wiesenweg gebändert weiß,
ein Streifen Klee, ein Streifen Mais,
der Jogl zieht am Strick das Kalb,
und Acker rot und Acker falb,
Kartoffelfurchen je und je,
im hohen Hafer äst das Reh,
die reifen Mandeln Reih an Reih,
ein Leiterwagen nahebei,
und Wegerich und Rittersporn,
im gelben Mittag rauscht das Korn,
die Weiden an dem Wasserbug
beschatten kühl den Schnitterkrug,
und Acker falb und Acker schwarz,
im lichten Forste riecht das Harz,
mit Ochsen schwer, der Bauer dran,

geht um die Hufe das Gespann,
geschobert liegt das Heu zuhauf,
Rebhühner stehen knatternd auf,
ein Kirchturm, ein paar Höfe weit,
und wieder nichts als Einsamkeit,
ein Streifen Mais, ein Streifen Klee,
Kartoffelfurchen je und je,
und Acker hier und Acker dort,
und an und um und immerfort . .

Unternehmer

Wir sind die Wenigen, sind die Herrn.
Doch reden wir davon nicht gern.
Die Massen spüren Schwall und Schwund,
wir halten uns im Hintergrund
und fühlen unsern rechten Wert
im Planen, das die Werte mehrt.
Wir führn und disponiern mit Fleiß,
und unser Schlaf ist kurz und leis:
Gehts nicht zu Rand, ist allemal
schuld das verhaßte Kapital.

Wir bauen auf und reißen ein,
wir holn und stürzen die Partein.
Dem Wissen und der Kunst zur Hand,
für Ruhe, Ordnung und Bestand,
den Träumen feind, verschworn der Tat,
so stützen wir die Macht, den Staat.
Wir fürchten schließlich außer Gott
(er wahr' uns vor dem Pöbelspott!)
nichts als die Straße, die von Zeit
zu Zeit nach einem Opfer schreit.

Das Dach

Arm und leer war die Welt.
Jetzt ist nichts mehr gering,
da ich das Meine im Haus
spät zu besitzen beging.

Was ich zu hüten erwarb,
deckt nun himmelbereit,
Dach, mit Giebel und First
deine Gelassenheit.

Wachsam der eiserne Hahn
dreht sich im duftenden Wind,
unter dem braunen Gebälk
huscht die Schwalbe geschwind —

Höher siehst du als wir
auf die befriedete Welt;
Feld und Lehne und Wald,
raunend und wohlbestellt.

Wenn wir zu beten verlernt,
wieder wohl lehrst es uns du.
Wehr' von dem Hause den Blitz,
Schande und Not dazu!

Scheuer, Schuppen und Stall,
Magd und Mutter und Weib,
schütz es, mache dich breit,
daß es beisammen bleib.

Wer auf der Erde nichts hat,
steigt ohne Fährde ins Grab.
Aber um jeglichen Halm
bangt, wem ein Lehen Gott gab.

Sieh, wie der Abendstern jetzt
aufgeht, feierlich, schön.
Halt ihn! Wahr' uns den Traum!
Laß ihn nicht untergehn!

August

Im Garten vor dem Pfarrhaus blühn
Veil, Sonnenblum und Rosmarin.
Vincula Petri geht alsdann
den Weizen mit der Sense an.
Die Traube kocht, es gilbt der Mais,
die Störche sammeln sich zur Reis',
und bleibn sie noch nach Barthelmä,
ein Winter kommt, der tut nicht weh.
Brachüber grast das Weidevieh,
und auf den Tennen schlagen sie
den Flegeltakt durchs ganze Land.
So geht das Ackerjahr zu Rand.

Gelehrter

Die Stirnen hoch, die Züge fein,
der Gral will ernst gehütet sein.
Mit Stolz bekennt sich zur Vernunft,
zur Macht des Geistes unsre Zunft.
Wir forschen, lehren, deuten aus,
baun Schiff und Schiene, Turm und Haus,
wir heilen, raten, geben kund
und gehn den Stoffen auf den Grund.
Wir, unbeirrt vom Rausch der Tat,
säen dennoch aller Taten Saat.

Da geht das Denken hundertfach
gespalten einem Fache nach.
Der Splitter nimmt den Ruhm zum Lohn,
zuleid der Kontemplation.
Will Vielfalt aber Trost und Sinn,
so wend es Gott zum Anbeginn

und führ uns aus dem Zweck und Streit
zurück in seine Wesenheit.
Humanitas: Dies eben heißt:
Menschliches menschlich tun mit Geist.

Schnitzwerk an einem Hochaltar

Mit Schatten grau und Flammen rot,
das Leben hie und dort der Tod,
und Erd und Himmel, schön gestuft,
zum Lob befeuernd, wen es ruft,
und mit Gestalten um und an
und Bildern sinnvoll angetan
und durch und durch von Wundern groß,
so liegt die Welt in Gottes Schoß,
so steht die Zeit in Gottes Licht,
der Künstler, dem das Herz dran bricht,
der Meister, dem die Seel drin schmolz,
er schnitt es frommer Hand in Holz,
und königliche Gloria
im Faltenwurfe siehst du da,
und Kron und Zepter schwerer Art
und Angesicht mit Rauschebart,
und Blattwerk, üppig auferbaut,
so seltsam, wie du's nie geschaut,
und Macht, die wissend um die Welt,
das Reich in hohen Händen hält.
Sei also leise, komm, tritt ein!
Hier ruht der Traum bei Brot und Wein,
das Herz, das fromm und gläubig schmolz,
will schlafen hier im braunen Holz,
all, was geschehen ist, geschah
in königlicher Gloria,
die Wölbung schweigt, die Stille lebt,
sieh, wie der Engel betend schwebt,
zu künden Gottes Kraft und Gunst:
Und dieses alles durch die Kunst.

Sankt Laurentius

O heiliger Laurentius am Rost,
du hast dir ein besondres Sterben auserlost.
Ich sag nichts gegen Rad und Spieß und Strick,
gegen ein gutes Hauschwert ins Genick,
nichts gegen Löwenwut und Kerker karg —
Doch einen Menschen rösten, das ist arg.

O heiliger Laurentius am Rost,
du hast dein Märtyrertum ausgekost.
Barbarische Verfahren sind das schon:
Du warst doch schließlich nur ein Diakon.
Was galt denn damals für ein scheußlichs Recht?
Ich find es, wenn auch römisch, herzlich schlecht.

O heiliger Laurentius am Rost,
du bist uns dieserhalb ein großer Trost.
Zwar gibt es heutzutag kein Rösten mehr,
doch haben wirs mitunter auch recht schwer.
Man schmort und wendt uns, daß es räucht und brennt.
Nur kommen wir halt nie in die Legend.

Der Kranz

So Werk wie Spiel zu krönen,
bist du entblüht.
Liegst auf dem Haar der Schönen
als Rosenlied.

O gut, dich hinzutragen
im Bänderflor,
wenn schwank der Erntewagen
eingeht zum Tor,

mit Korn und Weizenähren
und Flachs und Mohn:
Den Schnitterspruch zu hören,
wir warten schon —

Und war das Jahr zu loben,
dann weis' uns froh,
den neuen Wein zu proben,
Gewind aus Stroh!

Schon will im Tanz sich rühren
das junge Blut.
Wir Alten schaun, wir spüren,
wie Rasten tut.

Wir haben viel erfahren
und manchs getan.
Der Kranz aus weißen Haaren
steht wohl uns an.

Wir haben nie den Scheitel
bekränzt gewollt.
Die Lorbeerkron ist eitel
und die aus Gold:

macht anders nur dem Sänger
den Abgrund klar,
die Stirn dem König enger
und fahl sein Haar.

September

Ägyd bläst in des Herbstes Horn.
Die Beere schwankt am Brombeerdorn.
Der Apfel fällt mit leisem Laut,
großauf am Bach die Distel blaut.
Die Schwalbe zieht, der Wanderschuh
treibt dunkel einer Heimat zu.
Gekühlte Tage, klar und schön,
mit braunem Laub und weißen Höhn:
Wie lange noch? Der Abend fällt,
Flurfeuer glimmt, Rauchnebel schwelt.
Nachhaus zu gehn, ist wohlgetan.
Sankt Michael, zünd die Lampe an!

Künstler

Wir Künstler zeigen euch das Sein
als Wort und Farbe, Ton und Stein.
Wir einsam, übersehn, verkannt,
baun uns aus Traum ein Heimatland
und teilen jedem, der da will,
vom gottnah seligen Gefühl.
Der Weg ist Leid, der Ruhm ist Trug,
im Werkrausch bleibt uns Lohn genug:
nach dieser überbittern Zeit
die Hoffnung auf Unsterblichkeit.

Uns ist der Mond, die Stille lieb,
wir hassen Taglärm und Betrieb,
in unsrer reichen Armut sind
wir Kind und Kind und wieder Kind.
Wir sehnen uns von früh bis spät
nach jenem Herzen, das versteht,

und ist es da, und sagt es ja,
bringt uns dies Glück dem Tode nah.
Im Anfang war die Leidenschaft:
Gott segne uns die Schöpferkraft!

Sankt Michael[1]

Ein Mahl für uns und ein Licht für dich,
die Toten schlafen ewiglich,
der Acker, der liegt bloß.
Was soll der Nam? Ob Wode, ob du:
Die Kraft ist alls und der Glaube dazu —
Sankt Michel, *salva nos!*

Der Wind weht scharf herein von West,
von Ost her trägt ein Sturm die Pest,
und alle Teufel sind los.
Wenn uns der Wein jetzund erfriert,
uns auch im Mai erfrieren wird —
Sankt Michel, *salva nos!*

Erzengel stark und Drachenheld,
lehr uns, wie man den Drachen stellt,
grimmig mit Hieb und Stoß.
Du hell im Haar und schwarz geschient,
was deutsch ist, dir mit Schweigen dient —
Sankt Michel, *salva nos!*

Ein Mahl für uns und ein Licht für dich,
die Toten schlafen ewiglich,
der Acker, der liegt bloß.
Laß uns nicht schrein um Deutschlands Ehr,
weniger »Deutschland«, das ist mehr —
Sankt Michel, *salva nos!*

[1] Urfassung; datiert: 26. Juni 1937

Im Weinland

Im Weinland, im Weinland,
hinan, hinab die Hügel!
Der Knecht sitzt und redt nicht,
die Pfeife im Maul.
Nur langsam, schön langsam,
Mit losem Zaum und Zügel.
Jetzt sind wir gleich drüben.
Dann trabt er, der Gaul.

Er riecht schon die Keller.
Die stehen nacheinander,
die weißen, die gelben,
mit grasgrünem Tor:
Ein Sprücherl zu Häupten,
zwei Luken an der Seiten —
und steinalte Mander,
die hocken davor.

Und um auf den Leiten
im Laubwerk dick die Beeren.
Die runden, die schweren,
am Steckenspalier.
Mit Weinhüterkeuschen
und Spatzenschreckpopanzen:
Die Blechschnitzel tanzen
im Rankengewirr.

Der Bräunl bleibt halten
im Ebereschenschatten.
Der Knecht klotzt und redt nicht,
die Pfeife im Maul.
Der Mann mit dem Heber
läßts in die Gläser schießen:
Vom jungen, vom alten —
Da sind wir nicht faul.

Der Wagen

Die Straßen laufen weiß
im ganzen Land herum,
mit schmal- und breitem Gleis,
bald grade und bald krumm.

Dort bist du recht zuhaus,
dort geht jahrauf, jahrab
dein Räderknarrn nicht aus
und deiner Pferdchen Trab.

Der Regen trommelt sacht
aufs graue Plachendach,
und leise klirrt die Fracht
den Holpergruben nach.

Der Kutscher schläft. Das Licht
am Wagenkorbe schwankt.
Das Ziel verfehln wir nicht.
Ist jeder angelangt.

Du fährst uns, arm und reich,
und jeden Tag ein Stück.
Wir wissen nur nicht gleich
wohin, zu unserm Glück.

Und jede Ausfahrt geht
in unbekanntes Land,
und jede Heimkehr steht
fürwahr in Gottes Hand.

Es rieselt leis im Glas
der Sand. Die Sense zischt.
Die Räderspur im Gras
ist ach wie bald verwischt.

Nun rasch! Die Zügel her!
Der Doktor sitzt mit auf.
Der Kranke leidet sehr.
Hü, Falber! Füchsel, lauf!

Oktober

Gilb tanzt das Laub am dürren Schaft.
Die Kelter preßt den holden Saft.
Sankt Gall heimst, was er nicht gebaut,
Simon und Juda schneidt das Kraut.
Die Krähen hocken schwarz und dicht.
Der Knecht das Holz zum Herd hin schlicht'.
Der Brunfthirsch röhrt im Graben drin,
und Regen regnet grau dahin.
Jäh heult der Hund. Im Stubeneck
die Kinder sitzen stumm vor Schreck.
Jetzt bläst der Wind im Sterbehaus
dem Ahn die Totenkerze aus.

Staatsmann

Geehrt, berühmt und hochgestellt:
Auf unsre Worte hört die Welt.
Auf unsre Schritte blickt gespannt
das fremde wie das eigne Land.
Wir gehen leis und rufen laut,
und Krumm und Grad ist uns vertraut,
wir dämmen ein, wir gleichen aus,
daß Ordnung sei im eignen Haus:
Am Ende steht die harte Tat,
zu retten den bedrohten Staat.

Es weiß das Volk mitunter nicht,
woran es ihm zumeist gebricht.
Bekommts ihm wohl, bekommts ihm schlecht?
Die Nachwelt werde uns gerecht!
Zu führn die Völker kreuz und quer
zu *Aller* Glück, ist wahrlich schwer.

Die Zukunft bleibt ein dunkles Blatt.
Ein Schelm, wer mehr gibt, als er hat.
Das Gute haben wir gewollt:
Sei uns noch lang der Frieden hold!

Judas Thaddäus

Bauer gewesen,
Stadtheiliger geworden

Wohl wahr, Bauer, Heilige hast du genug:
Gegen Mäuseplag, gegen Geisterspuk,
für Zähnd und Kopf, für Hals oder Kehl,
fürs Wetter, fürn Wein, für Treid und Mehl,
auch leicht einen, wanns am Geld gebricht:
Nur den Judas Thaddäus, den hast du nicht.

Er g'hört uns Leuten in der Stadt.
Jede Kirchen den ihren hat.
Ich weiß schon, Bauer, du hast dein Plag,
aber was weißt du von unsrer, sag?
Der heilig Thaddäus, der kennt, ja kennt
den unsern Jammer, der anders brennt.

Du betest, Bauer — 's ist bei dir Brauch —
am Wochentag und am Sonntag auch.
Wir lassen es meilenweit lang anstehn,
bevor wir einmal zur Kirchen gehn.
Aber was beten heißt, wissen erst wir:
Da schütterts in dir, da zitterts in dir.

Das stößt dir das Herz ab und hat keinen Rat —
nicht wegen der Scheuer, nicht wegen der Saat:
Da ist soviel Weh von der inneren Art,
Verlornsein arm, Alleinsein hart:
Das braucht einen Heiligen, schlecht gesagt,
der Christum über dem Herzen tragt.

»Apostel und Anverwandter des Herrn,
zu dir so kommen wir deshalb gern.
Du hilfst ja, wann die unsere Kraft
am End ist und es nimmer schafft.
Wend uns die Not, schließ uns die Pein!
Wir danken dirs. Wir denken dein.«

Sieveringer Oktoberlied

Schräg trifft der Sonnenschein
Dächer und Haus.
Wer will der Letzte sein?
Bald ist es aus.
Herbst, schöne Zeit
mit Fechsung und Frucht!
Schau dir mein Herz an, Freund,
welk und verflucht.

Himmel, weich über mir,
gib mir doch Trost oder Licht!
Freut dich der nahe Tod?
Mich freut er nicht.
Alle der Rausch,
wo, sag mir, soll er denn hin!
Heilender Traubensaft:
Ist das der Sinn?

Torbogen, Tische im Flur.
Rauch zieht, Windlicht brennt.
Oktober, du letzte Spur
Lust vor dem End!
Müdigkeit,
der ich vergeblich entflieh.
Jahrtraum verwittert leis
in Melancholie.

Schau, Freund, hinauf! Schau
dir den schwarzen Himmel an!
Das war vor Stunden blau.
Alles ist Wahn.
Wer nicht mehr lachen kann,
kann nicht mehr menschlich sein.
Es ist die höchste Zeit:
Hauer, schenk ein!

Das Buch

All unsrer Irdischheit
ein tief Gefäß;
hoch über Raum und Zeit
Gott Geist gemäß.

Des Größten, das uns ward,
der Sprache Schrein.
Darinnen aufbewahrt
ihr Sinn und Sein.

Prophetendunkler Mund
und Siegel alt,
den Normen Ankergrund,
dem Recht Gestalt.

Schicksal zu leiden, da;
selbst schicksalhaft.
Bewahrend, was geschah,
mit stiller Kraft.

Und so wie selber wir
in Glück und Schmerz,
bewohnt von Reu und Gier
und Haß und Herz;

mit Hoffnung anzusehn,
und auch zuletzt
leisem Verlorengehn
stumm ausgesetzt.

Geformt von uns, hindann
uns formend auch.
Geschaffnes ist daran
und Schöpferhauch,

und Gnade, da du bist,
uns zu *erhöhn.*
Und dieses Wissen ist
erschütternd schön.

November

Im Kirchhof brennt das stille Licht.
Die Toten ruhen, weine nicht.
Geborgen in der Erd, vergeht
der Keim, umdaß er aufersteht.
Martini Reif, Andreä Schnee,
die Magd trägt aus ihr süßes Weh.
Vom Hochwald dröhnt der Büchsenhall,
es stampft das Vieh im warmen Stall,
der Nebel hüllt das stille Land,
die Kerze ist herabgebrannt.
Laß frosten, laß vergehn, laß schnein!
Der Mensch muß wach und einsam sein.

Priester

Wir Mittler zwischen Mensch und Gott,
verdienen wir der Zweifler Spott?
Ach, gegen dieser Welt Begehr
zu wappnen euch mit Tat und Lehr,
verkünden wir im Lebensstreit
des Glaubens Heil und Tröstlichkeit.
Wir stehn an eurer Wiege Schoß,
wir sprechen euch von Sünden los,
wir spenden euch den Leib des Herrn
und segnen euch, Gott Geist zu Ehrn.

Der Liebenden vereinte Hand
umfahn wir mit geweihtem Band
und salben in der Sterbestund
dem Kämpfer Hand, Fuß, Aug, Ohr, Mund.
So binden wir dies Leben ganz
an Gottes Milde, Macht und Glanz,

denn alles Unsrige ist sein.
Erlaß er uns die Seelenpein
und schütze seine Christenheit
von nun an bis in Ewigkeit!

Jahraus — jahrein

Dieweil dir Mond um Mond entglitt,
ging einer wie ein Schatten mit,
jahraus, jahrein und immerzu,
durch Morgentau und Abendruh.
Vom Kind zum Greis, wie ist so bald
die Zeit dahin, das Wort verhallt,
und alles fließt, und gar nichts bleibt,
die Frucht, die fällt, der Baum, der treibt,
das Haus, der Turm, der Schmerz, das Glück,
das geht hinab und sinkt zurück,
und endlich ists mit dir so weit,
da war es nur ein Stäubchen Zeit,
und eh du es noch recht bedacht,
so ist es schon für immer Nacht.
Für immer Nacht? Da stockst du schon.
Du kommst zurück in deinem Sohn,
der geht den Weg von Anfang an,
und tut die Werk, die du getan,
und freut und fürchtet, hofft und sinnt
und gibt es weiter an sein Kind,
und hinter ihm mit leisem Schuh,
jahraus, jahrein und immerzu,
die Uhr zur Hand, bereit zum Schnitt,
geht einer wie ein Schatten mit.

Marterl

Für seinen Vetter Gerhard Schwach,
Aigenhofbauern in Totzenbach.

Am 9. November dreißig und sieben
hier am Wege liegen blieben.
Er kam vom Wein, es war schon spat,
der Wagen fiel um, auf ihn das Rad,
das Roß sich nicht zu helfen gwußt,
schleift ihn 10 Meter, zerquetscht ihm d' Brust.
Im Unglück noch beschert ein Glück,
die Mirfampfeifen ging nicht in Stück.
Hier sechts ihr es auf dem Gemäld,
wie er sie in die Höchen hält.
Daraus so zieh der Christ die Lehr,
wie schnell sich Durscht in Tod verkehr.
Die Pfeifen raucht sein Vetter jetzt,
dafür dies Marterl hergesetzt.
Tuts für die arme Seele betten!
Josef Weinheber aus Kirchstetten.

Der Riegel

Warum sind nicht die Tore
offen bei Tag und Nacht?
Wer hat mit Schloß und Schlüssel
dich Büttel hergebracht?

Auf daß wir ruhig schliefen,
wir, stets von Furcht verzehrt,
bewachst du uns und Unsres,
und neben uns das Schwert.

Ist nicht, wer Böses fürchtet,
schon selber bös genug?

Wir fliehn vor unsresgleichen,
seit Kain Abel schlug.

Freiwillig schließt sich jeder
in sein Gefängnis ein.
Darfst du, Gerät der Härte,
uns denn so vieles sein?

An Zaun und Küch und Keller,
an Dose, Tisch und Spind
ein Mal, bezeugend, daß wir
zusamt unsicher sind.

Du Zeichen unsrer Schwäche,
bei Gott, du wärest nicht,
sähn wir an Gauch und Bettler
das eigne Angesicht.

Wie magst du dich bewähren,
da du uns so bewehrst?
Wenn wir doch besser liebten:
Du fielest uns zuerst.

Noch hilfst du unsern Ängsten.
Hilf manchmal auch dem Glück!
Geh, Mädchen, schieb den Riegel
— der Traute kommt — zurück!

Dezember

Im Stall bei Esel, Ochs und Rind
zur Nacht geboren ward das Kind.
Und wieder still wie ehedem
der Stern leucht' über Bethlehem.
Gott in der Höh sei Preis und Ehr,
und Fried den Menschen weit umher.
Gevatter, schlachte du ein Schwein,
back Honigbrot, fahr auf den Wein
und heiz die Stuben nach Gebühr,
daß uns das Kindlein ja nicht frier!
Wir feierns mit bei Trunk und Schmaus:
Die Glock schlägt zwölf — Das Jahr ist aus.

Fürst

Wir, Fürst. Der erst- und eine Mann,
von Gottes Gnaden obenan.
Mit Purpur, Zepter, Schwert und Kron
des Staats geheiligte Person,
die in der Fülle der Gewalt
dem Herrn befiehlt, den Knecht bezahlt.
In Unsrer hohen Einsamkeit
entrafft dem Streit und Widerstreit,
berufen über den Partein
zum Herrscheramt, gerecht zu sein.

Erlauchter Stand, der alle hält,
gefährdet, wenn nur einer fällt,
aus letzter Freiheit Uns bewußt
der höchsten Pflicht als tiefster Lust:
so schützen Wir mit weiser Hand
das *ganze* Volk, das *ganze* Land.

Weh dem, der Volk und Land entehrt!
Wir schlagen ihn mit heiligem Schwert.
Erhalte, Gott, stets ungeschwächt
Uns selbst und Unser alt Geschlecht!

Anbetung des Kindes

Als ein behutsam Licht
stiegst du von Vaters Thron.
Wachse, erlisch uns nicht,
Gotteskind, Menschensohn!

Sanfter, wir brauchen dich.
Dringender war es nie.
Bitten dich inniglich,
dich und die Magd Marie —

König wir, Bürgersmann,
Bauer mit Frau und Knecht:
Schau unser Elend an!
Mach uns gerecht!

Gib uns von deiner Güt
nicht bloß Gered und Schein!
Öffne das Frostgemüt!
Zeig ihm des Andern Pein!

Mach, daß nicht allerwärts
Mensch wider Mensch sich stellt.
Führ das verratne Herz
hin nach der schönern Welt!

Frieden, ja, ihn gewähr
denen, die willens sind.
Dein ist die Macht, die Ehr,
Menschensohn, Gotteskind.

Hausspruch

Dies Haus ist mein und doch nicht mein,
wird nach mir eines andern sein,
war vor mir eines andern schon
und bleibet stehn, geh ich davon.
Da ichs bekam in Heim und Hut,
sein Herd bleib warm, sein' Mauern gut,
der Brunnen dran mir nie versieg,
und frei zu Dach die Taube flieg!
Geschafft sei, was darin getan,
daß es der Nachbar wissen kann,
doch guck er mir nicht jedenfalls
mit seinem Fernrohr in den Hals!

Dies Haus sei all zu meiner Zeit
dem Fleiße und der Kunst geweiht,
und Liebe gehe für und für
von Herz zu Herz durch jede Tür!
Es schließe ein, es halte fern,
und frohe Gäste heg es gern,
ein Krümel Brot, ein Schlüpfel Wein,
da wird es wohl zum Guten sein.
Viel mehr steht nicht in unsrer Macht,
so nutzet auch kein Vorbedacht:
In Gottes Hand stell ich dies Haus
und die da gehen ein und aus.

Das Licht

Licht von dem fernen Hang,
blinkst überm blauen Schnee.
Wandrer auf spätem Gang
schaut nach der Sternenhöh.

Mein Gott, denkt er, zuhaus,
Stube und Mutterwort . .
Wer tat die Kerzen aus,
wer nahm die Lampe fort?

Tröstliches Strahlenrund,
wehrend der Menschennacht!
Zag und vom Wiesengrund
hast du dich hergemacht,

bist jetzt im Garten schon,
blakender Windlichtschein.
Falter mit feinem Ton
kreisen dich flügelnd ein,

drunten im Keller hängt
Vater den Leuchter ans Faß,
eh er den Krug vollschenkt —
O wie lang her ist das!

Lang auch, ihr Lichterlein
früh an dem Elterngrab,
branntet mit Zähren klein
zur teuern Erd hinab.

Länger noch, länger, da
knistern die Kerzen am Baum.
Wie es dem Kinde geschah:
Ewig der Weihnachtstraum!

Fort und verweht das Licht.
Abendweg, schwer und weit.
Süßestes Angesicht,
leucht in der Dunkelheit!

GEDICHTE UND LIEDER, II

Sinfonia Domestica

Es ist nicht leicht (wir treiben
zu sehr im Gewohnten hin),
dir die Umwelt hier zu beschreiben,
in der ich lebe und bin.
Ein Rest bleibt ungesagt.

Du denkst, die Heimat zu kennen.
Ich glaub, ich kenne sie auch.
Und kannst doch die Dinge nur nennen:
hier Busch, hier Baum, hier Strauch —
Aber: Wird es zum Bild?

Da siehst du die Hügelwellen
sich werfen im gelben August.
Die Himmel wechseln mit schnellen
Bildern der Trauer und Lust —
Groß sind die Himmel bei uns.

Immerzu geben die Winde
kleine Unruh dem Land.
Daß uns die Müh nicht schwinde,
reißt uns der Sonnenbrand
handbreit die Erde auf.

Dunkle Stellen von Wäldern,
Richtbäumen und Alleen
kannst du zwischen den Feldern
edler aufgeteilt sehn,
als das ein Künstler ersinnt.

Vom großen Gebirg im Süden
ist immer die Ahnung nah.
Die Föhne im März ermüden,
die Sternnächte schrecken dich da
seltsam stark und tief.

Zwar sind wir nicht einsam. Es betten
sich ringsum Dörfer genug,
Ich sehe allein von Kirchstetten
fünf Türme. Soeben schlug
es von dem in Ollersbach elf.

Am Abend kommen die Rehe,
äsen bis an den Zaun.
Es schreit der Fasan und die Krähe
und ist ein ewig Geraun
und Gesumm und Gesang in der Luft.

Im Spätherbst freilich haben
wir Nebel und trostlosen Wind.
Das Land liegt offen. Begraben,
wie es die Toten sind,
sind wir im Jännerschnee.

Solche Wehen und Wächten
hast du nicht gesehn.
Im finstern Hohlweg möchten
keine Riesen bestehn.
Und der Weg ins Dorf ist lang . .

Da sitzen wir in der Halle,
und wochenlang kommt kein Gast.
Mit Brutzeln und lautem Knalle
bersten Scheiter und Knast
im mächtigen Kachelofen.

Im Sommer waren wir grade
zum Schlafen im sichern Haus.
Jetzt spüren wir erst die Gnade
soliden Ziegelbaus,
und der Hausrat wird uns lebendig.

Zögernd, mit Zweifelsmute,
(finster liegt draußen das Land)
nehm ich die alte, gute
Guitarre herab von der Wand:
»Wenn alle Brünnlein fließen ..«

Jetzt sind uns die derben Stühle
um den wuchtigen Tisch schon recht;
die braunen Balken der Diele,
das Schmiedeeisengeflecht
der Ampeln und schwarzen Leuchter;

die vielen hundert Dinge,
Bild und Model und Krug,
die ich in Zufalls Schwinge
mählich zusammentrug
wie ein Hamster die Körnlein.

Glaub mir, ein gut Teil Lebens
hangt an jedem Stück.
Manches wohl flüstert: »vergebens«;
aber es ist ja Glück
immer etwas Gewesnes.

Ich denk es, wie wir bei wilden
Stürmen, kein Wasser, kein Licht,
im Hause Einzug hielten.
Zwei Stühle, mehr gab es nicht,
so hockten wir dumm in der Küche.

Heut ist auf Böden und Zimmern
alles an seinem Ort.
Im Keller unten schimmern
die Flaschen auf ihrem Bord,
und die Fässer bauchen sich blitzblank.

Wir haben Kartoffel gegraben,
wir haben Obstmost gepreßt.

Was uns die Sommer gaben,
ist wie ein Geschenk und ein Fest
in diesen langen Wintern.

Wir brauchen hier kein Theater.
Oft schaun wir stundenlang zu,
wie unser falber Kater
mit anmutvollem Getu
dem Hund nach den Lichtern tatzelt.

Es muß uns auch nichts ängsten.
Die Uhr tickt, fern ist die Welt.
Da lese ich an den längsten
Abenden, Mondlicht fällt,
aus meinen Lieblingsdichtern.

Laut lese ich, das Glas roten
Göttweigers nah bei der Hand:
Ein Lied des Wandsbeker Boten —,
Du bist Orplid, mein Land —,
der Droste erhabnes »Im Grase«.

Im Grase . . Es will schon tauen?
Es ist schon Februar.
Wir sollten zum Dorngraben schauen.
Dort blühten im vorigen Jahr
um diese Zeit schon Primeln . .

Du glaubst nicht, was so ein Garten
alles an Wartung braucht.
Noch immer ist Frost zu erwarten.
Aber der Dunghaufen raucht,
und der Schnee ist weg.

Jetzt darfst du *ja* nichts versäumen.
Gerätst du erst in den April

mit dem Großzusammenräumen,
tut jeder Baum, was er will,
und du erntest Ärger statt Obst.

Und hast du mit Schneiden, Putzen
und Pfropfen das deine getan,
dann fängt erst, jenseits vom Nutzen,
die richtige Arbeit an,
die du fürs *Schöne* tust.

Fürs Schöne sag ich? Fürs Gute!
Enkeln, unbekannt fern,
pflanz ich die junge Rute
des Baumes und tu es gern:
So stirbt nicht alles von mir.

Wir haben acht Weiden, sieben
Pappeln im Frühjahr zuletzt
und vierzig Lärchen (drei blieben
braun) und vier Eiben gesetzt —
meine Frau und ich.

Die *kommen* gemach, die Bäume.
So will ich zu jeder Frist,
auf daß ich mein Teil nicht versäume,
tun, was notwendig ist.
Auch »Ewigkeit« ist nur ein Wort.

Der Wald steht wie ein Wächter.
Mein Haus, mein Grund, meine Art.
Für kommende Geschlechter
sei's also aufbewahrt —
Ein Rest blieb ungesagt . .

Beschreibung eines Himmels

Viele Himmel sah ich. Aber immer
seh ich nur den *einen*. Dieser fällt
durch das Fenster in mein Krankenzimmer:
Schöner Ruf der fernen, teuren Welt.

Morgens war er da mit sanfter Stille,
wie ein Trost nach schlaflos langer Nacht.
Und sein spielerischer Künstlerwille
hatte sich am Sonnenpfeil entfacht;

hatte sich bekränzt mit Purpurrosen
und bekrönt mit grauem Hermelin.
Und die Mantelpracht aus makellosen
weißen Fiederwolken hüllte ihn.

Manchmal war er ernst: Von jenem steten
tiefen Schauen in sich selbst hinein,
welches die Sibyllen und Propheten
schaudern ließ vor ihrem eignen Sein.

Aber dann, mit Lust von Hauch zu Helle
sich verwandelnd wie ein Mime, sprang
er aus sich heraus und hatte schnelle
Hände wie ein Knabenüberschwang.

Und er zauberte mit solchen Händen
viele Dinge vor den willigen Blick:
Weiße Burg auf hohen Felsenwänden,
wilden Mann mit riesigem Genick;

Täler, Schluchten, Berge, Bäume, Elfen,
Schleiertrachten seltsamster Natur.
Wollte er, weiß Gott, dem Kranken helfen?
Spielte, übte, lebte er sich nur?

Daß er mir im Herzen nie verglute!
Hundert Himmel war er, immer neu.
Aber wie das Land, auf dem er ruhte,
blieb er sich und seiner Schönheit treu.

Abend auf der Veranda

Mir hatten alte Zeiten
das Herz gewürzt.
Ich ging in Frömmigkeiten —
und ungekürzt.

Ein schöner Wahnsinn glänzte
um Hals und Haupt,
und alles Nichtbegrenzte
war schön erlaubt.

Ich hörte Tiere reden
und Blumen gehn,
ein blau Geraun der Veden
im Windewehn;

den Wahnsinn fühlt ich teuer
und groß getan:
Und *war* kein Abenteuer
und *war* kein Wahn —

Ich hatte viele Falter
vorher geschaut.
Doch meinem weisen Alter
ward Hohn erbaut.

Die Schmetterlinge fliegen
in meinen Wein.
Es wird ein großes Siegen
und Todsein sein.

Ihr Falter, feine Falter,
oh, habt Geduld!
Es hat am bittern Alter
der Mensch nicht Schuld.

Wie seid ihr schön und weise!
Ihr fliegt ins Licht . .
Der Mensch ist kleine Speise
und weiß es nicht.

Der Strom

Fern am zitternden Horizont
schlägt der Gewaltige weit die Zelttür der Berge auf.
Erzern, die Brust besonnt,
tritt er herein, schweigt. Blindlings zuhauf

fallen die Felsen vor ihm ins Knie,
und er schleppt mit Purpur und Gold
königlich seinen Mantel nach. Wie nur ein Tamerlan, wie
ein östlicher Gott reißt sein Vielarm den Sold

dienender Wälder an sich. Ihm gehört
alles Wilde: Geheimnisvoll, Schlange am Uferstein,
der hochadlige Hirsch, der übers Wasser röhrt,
und der Reiher fürstliches Einsamsein.

Träg hinab in der Ebene schwülen Pfühl
steigt er abendlich. Seine gezähmte Lust
dürfen die Sterne schaun. Er ist Herr, und die Erwählte fühl
sein gefährliches Herz furchtbar an ihrer Brust!

Zeugend verströmt, mächtiger männlich verläßt
er das Lager im morgenden Licht.
Die Geliebte bebt: Er lud sich zu Fest,
gab, verriet sich dem Weib — und tötete nicht?

Er jedoch ist schon fern. Reisige Schilde gehn,
Mauern, ihm vor. Mitten hinein, in die Wand
springt sein dröhnender Zorn. Keine Hand
regt sich. Wer kann widerstehn,

wenn der Königsblick wie die Sonne groß
dem Befallenen unter den Helm schaut, wer?
Stumm, versagend stürzen die Himmel los
und herab. Er jubelt. Leuchtet. Sonst ist nichts mehr.

Capriccio

Versuch, ein stilles Bild zu malen — Gebt
mir Farb und Pinsel, es gelingt mir bald:
mit Strich und Tönung, wie es heimlich lebt,
von Zufalls Gnaden holdeste Gestalt.

Da steht die Vase. Auf ihr tiefes Blau,
geflammt mit Wolken, fiedrig wie im Föhn,
fällt schnell erobert die bemühte Schau.
Ihr Wesen, ganz Gefäß zu sein, ist schön.

Doch augenblicks reißt es die Sinne auf
in das erlauchte Leben über ihr.
So herzensklar, so schmerzenswild zuhauf:
Die blütensatte Gladiolenzier.

Ein feines Rosa, fast flamingoweiß,
kelcheinwärts blutgestriemt, bestimmt den Strauß;
verrinnt in zartes Hauchgelb und geht leis
in blaugrün blasse Knospenlanzen aus —

Das ist im Vordergrund. Doch zwischenhin
nach rückwärts brennt ein pralles Indischrot
herab zu Krapp und lippigem Rosin,
daß es den vollen Strauß zu sprengen droht.

Zur Seite steht ein Terrakottabär.
Er hebt sich von dem hellen Hintergrund
der Brief- und Schriften ab, als lebte er
und tappte drollig durch das Kunterbunt.

Mit Messer, Tintenfaß und Federstiel —
zur Nacht, in Schutz und Schein des Mondenlichts
hat er bestimmt sein bärenmäßig Spiel.
Jetzt tut er so, als wüßte er von nichts.

Zur andern Seite nächst der Vase blitzt
es streifig her: Die Handvoll Bücher strafft
ein Eulenpaar, erdbraun, aus Holz geschnitzt
(nicht eben Kunst), und stützt die Wissenschaft.

Dies alles hebt sich von dem Umbraton
des dunklen Schranks dahinter ab und hat
mit Farb und Lichtern, fast zum Greifen schon,
die Kraft der Zeichnung wie ein Dürerblatt.

Leicht ab davon, doch noch im Bilde, nur
noch sichtbar gegen schummerweiße Wand,
steigt aus der Tiefe edelster Kontur:
Merkur von Da Bolognas Meisterhand.

Er schwebt auf einem Äolsstrahl und winkt.
O laß dich bannen, holdeste Gestalt!
Die Laune straft mich schon. Das Bild versinkt:
Ich hab es bloß beredet, nicht gemalt.

Notturno I

Aus der »Späten Krone«

Kiesweg und Mond überm Baume:
Alles ist leise gesagt.
Alles ist innen im Traume.

Spur um den Mund, die es klagt,
Stirn, die hinauf zu den Sternen
leidet und lodert und fragt.

Ach, aus der Reue zu lernen:
Jegliches ist nur geschenkt,
uns von uns selbst zu entfernen.

Zeit, wo die Kühle sich senkt!
Stund, wo der heimlich Verstörte
bitter den Abschied bedenkt.

Daß doch dein Herz es noch hörte!
Fühl, wie der Nachthimmel ragt,
der uns vor jenem betörte.

Spur um den Mund, die es klagt,
Kiesweg und Mond überm Baume.
Kerze, verflackernd im Raume:
Alles ist leise gesagt ...

Notturno II

Aus »Kammermusik«

Wenn die Nacht ihren Leidenden sucht,
fällt sie leis in die Fenster und fragt,
und sie setzt sich ans Bett und sie bucht,
was der Beichtende stammelnd da sagt.

Und es ist ja nicht immer der Tod,
wes die Rede geht zwischen den zwein.
Da ist vieles, was furchtbarer droht,
und nicht alles wird Beichte nur sein.

Da ist Trauer und Klage und Wahn —
Doch es kann einer *mehr* nicht bereun,

als die Nacht an ihm Böses getan:
Wer da tötete, tats nie allein.

Da ist Aufruhr und bitterer Schrei
eines Manns, der die Heimat nicht hat,
immer fern an der Liebe vorbei,
die erstickt er in Tränen todmatt.

Und der Leidende spricht mit der Nacht,
und nicht alles ist Beichte allein,
und sie nimmt, die die Mütter gemacht,
ihn ans Herz. Sie wird gnädig ihm sein.

Sie wird gnädig ihm sein: Wie die Schuld
ist der Schmerz — und der tilgt ja — gebucht.
Gott ist groß, eine große Geduld,
wenn die Nacht ihren Leidenden sucht.

Im Fieber

Schwärzliche Zypressen
an dem weißen Tor.
Alles ist vergessen,
was da war zuvor.

Charon, schwarzer Ferge,
bring mich an den Ort!
Birg, was ich verberge,
nimm es mit mir fort!

Schuld: Sie zu verschweigen,
bitter ging die Schlacht.
Hätt ich doch mein Eigen
hinter mich gebracht.

Doch am Fuße nieder
zieht ein schwer Gewicht.
Bleib: du kommst nicht wieder.
Gott entgehst du nicht.

Hoffst du es noch immer?
Fliehst aus tot in stumm?
Gott entgehst du nimmer —
Charon, kehre um!

Verkündigung

Hoch im Blauen eine weiße Taube.

Unterm Blütenstaube
Mund zu Mund.
Fürchte nichts! Empfange, glaube!

Hoch im Blauen eine weiße Taube,
tiefer reift das Glück im Sommerlaube,
Stund um Stund.
Sieh den Apfel, sieh die Traube!

Wird das Herz dem großen Sturm zum Raube,
welk und wund:
Fürchte nichts! Gebäre, glaube!

Hoch im Blauen eine weiße Taube . .

Wiegenlied I

Aus »Adel und Untergang«

Onkel Mond, Onkel Mond steht am Tor,
hat von Wolken ein Brustlätzel vor,
steigt ins Zimmer ein, sitzt am Schrein,
und das Kind schläft ein.

Und das Kind schläft ein, schaut im Traum
einen riesigen Goldlichterbaum,
und die Bienen klein summen fein,
und der Stern stimmt ein.

Von ganz fern stimmt ein in den Schall
Ochs und Esel im himmlischen Stall,
auch die König drei sind dabei
aus der Mongolei.

Mongolei und Türkei, die sind weit,
und das Kind, es schläft morgen, schläft heut,
trägt ein Hemdlein weiß, und im Kreis
klingen Glocken leis —
Gelt?

Wiegenlied II

Aus »Hier ist das Wort«

Himmelauen,
Wolkenfluh:
Schließ die blauen
Sternlein zu!

Deine loben
Gott so sehr,
brauchst die oben
gar nicht mehr.

Hast die Sonne
und den Mond,
süße Wonne,
elfenblond!

Aller Gaben
reich bestellt,
sollst du haben
einst die Welt.

Rosen sollen
viel und schön
dir im vollen
Garten stehn.

Kleines Leben,
Wang und Mund:
Mit ihm eben
schon im Bund,

blüht's im zarten
Angesicht —
Solchen Garten
gibt es nicht . .

Der Übersetzer

Wie? Über*setzen*? *Über*setzen nenn ich
das Unterfangen, ist es doch, begonnen,
ein Sprung vom eignen Uferrand nach fremdem,
und was die Sprache dort verschlossen zuhält
mit magischem Schlüssel, wie denn brech' ich's auf
mit diesem, meinem, der im eignen Hause
nicht immer taugt, zu öffnen und zu schließen,
und läßt mir von den täppisch spürenden Tritten
die seltenen Gemächer unberührt?

Wohl wird ein Herz, das liebt, auch Lieb erfahren,
und auf ein Wort, das *steht,* stellt sich die Antwort ein.
Bedenk ich aber, wie ich zaghaft, rechtlos,
aufspringe auf den Sand und ohne Führung
mich vorwärts wage in das Niemandsland:

Wie soll die Seele denn den Gang bestehen?
Wie der Gedanke Vorgedachtem, das sich
sehr streng benimmt, wie jenem Unbekannten

aus Blut, Gestalt, Bewahrtem und Verlornem,
wie dem gewappnet Andern fügsam sein?
Dort ist ein sondrer Sternenhimmel wirklich,
die Erde fremd schier, und die Wolken sind dort
zu Haus und eingeboren. Was vermag denn
das Herz zu spornen zu dem wilden Wagnis?
Berennt es nicht, frech buhlend, ein Gehegtes,
das jeder Werbung eiskalt widersteht?

Wagt' ich es mit dem Herzen nicht, wie wagt' ich's!
Es ist der Schmerz der gleiche hier wie drüben,
und dort, wo *er* spricht, öffnen sich die Siegel.
Sein herrscherliches Überall bestimmt
den Traum, die Liebe, den Genuß, das Weinen.
Wohl stammelt er, doch in der Kunst mit Wahl.
Ich kann nichts tun als ihm die Ehre geben.
Und wie ich wähle Maß und Silbenzahl
nach fremdem Geist: Es ist das eigne Leben.

Aus der Apokalypse des Johannes

... Könige lagen bei ihr, und ihr Unzuchtwein
machte, die wohnen auf Erden, trunken und wild.
Purpur üppig und Scharlach hüllten sie ein,
da sie in Händen den Becher der Greuel hielt.
Aber der sieben Engel einer, der sprach,
zeigte sie mir, seine Schale in schrecklicher Hand:
Babylon siehe, die große, die Mutter der Schmach.
Und ich sahe die Stirne, darüber Geheimnis stand;
sahe das Weib, vom Blute der Heiligen toll,
und das Tier bei ihr, gehörnt und mit sieben Gesicht.
Aber die starke Stimme des Engels erscholl:
Also ward sie, die große, die Hure, gericht.
Wie sie selber vergalt, vergeltet ihr nun!
Mischt ihr den Becher nach ihrem Frevelmaß!
Ja, vergeltet ihr doppelt nach eigenem Tun:

Tod und Trauer und Hunger, und dem Feuer ein Fraß!
Und ich sahe den Himmel geöffnet groß,
ein weiß Pferd, und Treu und Wahrhaftigkeit
hieß, der saß auf dem Pferde, und richtet, bloß
tretend die Kelter des Zorns, mit Gerechtigkeit.
Könige sahen den Rauch von dem Brande. Beklagt,
weh, von den Fürsten der Erde, ward sie zerstört.
Keine Flöte mehr tön, kein Wort sei gesagt!
Wahrlich, dein Zaubertrank hat die Völker betört.
Und einen Engel sah ich. Mit Donnerschall
rief er den fliegenden Vögeln über der Stadt:
Fresset der Könige Fleisch! Sie fraßen. Und all
wurden die Vögel vom Fleische der Mächtigen satt.

Prolog
Bildnisausstellung, Künstlerhaus, Wien 1943

(Dritte asklepiadeische Strophe)

Vielgestaltig gestuft, schön noch im Nichtigen,
reicht dem Blick sich die Welt. Aber im Ungefähr
steht sehr deutlich der Mensch und
gibt den Rang und die Mitte an.

Er, vereidigt auf sich, hat auch aus sich Gestalt.
Sein harmonischer Leib gibt dem Geschaffnen Maß.
Und es spiegelt des Menschen
Antlitz wahrhaft das Göttliche!

Seht ihr nicht, wie das Leid, unserm Gegebnen so
eingeboren, zuhöchst ihm auf der Stirne steht?
Fühlt ihr nicht, wie des Leidens
Aufgesang ihm den Blick vertieft?

Haartracht, Bart und Gewand — denkt es hinweg, es bleibt
nichts als Geist. Und der Geist adelt das Menschliche.
Vorgetriebenes Inbild
flammend schöner Geschöpflichkeit!

Ach, wenn solches Gewicht, das uns im Antlitz steht,
nicht den Künstler von je hätte zur Tat entflammt:
Wie denn wäre dann Kunst noch
Kunst, und jener des Hierseins wert?

Aus dem Staube, dem Nichts, aus der Vergänglichkeit
riß er können den Griffs das Miserable. Denn:
Was im Leben das Fleisch ist,
ist im Geiste — seht hin! — das Bild.

Ewig sieht es uns an. Und es beschwört den Wert.
Es beschwöre den Wert! Gebe dem Flüchtigen
jene Dauer, die aus dem
Urgrund stammt: Aus der Menschlichkeit!

Bild des Menschen: Wie oft nicht schon geschändet! Hier,
hier, im Namen der Kunst, möge es unversehrt
sich euch zeigen! Da beuge
Angesicht sich vor Angesicht!

LINDENSPRUCH

(In das Stüberl des Restaurants »Linde«, Wien, 1943)

Mit einem Baum beginnt's, und das ist recht.
Ein Baum birgt Weisheit, Wohlgestalt, Geschlecht.
Er, überlebend unseren Bestand,
sei so als Mal der Dauer anerkannt!
Wenn dieser Baum gar eine Linde ist
(wo du doch nur ein armes Menschlein bist),
so siehst du schon, wie es gemeint sein kann:
Hier schaut dich mütterlich das Leben an.

Mit einem Baum beginnt's, dann kommt das Haus.
Viel Schicksal geht darinnen ein und aus.
Was die Natur von sich aus gastlich bot,
der Mensch erhöht's: Er segnet Wein und Brot.
»In nomine humanitatis« steh
auf jedes echten Wirtes Schild von je,
daß er uns nehme, wie wir einmal sind.
Wir treibens quer, er bleibe gradgesinnt!
Das Leben, sieh, ist kurz, die Kunst ist lang.
Am End bestimmt das Bleibende den Rang.
Denk also an die Zeit! Sie hat Gewicht
so dort wie hier: Sie trägt ein Zwiegesicht.
Sie trägt ein Zwiegesicht. Doch wo ein Haus
wie dies dich aufnimmt, ziehn die Schatten aus.
Fünfhundert Jahre[1] sind bald ein Äon —
Begreifst du's nicht, so hebe dich davon!
Du kannst nicht sagen: Ich betu mich hier
und gehe wieder. Das ist Knechtsmanier.
Denn noch der Gastfreundschaft *gehemmter* Schwung
nennt heilig unsre Überlieferung.
Mit ihr sind wir gewachsen. Ihr auch hast
du dich zu beugen, gern gesehner Gast.
Dies Wirtshaus ist, sehr weit von Stank und Streit,
ein Ort der Rast und der Behäglichkeit.
Den Wirt sieh mir als Freund und Helfer an!
Bedenk zumal, daß er nicht zaubern kann.
Bedenk auch — und du hilfst dir selbst dabei —,
daß Gastfreundschaft vor allem Freundschaft sei.
Mit einem Baum begann's. Das Sinnbild hat
von dorther Sinn für eine ganze Stadt.
Das Mütterliche dieser Stadt verweist
dich auf dein Ziel: Natur, erhöht durch Geist.
Mit einem Baum begann's, mit einem Traum
sei schön vollendet unser Menschenraum!
Beschritten ist er hier. Mit allem Maß,
doch auch mit aller Kraft empfinde das!

[1] so lange besteht das Haus.

Ein echter Traum fragt nicht nach planem Sinn.
Der Mensch, das Letzte, steht am Anbeginn.
So möge nichts vom menschlichen Geschehn,
was schön und gut ist, jemals untergehn!
Das Brot, der Wein, sie stehn uns ja zunächst.
Gott laß es gnädig zu, daß beides wächst.
Wenn dann auch noch der Wirt es ehrlich meint,
sind wir in einer schönsten Art vereint:
Das Wunder, das der Mensch ist, *bleibt* bestehn —
Wir wollen heute nicht nach Hause gehn!

An Salzburg

(Für ein Salzburger Dichterbuch, 1941)

O Salzburg, schöne Stadt! So frauenfein
und männerhart wie du will keine scheinen:
Es klingt der Stein. Es eifert in den Steinen
ein derbes Deutsch, ein zierliches Latein.

Land-Stadt Europas! In der Welt gedeihn
die größern Dinge, wohl auch die gemeinen.
Mozart hast *du* geboren. Um der *einen*
erlauchten Tat sollst du verherrlicht sein!

Du bist so gnadevoll ins Land gestellt
wie keine unter deinen Schwestern, keine.
Die Künstler ehren dich: Sie tun das deine.

Das deine ist die Kunst. Bewahr das deine!
Du Hauch Italiens — ins Allgemeine
wirkt deine Kraft: welthafte deutsche Welt.

Geliebte, mir geraubt[1]

Da die Freude tot ist
und die Stimme auch,
da das Herz in Not ist,
armer Hauch:

armer Hauch, versteh dich,
einmal noch verstrickt,
zu der Flöte, eh dich
Nacht erstickt.

Eh dich Nacht erstickt, so
denk: Trotzdem — es *klang*.
Und dem Guten glückt so
noch ein Sang.

Noch ein Sang! So arm war
nie die teure Welt,
daß sie nicht, was Harm war,
kühn zerspellt.

Was geliebt wird, flieht nicht —
hab ich einst geglaubt.
Was geliebt wird, flieht nicht:
doch es ward geraubt.

Wie du, Liebste, klein bist,
fort, doch schöner schön,
wirst du, weil du mein bist,
auferstehn.

[1] Schlüsselgedicht; Österreich.

An eine Geliebte

Wie behutsam war
deinem Haar mein Haar,
und wir näherten uns nicht.
In den Wolken stand
als ein kühler Brand
jener Stern, der Liebe spricht.

Wenn du wiederkommst,
wenn du wiederkommst,
(o wie sehn' ich mich nach dir!)
will ich leise sein
und es nicht bereun,
daß dein Herz so schlägt in mir.

Und da bist du ja,
wieder schön und nah,
und ich träume in dich hin . .
Dieser Geigenton!
Ja, du warst es schon,
als ich jung gewesen bin.

Nur den Finger leis
rührt der Finger leis,
und es ist sonst nichts geschehn.
Sieh, mein Ingesicht
spürt dich lieb und licht —
Doch jetzt mußt du wieder gehn!

Von einem Angesichte . .

Von einem Angesichte
in ferner Nacht
ging wie vom Mondenlichte
ein Scheinen sacht.

Vom tiefsten Muß zur Lüge
ist nur ein Schritt.
Die rührend armen Züge
gehn traurig mit.

Ich schau die hohen Sterne
in tiefer Schuld.
Ein Blick aus jener Ferne
strahlt Gnad und Huld.

Ich bin der Reu zum Raube.
O Selbstgericht!
Du stummer Weibesglaube
sagst: Weine nicht!

Ich beuge vor dem Schoße,
dem fernen, meine Knie.
Und wieder *lebt* das Große,
darnach ich schrie.

Von jenem Angesichte
verbannt, getrennt,
bewahr ich im Gedichte
das Sakrament.

Auf eine zerbrochene Schale

Schöne, zärtliche Schale,
fraulich buchtend und hold:
schmale, braune Opale,
huschende Streifen aus Gold,

huschende Streifen aus Golde —
War es ihr braunes Haar:
einzig, aber im Solde
Lebens verwechselbar?

Lebens verwechselbare
Scheinwelt hieltest du fern.
Oben ging ja der klare
liebende Heimatstern.

Liebende Heimatsterne
haben dich mir geschenkt;
haben die schreckliche Ferne
meiner Seele gelenkt.

Meiner Seele gelenkte
Bahnen ruhten dir ein,
Ach, du weißt noch, es kränkte
soviel Lieb sich allein.

Soviel Lieb sich alleine
quälte bei Nacht und bei Tag.
Zag war im Mondenscheine,
schöner, ihr Körper zag.

Schöner ihr Körper? Zage
nicht um Vollkommenheit!
Wie ich es wieder wage,
schwebt es über der Zeit,

schwebt es über den Zeiten,
wie ich es rein gesehn,
wird der Allesbereiten
keine Schmach mehr geschehn.

Keine Schmach mehr geschehen
kann dir, heilig Gefäß.
Doch in Trümmer zu gehen
ist dir not und gemäß.

Vor Nacht

Was da war,
red ich nicht.
Wunderbar,
ganz Gedicht
Traum und Hauch:
Warst du's auch?

Du bist fern.
Unser Stern
ist nicht gut.
Gott ist streng.
Eng, so eng
klopft das Blut.

Süßer Mund,
weit, so weit
bist du fort.
Und kein Wort
hilft im Grund
meiner Zeit.

Fühl, wie kalt
es hier ist.
Arme Frist!
Bald, ja bald
ist's vollbracht.
Es wird Nacht . .

Corpus mysticum

Gegen Abend tritt das weiße Tier
elfenäugig aus dem Gotteswald:
Reinste Liebe, zarteste Gestalt!

Trag dein Wunder! Wandle ohne Gier!
Rings ist Bläue. Silberglocken wehn.
Unvergänglich durch den Himmel meint
dieser schönheitsblasse Mond zu gehn.

Sind dort Sünden, Sühne, was da weint?
Tief gespaltet sinkst du, seliges Licht.
Österlich Geschöpf, dem wehrst du nicht.
Hier ist Tod und wird es immer sein —

Rette dich zurück aus Brot und Wein!

Aus dem Geiste des Gesanges

Nimm die Herrlichkeit des Lebens
zwiefach in das Herz hinein:
Nehmens Not und Rausch des Gebens,
selig Brot und Wein.

Weib sein, das ist ganze Fülle.
Mann zu sein ist gleiche Lust.
Aus dem Aufruhr sink der Stille
an die Gnadenbrust!

Magst dich immer so erretten
aus dem Fehl- und Übermaß;
alle aufgezwungnen Ketten
splittern ab wie Glas.

Wahn der Enge und des Zwanges
lebt nur von dem Lärm der Zeit.
Aus dem Geiste des Gesanges
ström Unendlichkeit!

Impressionen ohne Titel

Fremde Frau, dir den Kranz!
Da ist Würde, Schönheit, Glanz,
da ist alles, rein erbracht,
was den Menschen größer macht.

Schöner Mensch, schöne Frau,
und ich seh dich nicht genau,
seh dich fast nur als Licht.
Bist du da, seh ichs nicht.

Bist du fort, ist mein Glück
ganz des Menschen Heilsgeschick:
Triumphiert durch Tod und Weh —
Fremde Frau! Bleib mir! Geh!

Ich hab im Garten Gottes heut vor Nacht
die weiße Rose aufgeblüht gesehn.
Und ihre Schönheit hat mich tief erschreckt.

Ich will im Menschlichen nicht weitergehn.
Denn seine Trauer hat mich tief erschreckt.
Es war in meinem Garten, heut vor Nacht.

Ich hab im Menschengarten heut vor Nacht
die schwarze Rose aufgeblüht gesehn.
Mit Erde hab ich meine Scham bedeckt.

Steigender Mond, aber im Krieg.
Überstehen: Doch wie?
Herz, noch immer der sicherste Sieg,
der dem Herzen gedieh —

Spanne, sehr klein! Ausgehn mit Lust,
mit dem Schritt, der es lohnt,
einmal Geländ noch der heimlichsten Brust
vor dem sinkenden Mond —

Steigender Mond, aber im Krieg.
Wang an Wang, Knie an Knie.
Seliger Rest, den das Leben verschwieg:
Schön sein, sterblich sein, Philosophie . .

Es war ein Abschied, weiser als Willkomm:
Im reifen Herbst der süß versunkne Lenz.
Aus jeder Pore deiner Haut entglomm
die Zuversicht der ewigen Existenz.

MUSIK

Den Wiener Philharmonikern zur Hundertjahrfeier 1842—1942

Prolog in die Festschrift (gekürzt)

Allegretto

Zärtlichkeit der ersten Geige,
und der zweiten Schwesterschritt.
Dämmerung, der ich mich neige,
ach, der Bratsche graue Schweige
nimmt mich menschlich mahnend mit.

Doch das Cello sühnt sie alle,
nennt vom Menschlichen den Kern.
Vor dem sichern Sündenfalle
klagt es auf und ahnt, es balle
sich das Unheil in der Fern.

Grundgesetz des Herrn, es schreitet
als ein Gleichschritt durch die Welt.
Kontrabaß, der ihn begleitet:
Was zuletzt das Fühlen weitet,
heißt: Das Fundament, es hält!

Sanfte Flöte, bleiche Trauer,
dunkler Schmerz und Fernenwahn.
Feldeinsamer Mittagschauer:
Hinter der verfallnen Mauer
Nymphen lockend, lauert Pan.

Pfeift der Sturm mit grellen Tönen
spitzig auf dem Pikkolo:

O, wie will es mich versöhnen,
hör ich, mag ihr Witz auch höhnen,
satten Samtlaut der Obo.

Hör ich gar die süßen, schlanken
Klarinetten schnippisch tun,
muß ich's den Fagotten danken,
wie sie tragikomisch schwanken
in zu großen Schelmenschuhn.

Führen Hörner mich ins Grüne,
frische Luft, wie lieb' ich sie.
Unterm Baum die Bauernbühne,
Schleifer, Ländler, Sepp und Line,
Wald und Jagd und Halali.

Will nicht hocken, will marschieren
hinter einer Fahne drein.
Defilieren, Exerzieren,
die Trompeten schmettern ihren
Glasklang in den Tag hinein.

Nun Posaunen — Donnerschrecken!
Große Stimme des Gerichts.
Wollen Pauken, Trommel, Becken
mich zum Jüngsten Tage wecken? —
Der Gerechte fürchtet nichts.

Scherzo I

Wären nicht Liebende,
meisterlich Übende
einig bereit:
All dieses Tönende,
Leben Verschönende
fiele der Zeit.

Ach, das Verlangende,
heiß sich Umfangende
hieße nur Brunst.
Willkür das Mächtige,
Narrheit das Prächtige,
ohne die Kunst.

Willkürlich lebt es nicht,
narrheitlich schwebt es nicht,
geht es, wie's geht.
Emsiges Fingerlein
soll nicht geringer sein,
wo es besteht.

Nicht das Umstrittene,
kaum mehr Gelittene,
rührt uns das Herz.
Und nur vollendet *rein*
mag uns verschwendet sein
Sept oder Terz.

Wären nicht Liebende
meisterlich Übende,
allen zum Glück:
Wünschten, davon zu sein —
Nämlich: Der Ton *allein*
macht die Musik.

Trio:

Mund oder Fingerlein:
Doch nur vollendet rein
rührt es die Brust.
Dort wiederholt zu sein,
bleib es als Widerschein,
bleib uns als Brot und Wein
Speisung und Lust!

Kleine Fuge

Brauner Wald,
süßes Haar,
Locke wild und wunderbar.

Rehgestalt,
Mond und Schnee,
kühler Körper weich und weh.

Schale, zier
mir bewahrt,
so zerbrechlich, oh, so zart!

Wunder Mund,
abgrundhaft:
Leidens Mal, Leidens Kraft.

Leidens Kraft,
Leidens Mal,
so zerbrechlich, oh, so schmal!

Mir bewahrt,
mir bewacht
lang durch bittre Menschennacht.

Mond und Schnee.
Leis verfällt
Mund und Braue, Weg und Welt,

nur der Stern
»Schläfenblau«
steht am Himmel, schönste Frau!

Dissonanz

Grauer Wolkenrand,
trüber Regenwind.
Nebelblind
Busch und Baum.

Fröstelnd öder Raum,
viermal tote Wand.
Alles stirbt,
was da rief.

Selbst die Angst verdirbt.
Nur die Trauer bleibt.
Tiefer tief
Jahr um Jahr.

Einen müden Brief
schreibt die schwarze Hand.
Und sie schreibt:
Unrettbar . .

Scherzo II

Ein schöner Vogel fiel ein in den Baum.
Leis schwankte der Zweig: Sie wußten sich kaum.

Der Vogel strich ab, und wieder schwang
der Zweig sich aus; zwei Herzschläge lang.

Der schöne Vogel, wo flog er hin?
Vielleicht zu Gott, gegen Anbeginn . .

Denn hier bei uns — was sollte er hier?
Das Herz ist offen, doch zu die Tür.

Er ist wohl längst (ob ihm noch bangt?)
im großen Garten angelangt.

Ihn trägt die Luft, ihn trägt der Wind —
Wir arm- und reiche Menschenkind:

Coda:

Geht die Tür,
schlürft ein Schuh:
Gib dich mir!
Nimm mich, du!
Lischt ein Licht,
sinkt ein Kleid.
Liebe spricht:
In Ewigkeit . .

Andante

Ich ging. Ich ging vorüber.
Liebkoste meinen Schritt.
Ich teilte mich den Tagen,
Ich teilte mich den Tagen
wie eine Geige mit.

Die Taubheit und das Blindsein
gehören nicht zum Gehn?
Wie aber durft ich wagen,
wie aber durft ich wagen,
zu hören und zu sehn?

Ein Leben ging vorüber,
mit *Willen* unerweckt.
Der Brunnengrund der Klagen,
der Brunnengrund der Klagen
blieb zugedeckt.

Adagio

Weckt mich nicht auf!
Nichts ist so schwer wie Erwachen.
Türmen sich Berge zuhauf
über der klammen Brust.

Langsam vertropft die Zeit
wie stockendes Blut einer Wunde.
Unendliche Traurigkeit
drückt auf die Stunde.

Einmal war Lachen, war Lust
wohl auch in dieser Welt.
Todruf, den tausendfachen,
hör ich noch, eh der Streich fällt.

Allegro

Jede bitterste Not
ist nur da, wenn sie droht.
Ist sie da, ist sie fern.
So erfüllt sich der Stern.
Nimmer ist uns da bang.

Geh hindurch, es ist nichts.
Gott erschafft's und zerbricht's.
Erst im Tod ist der Mut
voller Weisheit und gut.
Freilich, ein Leben ist lang . .

Und das Lebhafte nimmt
von dem Todhaften Lehn.
Wen das Schicksal bestimmt,
der wird stehn und vergehn.
Alles ist nur ein Sang . .

Presto

Wer hat Zeit? Niemand hat Zeit.
Wer ist gefeit? Niemand gefeit!
Laß doch das Haus, laß doch das Hemd,
fremd unter fremd.

Schnell, schnell, schnell, renn!
Fall auf das Knie und bekenn!
Ungleiches Herz, ungleicher Schritt,
mit, mit, mit, mit!

Schönheit, wer hat jetzt für Schönheit die Ruh?
Werft Gott die windigen Türen zu!
Mehr als der Tod kanns nicht sein!
Amen! Deutsch! Tapfer! Hinein!!

Schlanke Flöte ..

Schlanke Flöte, süßer Klang,
wessen ist dein Teil?
Kamst doch, der soviel gelang,
uns zu Trost und Heil?

Mußt du reden unsrer Brust,
klagen unserm Schmerz?
Mehren unsre Menschenlust,
sagen unser Herz?

Wie du uns den Traum verschönst,
drin die Träne bebt:
Ach, du bist nur da und tönst,
unbemußt verschwebt.

Kehrest, fremder, sanfter Gast,
flüchtig bei uns ein;
wirst geliebt und dennoch fast
nie begriffen sein.

Wenn dich immer wieder auch
Lust der Finger greift,
warst du doch nur Sternenhauch,
der die Stirnen streift.

Darum *bist* du ja so schön,
weil du uns nicht weißt;
läßt uns schlafhaft untergehn
in den heiligen Geist:

Was die Seele mächtig zieht,
ist nicht Zweck, nicht Tun.
Ich bin Lied und du bist Lied,
in uns selbst zu ruhn.

Klarinette

Gicks und Gacks,
Gacks und Gicks,
ohne Holz
ise nix.
Klapperl auf,
Löchel zu,
Gluh, glululu.

Eins, zwei, drei
vier, fünf, sechs,
Röhrl meins
is was Keck's,
Schusterpapp,
Fensterschwitz
bringt mich in Hitz.

Haut mich der
Böhm ins G'nack,
trag ich mein'
Frňak — prack! —
alleweil
hoch in Höh,
Ce oder Be.

Spiel ich bei
Blech und Streich,
holn s' mich zu
Tauf und Leich;
spiel ich für
scheene Braut,
aber schon laut!

František
auf Hradschin
sagt, daß ich
Luder bin.

Weil ich Tri-
olen blas,
auswendig, was?

Blas schon seit
Waisenhaus,
Smetana,
Nedbal, Strauß.
Eins, zwei, drei
vier, fünf, sechs:
Ob und wo —
Schmecks!

Ziehharmonika

Für den Dichter Moritz Jahn

Rotreithgrund, sonnumfluscht,
Steinhagbach, weidenüberbuscht,
Schatten am Pappelstrich —
hin lenz' ich mich.
Schmeiß meinen Hut in die Höh,
wenn ich so den blauen Himmel seh,
schmeiß in die Höh meinen Hut,
juch, das tut gut.

Dengler im Roggengelb,
wär's gern ein Bauer selb,
bin's nur ein Wandermusikant,
lang überland —
Lang überland, überfeld,
klein ist und groß die Welt,
wenn's nur kein Hagel heute fällt,
unvermeldt, gelt?

Doremi, fa sola,
mi faso lasida,
fremdschöne Sprach, du mein,
jedem gehst ein.
E-gis-ha, a-cis-e,
wenn ich so den blauen Himmel seh,
tut mir mein Herz in der Brust
weit sein vor Lust.

Sichel am Sommerrain,
möcht's doch kein Bauer nicht sein,
drüben in Tausendblum
gehts schon schön um.
Kirtagbaum, Feichten blank,
Oberstimm, Annerl schlank,
kumm, kumm, kumm, macht's der Baß,
das ist ein Spaß!

'rum, 'rum, 'rum, anders geschwind,
Band weht im Walzerwind.
Daß wir's nur beinander sind,
allerliebs Kind!
Schön leucht' der Abendstern,
dich hab ich gar so gern,
um, um, um bussen dich muß:
Schluß —
ja-a Schluß!

Orgel

Den Manen Anton Bruckners

Heb es, Schöpfer, an nach dem deinen Willen!
Ob ich frage, darf denn der Mensch dich fragen,
ob ich frage, laß es gelaß sein, heb es
an! Und sieh, schon rauscht es von unten, rauscht der
trächtige Ton. Doch freilich, du lässest die Engel
noch nicht vor. Sie sind noch entfremdet. Welche
schrecklich große Entfremdung zwischen uns und
Engeln! Diese haben Flügel und Flöten,
wir doch Hader und Schmerz. Nur deckst du den Grundton
unser gnädig ab. Das Gewoge wälzt sich
ohne Fährnis: Bombarde, Quint- und Choralbaß.

Aber da, wo die Schmerzen beginnen, der Nachtschoß
uns entläßt, die Erd anhebt und das Feste,
hast du Stimmen gemacht, und ich beuge mich, Herr, den
Stimmen. Stimmen? Vor lang' doch, lange war ich
auch ein Gespräch; es gingen schuldlose Stufen
aus der Tiefe zu dir und war ein Geläut von
Bechern und Glocken. Aus gegliedertem Laubwerk
riefen Früchte mich an, zugleich mit den Blüten.
Oh, noch weiß ich den Quell, sein lieblich gedaktes
Silber sprang vom Gebirg, ward breit und vergönnte
seinen Ufern Raunen des Rohrs, die sieben-
tönige Flöt', ätherischen Hauch. Am Sturzfall
schöpfte das Nachthorn. Und klang wie Ahnen vom Meere.

Also war ich Gespräch. Es lehrte mich aber
Hoffart die Schlange. Mit *erfundenen* Namen
schmückt' ich die Dinge, nannte »Stern« deinen Stern, und
das, was niemand sahe, nannte ich Zeit. Von
da war Leid in der Welt und Tod; und die Sünde,
Gott sein zu wollen. Und schon begannen der Engel
einige sich zu nahn dem geborgten Feuer,
doch es griff sie dein Zorn und warf ihr Begehrnis,
Mensch zu sein, hinab in den sprachlosen Abgrund.

Mich doch setztest du fort. Wo die Schmerzen beginnen,
da wo die Erd anhebt und das Feste, hast du
Stimmen gemacht, erhabne, klagende; Stimmen
unbekümmerter Lust, den Kampf und die Tötung.
Baum und Wind vergaßest du nicht, du dachtest
jeglicher Sehnsucht; jeder Wanderschaft gabst du
eingebornen Gesang. Doch tönen sie alle,
tönen nicht herztief die beredte Antwort
jenes Gesprächs: Mich selber, die vox humana.
Nun erst stürzt es empor — Schuld, diene der Reinheit,
groß' Gebet, entsühne den Tod! Hinfällig
ärmstes Geschöpf, an Gottes Stelle vertritt des
Geists Majestät! — nun strömt es empor: Oboen,
Cimbeln, Violen, Cornett, Bourdon und Clarino.

Herr, ich glaube an dich, du hast mich vollendet.
Herr, ich frage nicht mehr. Es sind deine Engel
hoch und licht, ein ewiger Anbeginn. Mich doch
hast du geprüft. Der Mensch muß bitter hindurchgehn.
Nun ich aufschau zu dir, so ist in den Wolken
mächtiger Glanz, es fließt von dort um die Stirn mir
zarter Jubel. Da wag ich, mich zu erheben:
stärker, *mehr* als die Engel. Die lässest du endlich
vor, deine Boten. Und ist kein Wort der Entfremdung
mehr zwischen uns. Gelöscht sind jegliche Namen.

Himmlische Stimme, vox coelestis, verweile,
was ist Sterben, begleite, seliges Dolce,
mich hinan, o Gnad der Vereinigung, bleibe!
Unten und oben, Meersturm, Brandung und Stille,
feste Erd mit Sonne und Mond, ihr tausend
unnennbaren Gestirne, bleibt und lobpreiset!

Tuba, töne dem Herrn! Posaunen, erdröhnet,
frönt, Trompeten, dem Licht! — Versöhnt, o versöhnet
mit dem Vater, versöhnt, die Ströme der Tränen
nun im Vater verschönt, im Schöpfer verschönet,

Herr, wie danke ich dir, du hast mich bekrönt;
Herr, ich glaube an dich, geleite mein Wähnen,
Herr, ich frage nicht mehr, du hast mich geprüft.

Tuba, töne dem Herrn, ihr Hörner, erdröhnet!
Gott, wie danke ich dir, du hast mich verwöhnet!
Herr, ich frage nicht mehr. Du hast mich geprüft.

Kammermusik

(Eine Variation)

Erste Geige:

Ich, in die Schönheit dieser Welt verliebt,
beschenke sie mit meiner eignen Schöne.
Die Welt ist ohne Abgrund. Strömend gibt
mein Herz sich aus. Ich bin nur Lied: Ich töne.

Zweite Geige:

Mir, neben lichterm Wesen, ist verwehrt,
ein Ich zu haben. Nicht die Welt — doch fester
und wirklicher: die *Erd* hat mich belehrt.
Dort dunkelt es. Laß dich begleiten, Schwester!

Bratsche:

Mein grauer Scheitel macht es mir zur Pflicht,
den Abgrund euch zu nennen. Wie ihr beide
verschwistert hingeht, Kindliche, besticht
selbst noch der Streit um nichts. Ich aber leide.

Cello:

Ich weiß zutiefst, daß alles Schicksal ist,
das schön Getane und das Unerlöste.
Ich bin dem Ganzen treu: Genießt und büßt!
Ich warne nicht. Ich weine mit. Ich tröste.

Erste Geige

Als das Frühlicht sich im Osten hob,
trat ein schlanker Jüngling aus dem Wald.
Edelschöner Leib, sich selbst zum Lob.

Über blauen Hügeln stand noch fern,
und der Jüngling sah ihn stolzer Stirn,
stand noch fein und fern der Morgenstern.

Doch die Sonne stieg, und königlich
wölbte sich der Tag, wie jener schön.
Und der helle Jüngling straffte sich,

legte an die Sehne das Geschoß,
warf das Haupt zurück und sandte schnell,
bare Kraft, die aus sich überfloß,

sandte schnell den Pfeil, wie ohne Sinn,
sieghaft-blind und doch nach höchstem Ziel
in den glasklar leeren Himmel hin.

Zweite Geige

Das Klar des Himmelblaus
wird langsam grün.
Im Golde steht ein Haus,
und Bäume blühn.

Ein schmaler Mond erhebt
sich überm Wald.
Ein Wolkenrand verschwebt
als Lichtgestalt —

Nun ist fast gar nichts mehr.
Dem Weg wird bang.

Da kommt ein Klingen her
von Untergang,

das singt so schwer verhängt,
so wund bewußt,
wie eine Schuld sich senkt
in tiefste Brust.

Dann geht in Stößen wild
ein Weinen an,
das schweigende Gefild
nimmt teil daran,

es fällt ein Tränentau
auf Halm und Blatt,
und eine stille Frau
starrt todesmatt

und hebt die schlanke Hand,
den Bogen leis,
da ist die Nacht gebannt
und silberweiß —

Unendlich Lächeln nun
füllt allen Raum,
auf zagen Elfenschuhn
schon naht der Traum:

Ein Rest von Klage gibt
den Sternen sich.
Ich habe dich geliebt.
Ich liebe dich.

Bratsche

Ich glaube fast, ihr habt mich nie gesehn;
mich kaum gewußt — doch wohl in jedem Schritt
gespürt, wie ich von ferne um euch litt.

Leicht ist es euch zu kommen, leicht zu gehn.
So vielen Abschied habt ihr überlebt,
daß jener letzte seinen Sinn verlor.
Ich steh seit jenem ersten an dem Tor
ins Dunkle. Daß ich dennoch blieb, enthebt
mich nicht der ewigen Angst: um mich, um euch,
der Angst um alles. Weil ich einsam *war*,
bin ichs *geworden*, tiefer Jahr um Jahr.

Nun hüte ich das Wissen um mein Reich,
ins Namenlose ganz hinabgetaucht.
Die *Kraft* zu wahren, ging ich von euch fort.
Ich bin, wo ihr nicht seid. Ich bleibe dort.
Ich werde hier sein, wenn ihr Liebe braucht.

Cello

Für Dr. Rudolf Lehner, Arzt in St. Pölten

Mahner du, glaubst du, ich hab
nicht um alle Tiefen gewußt,
um jedes Grab?
Sünde, Reu, Untergang, Wahn —
Greif dir mein Herz aus der Brust,
sieh es an!

Seine Kammern sind schlaff vom Wein,
seine Gefäße mürbe vom Gift:
Rundherum läuft eine schreckliche Schrift
in schwarzem Stein,
(die Lettern sind weiß wie Gespensterbein):
»Weh dem, den es trifft!«

Aber jeden trifft es ja nicht.
Ehre, wem Ehre gebührt!
Unberührt
gehen die Tausende durch ihre Pflicht.
Adlig ins Elend führt
nur das Wirkliche: Das Gedicht.

Wie weit vermag ein Weinen zu gehn?
Bis wo hinab der Klageton?
Wer kann die Qual bestehn?
Du bist noch endlos verstrickt,
und *ich* bekenne schon,
schmerzvoll beglückt.

Menschlichste Stimme, Hall
ohne zerstörendes Wort,
mächtig der Sprachen *all:*
All meine Tränen und Schuld
legst du gehäuft zum Hort.
Der strahlt Gottes Huld.

BLICK AUF SICH

In tiefer Nacht

Die Stirne brennt, die Zeit vergeht.
Mein kleines Lampenlicht
ist nur ein schmaler, heller Strich
in all der Dunkelheit.
Ich seufze auf: Der Tag ist weit,
die Nacht ist tief: Ihr Atem spricht,
ihr Dunkel weht:
Vollende dich!

Klarer Herbsttag

Wieder siehst du voll Wehmut im Teich
sich spiegeln den braunen Baum
und stehst frauenhaft weich
vor den Herbstzeitlosen am Waldessaum.

Kann denn die Blume für deine Schuld?
Der Baum für deine Unzulänglichkeit?
Warum buhlt
mit dem Herbst deine Traurigkeit?

Sieh nur in dich!
Da ist der Stachel und sein Grund.
Du einziglich
bist davon wund.

In schuldlosem Gleichmaß das Leben ringsum
hat seinen Tod und neu seines Werdens Kraft.
Dich aber zieht dein Menschentum
furchtbar zur Rechenschaft.

Die Nacht

Er wachte auf von einem Schmerz,
der ihn im Nacken stach.
Es griff ein Frost ihm so ans Herz,
daß ihm der Traum zerbrach.

Das war nicht von dem scharfen Trunk,
den er des Abends pflag;
das war nicht Traums Erschütterung,
was auf der Brust ihm lag —

was auf der Brust ihm lag, das war
sein Böses, nicht der Wein;
der Wort' und Taten Galgenschar,
Haut worden und Gebein.

Er warf sich stöhnend hin und her,
er ward in Ohnmacht still:
Das Dunkel auf der Seele schwer
von ihm nicht weichen will.

Der Morgen fand, das fahle Licht
ihn feucht in seinem Graun.
Es war sein dumpfes Angesicht
wie Fäulnis anzuschaun.

Er hob sich auf, er schleppt mit Plag
zum Fensterkreuz sich hin:
Er sah erschreckt den jungen Tag,
drin Gottes Sonne schien —

Er sah den Tag, er sah den Baum
vor seinem Fenster blühn;
er sah der Wolken leichten Schaum
durch blaue Frühe ziehn —

Er sah — schon wird ihm leicht — den Hauch
der Unschuld nah und fern.
Da fiel er auf die Knie, er auch,
und lobte Gott den Herrn.

Ein schwarzer Vogel, der im Baum
genistet dunkelsam,
fiel tot herab. Im Himmelsraum
hub eine Lerche an.

Mann von dreissig Jahren

Ansprung, Kampf, benommnes Nehmen,
hinterher der Katzenjammer.
Fratzen, die den Tag dir lähmen,
Weltschmerz in der Dunkelkammer.
In die Spiegel, die verhurten,
magst du nicht mehr menschlich schauen,
aus der Sehnsucht Spottgeburten
steigt kein neues Gottvertrauen.
Fliehst du müde in Askesen,
siehst du nachts aus wüsten Zeiten
dicke Weiber auf dem Besen
schamlos nach dem Blocksberg reiten.
Läppisch reicht der Knabenjahre
Unruh noch in dein Entsagen:
Glaube an das Wunderbare
trägt dich nicht mehr, es zu tragen.
Was einst groß war und vernichtend
einzig, weist dir sein Ergebnis:
Lüge auf Erfahrung schichtend,
ward zum Laster das Erlebnis.
Keines Blicks Apotheose
hilft dir mehr, dich neu zu finden,
wie du starrst ins Uferlose,
preisgegeben Weg und Winden.

Abgebrannt in tiefster Seele,
brennt die Glut im Hirn noch weiter.
Nacht und Rausch: Bewußte Fehle
stürzt dich von der Himmelsleiter.
Was du lerntest, kalt beflissen
übst du es, schon selbst ein Lehrer:
Worte, aus dem Sinn gerissen,
täuschen die verführten Hörer.
Manneswert und Mannestaten:
Glaubst du noch an deine Sendung?
Meistberaubter der Piraten,
Ende gibt sich als Vollendung!
Daß sich aus den unruhvollen
Jahren eine Hand herhielte,
Menetekel für den tollen
Spieler, der sich selbst verspielte;
daß dich eine Flamme hübe
in ein Leben *andrer* Qual:
Statt des *Wissens* wieder *Liebe!* —

Aber du hast keine Wahl.

Selbstbildnis aus dem Jahre 1926

Unfrei und feige: Vierunddreißig Jahre
der bittern Armut trag ich auf dem Rücken.
Ein Joch, nicht abzuschütteln, eine wahre
und ganze Hölle: Flammen, Martern, Tücken,

Entehrungen, Verhöhnung, Mitleid, Schande!
Der schweigenden Geduld versalznes Brot.
Das ewige Stehn, geduckt am Straßenrande.
Aus frühem Abend dämmernd: Wahnsinn, Tod.

Um mich ein Volk gespenstischer Pygmäen,
geführt von Schurken und Analphabeten:

So darf ich jeden Morgen auf den Zehen
den heiligen Bezirk der Kunst betreten.

So darf ich jeden Morgen neu mich rüsten,
bereiter Knecht zu sein jedwedem Knecht;
mich jeden Abend einer Freiheit brüsten,
die aus dem Weine schlürft ihr irres Recht.

Ein Achselzucken starrem Bürgerstolze,
von Blut noch Bauer, hörig schon den Schloten:
Ich habe alle Kraft aus Kron und Holze
für ein Stück Wurzelerdreich aufgeboten.

In eine Zeit ohnmächtiger Tat geboren,
rase ich blind durch schöpferischen Traum;
Zyklop, aus grauem Heidentum verloren
in diese fehle Welt aus Dunst und Schaum.

Den Glauben und die Hoffnung und die Liebe,
ich mußte sie erdrosseln und begraben.
Im wüsten Trauerspiel der Geltungstriebe
als Mörder darf ich meine Rolle haben.

Inferno

Bei Tag geschaut, ob der Himmel blaut,
bei Nacht gehorcht, wie die Katze miaut.
Und geschändet den Schmerz, ersäuft im Wein;
vertuscht, geschwiegen, statt aufzuschrein
laut!
Die Jahre gewürgt den heimlichen Haß.
Dem Nachbar bei Gott nicht verdorben den Spaß,
denn heiligmäßig sind Trog und Bett,
und Bürger sein, macht schon ein Brandmal wett,
was?

So kleinweis dahin, bis die Jugend entfloh,
ein Tag nach dem andern verbrannte wie Stroh,
des eignen Gesichts sich nimmer bewußt,
und dabei immer den Sturm in der Brust —
Oh!
Danebengelebt, in Angst, in Eil,
vor die Hunde geworfen das beste Teil
und den Dreck aufs neue geschweißt, geglüht
und die Sterne damit bemüht:
Heil!

Mit siebenunddreissig

Die ferne Spur, der Liebe Spur
längst verweht.
Im Traum bisweilen ein Stöhnen nur.
Spät zieh ich, tückischer Bürger, die Uhr —
Zu spät..

Wie komme ich aus? Aus der Zeit, aus dem Haus?
Alle Türen bewacht!
Und vor der letzten immer der Tod,
jetzt immer der Tod,
Tag und Nacht!

Kein Heil, kein Trost, kein Vergessen, nichts.
Es ist das Schweigen des Jüngsten Gerichts.

Auch kein Gott.
Trotz den hundert Kirchen, kein Gott.
Nur dies in mich
eingekerkerte Ich,
meines Fleisches Spott,
meine kalte Haut,
mein Herz, vor dessen Schlag in der Nacht
mir fürchterlich graut.

Aus der Heroischen Trilogie (1930)

Terzinen I

Im Namen Vaters, Sohns und heiligen Geistes.
Von Schuld nicht angerührt und fern der Qual,
der Seele Liebstes, Tiefstes und Getreustes:

Du fernes Land, du blauer Tage Mal!
Ihr hellen Wolken auf der Himmelsweide!
O schöner Mond, und Sterne ohne Zahl!

Gewellt- und große Wiesen! Weiche Seide
bewegter Saat! Du unveräußerbar
geliebtes Haus am Wald, im Dämmerkleide!

Die Mutter hat das schwere dunkle Haar
der Kaiserin. O edle Leidenszüge!
Sie war kaum zwanzig, als sie mich gebar.

Der Abend füllt geheimnisvoll die Krüge
der ersten Furcht. Aus erster Furcht entsteigt
die tiefste Heimat. Ohne Anfang füge

ich mich der Stimme, die so lang schon schweigt.
(Nur manchmal zuckt mein Herz, wenn durch die Ferne
die dunkle Stimme still ihr Weinen geigt.)

O jener frühen Liebe! Zug der Sterne
um schmales Heft, drein ich geführter Hand,
dreijährig, meinen Namen schreiben lerne.

O Einsamkeit, in die seither verbannt
ich fürder mit der toten Mutter lebe
und rückwärts wandle durch das Kinderland.

Du leiser Regentropfenfall! Geschwebe
des Winds im Herd, verschlafner Grillenlaut,
unsäglich fern und fein wie Spinnenwebe!

Der Vater nimmt mich auf sein Knie und schaut
mich lange an und lächelt. Seine Blicke
sind seltsam weither, tief und unvertraut.

Bisweilen bricht ins träge Uhrgeticke
sein wildes Singen aus. Der heiße Klang
verbebt, indes ich schwebend mich entzücke.

Ein andermal ist großer Käferfang
im Garten, wo die Lindenblüte schneit.
Ach holder Unfug, süßer Müßiggang!

Er nimmt mich nach dem Wald mit, stundenweit;
ich darf, ein Held, auf seinen Schultern reiten;
aus seinem Hute trinken wir zu zweit.

Dann ist der Vater wieder fort, im weiten
verlassnen Haus ist Stille wie nur je.
Der Garten schläft, die Abendschatten gleiten;

die Trauer und die Strenge sind ein Schnee,
der stetig fällt und Schlaf ist — ohne Frieren:
Ein süß- und sanftes, blutvertrautes Weh.

O Reichtum Lebens, nie mehr zu verlieren:
Als ich ein Kind war.. randvoll angetan
mit Wolken, Blumen, Wäldern, Ding- und Tieren;

dem Weihnachtsbaum mit großen Lichtern dran,
mit Trauer, Furcht und liebenden Gewalten
und allem, was seither erstarb im Wahn.

Wie will dies schmale Glück im Sturm der kalten
Wollust und Raserei dem Täter und
dem Dulder noch die irren Hände halten!

Es bleibe aufgespart der stillen Stund,
die keinen Trug mehr hat: Der Stund des Sterbens.
Als ihrer Bitternis ein Sinn und Grund.

Es bleibe aufgespart in des Zerscherbens
Verwirrung, edelstes Gewesensein,
ein letzter Port im Meere des Verderbens;

dem Krampf der Hirne und der Städte Stein,
mit Wolken, Blumen, Wäldern, Tier- und Dingen,
mit meiner Mutter Antlitz, hehr und rein.

Vertrieben aus dem Paradiese gingen
und gehn die Seelen durch die Schuld und Haft.
Die Engel aber in den Nächten singen

das ferne Lied der süßen Mittlerschaft.
Die Seele sehnt sich. Doch die Erde weist es
den Sternen zu. Dort ruht es ewiger Kraft:

Im Namen Vaters, Sohns und heiligen Geistes.

Terzinen II

Hofkabinett in Ottakring. Der Baum
vorm Fenster, braun, vom Raupenfraß durchsiebt;
das Holperbett, nicht breiter als ein Daum,

der schiefe Kasten, der von Motten stiebt;
die Totenmaske Nietzsches: wilder Spaß,
wie sie der Kammer Sturm und Feuer gibt.

Ein Buchgestell, erhabener Parnaß!
Virgil, ein Stück Horaz, der Faust dazu,
zwei Bände Dickens und die Ilias.

Durch zwanzig Jahre! — Schweigend in die Truh
die ersten Verse; im Petroleumschein
einsamen Denkens große Totenruh.

Im Hofe an der Ratzenkiste schrein
die Weiber um ein schleißiges Hemdenstück,
wie Hunde wüten um ein Suppenbein.

Indes der ewige Wind, durch Staub und Schlick,
der Wind des Elends durch die Gasse fährt,
im Schornstein hockt mit trauriger Musik.

Die Abende! Geduckt und furchtbeschwert.
Die Nächte! Schwarz von stöhnendem Inzest.
Die Tage! Lodernd gegen Gott gekehrt.

Ein ganzes Volk von Ausgestoßnen läßt
sich kunterbunt, orgastisch wallend gehn,
die plump verschminkte Geilheit lädt zu Fest,

die Schande hilft dem Laster eckenstehn —
zuletzt, am Rand der Stadt, die Legion
der Bettler schwärzt gespenstisch die Alleen.

Friedhof mit Sadebaum und Pelargon;
der Heckenweg dahinter: Heiligtum,
geweiht durch Kuß und Flüstern frühe schon;

Spital schön weiß und Irrenhaus weitum
mit Gärten, Bäumen; und im Abend fahl
das Hügelland, ein andres Latium.

O Größe nicht, doch Schwermut tausendmal!
Ihr fernen Wolken auf der Himmelsweide!
Du fremder Mond, und Sterne ohne Zahl!

Gewellt- und weiter Wiesen weiche Seide,
rücknehmend in das kindversunkne Ich
gepreßtes Herz, und Stirn gebräunt im Leide;

getränkt mit Scham und Trauer fürchterlich
des Heim- und Gnadelosen, stief gespeist
von seiner Flucht, von seinem Hundeschlich

erschreckt und krank von seinem bittern Geist:
Gefäß der Klage noch, wenn dunkler Kraft
die wilde Brust sich fiebernd sternzu reißt . .

Figur leichtwilliger Musik, gerafft
aus Völkerblute, vag, weither und alt,
im Stein verewigt, ausgegorn im Saft

der Rebe und verflucht durch Vielgestalt:
die Türm im Grau sind seine Seele nicht,
des Einsamen, der Strom gelaß und kalt

ist nicht sein Herz, des Brennenden; die Pflicht,
zu lieben, was entehrt, zerstört, entmannt —
was *klein,* zu lieben: welche bittre Pflicht!

Pariadasein, keiner Form verwandt,
Schmerz, nackter, keinem Glauben mehr gewillt,
unschuldig Atmen, in der Fron verbrannt!

Last steten Unrechts, jeder Schändung Bild,
gehetzte Frage: Was hab ich getan?
Statt Antwort Stein, statt Menschen Schatten wild —

All Fleisch geknechtet. Doch der Geist dem Wahn
verpflichtet nicht, im gottverlornen Schmerz
verpflichtet nicht, steht auf nach tiefem Plan

und zeugt, und trägt das rein geborne Herz
und trägt des Menschen Würde stumm voran,
und da es Wort wird, ist es ewiges Erz.

Im Leid entsprungen (nichts vom Leid vertan!),
bricht über Haus und Hügel, Brauch und Spruch
aus enger Kammer Reich der Schönheit an

und eine Freiheit ohne Unterbruch.

Terzinen III

Wie Liebende sich drängen Mund an Mund
und Fleisch in Fleisch — mit jenem starken Spüren,
das unstillbar noch sucht im tiefsten Fund:

So die verbannte Seel. Aus tausend Türen,
des Erdenbilds empfangend nie genug,
nie satt der Lust, es glühend zu berühren;

zu tasten jeder Landschaft Bug und Zug
in Zweifelsangst: Bist du die endlich meine —
Frucht Geistes, die im Herzen Blüten schlug?

Wie dämmern tödlich schon die Jugendhaine!
Die niemals Haine waren, sondern Baum
zu Baume, Bühl zu Bühel, Stein zu Steine;

erfüllt im Nackten, Daseins wilder Raum,
zu Phallischem entblößt, mißbraucht zu Pfühlen,
Versteck und Tierflucht ohne Rast noch Traum;

Landstraßen längs dem Strom, mit bauernkühlen
scheelsüchtigen Siedlungen, um die der Fuß
weit ausbog; manche Nacht im Heu, mit schwülen

Umarmungen, mit all dem wirren Muß
des Bluts; zerpflügte Lehnen, müde Hügel,
verwahrlost und bestäubt mit Großstadtruß —:

Gelegenheit, nicht Landschaft; Wand, nicht Spiegel
darin zu schaun das eigne Augenlicht,
der Seel Befriedung und des Geistes Flügel . .

Wie anders ihr, voll Töne und Gesicht,
ihr Mannesfahrten auf des Menschen Spuren,
in Kraft und klarem Blut verinnerlicht!

Erhabnes Siegel heldischer Naturen:
Du Erdenantlitz, drüber hart und zart
Jahrhunderte von Bildnerhänden fuhren:

Florenz, Venedig, Rom — Die Gegenwart
noch klamm erfüllt vom Rausch der Herrentaten,
die, aus dem Grab auf, schuf der Alten Art.

Trümmer des Forums, irrende Penaten
um weißen Stein. Unsterbliche! Im Flitze
der Echsen geisternd durch die Pinienschatten.

Der Marmormoses auf dem Herrschersitze.
Die Kuppel von Sankt Peter: Gerne beugt
sich Mannessehnsucht höchstem Menschenwitze.

Die Erde aber, fremd und heilig, schweigt:
Gebirge wild, aus drohender Meeresröte,
totschwer, jedweder Näherung abgeneigt.

Wofür noch Werke! Flieh, ergib dich, töte
das krause Hirn! .. Da bricht an starres Ohr
verlorner Ton aus einer Hirtenflöte.

O Umbriens Hügel! Mächtiger Stimmenchor
der Immen rund im Rauche der Oliven,
der Vögel Flug in heitres Blau empor —

Zurück! Hinab! Es ruft aus allen Tiefen
der Liebe — und noch einmal weckt *sein* Herz
die tote Welt, da längst die Götter schliefen:

Assisi! Du des reifen Mannes Schmerz
und Heimkehr. Du Italien deutscher Seele!
Du blutsverbunden weisend himmelwärts:

Beruhen mag die Fahrt! Der Geist vermähle
sich deinem Bilde unschuldgroß und frei.
Nur dort, wo Flucht ist, ist Verhehl und Fehle.

Zypressen, ewige, die ihr das Vorbei
zerstörter Tempel hütet, rauscht die Träume
hinab ins Mutterland! Ihr Reih an Reih

der Träume edelstem so nahen Bäume.
Ihr rauscht und schweiget. Leiser weht der Wind.
Hoch oben schwebt ein Weih durch goldne Räume.

Die Wolken stehn, die Flöte lockt. Ein Kind
geht wieder ein durch ferner Kindschaft Pforte,
die in der Blindheit des Homer beginnt.

Gereiftes Herz, dem jede Heimat dorrte,
o sink auf deinen eingebornen Grund
und träum und sehn dich nach dem Adelshorte,

wie Liebende sich sehnen Mund an Mund.

Mit vierzig Jahren

(Vierte asklepiadeische Strophe)

Weite Meere aus Blut, im Ohr
brausend dumpfen Gesang, Sturm um die Stirn. Die Bucht
grau der Tränen, das Inselreich
fern geschaut, nur im Traum näher und spät erkannt.

Preisgegebenes Segel du!
Zollst dem Sturm nach Gesetz, sättigst am Zwang die Kraft,
voll Geheimnis und untertan
fernem Stern, doch der Fahrt dienstbar, getreu und kühn.

Klarer, trächtiges Schiff, voran!
Unberührt drüberhin, aber des Abgrunds all-
wissend. Weise und ohne Zeit:
Also opfre dein Bug namenlos neuem Land.

Tief bedenkend die Fracht und tief,
tiefer, was auf dem Grund, wolkiges Dunkel, ruht;
ungehoben und späterm Volk
Sinn für Woge und Blitz, Adel und Untergang.

Gesang vom Manne, IV

(Fünfte asklepiadeische Strophe)

Dank und Treu dir Geschick! Immer aus Not,
                                        nimmer aus fettem Nichts
wächst das Große herauf. Willig gebeugt,
                                        trag ich mein alterndes
totes Dutzendgesicht; einsam und stolz
                                        leerer Verrichtung Joch.
Dank dir niedrige Fron! Du vor der Schmach
                                        schirmend, die ehrlos und

unstät macht; die Geschenk, Bettlergeschenk
nimmt für die Traumgewalt.
Dank dir, ruhmloser Tag! Widerhalls bar,
aber im Schweigen noch
würdig, fruchtend und — nein! — niemals gekauft,
ehern Verpflichteter!
Dienst tun: Adel, der heilt, wenn in der Brust,
wenn das erstickte Herz

aufschreit. Tragen, doch nie Knecht sein des
Knechts, Mörder um feiles Brot.
Dulden. Dulder aus Eis. Und da die Zeit
kurz ist, durch Sturm und Ruh
sammeln, sammeln das Blut, tönendes Leid;
näher der Finsternis,
todbewußt und die Nacht raunend ums Haupt,
wissen: kein sterbliches.

Einsamstes Selbstgespräch

Einer wie du steht immer am Rand.
Du hast alles getan;
getrotzt und gebettelt. Aber dein Land
nahm dich nicht an.

Warst du zu wenig Manns, zu schwach
für eine große Zeit?
Aber die Zeit war klein, und ach
groß nur das Leid.

Du hast es gesungen. Sang, zuviel
für den gängigen Tag.
Sie wollten Farbe: Zum Schmerz das Spiel,
zum Tode den Trommelschlag.

Du weißt es, aber vergiß es nie:
Es *gibt* keine andere Lust,
als tiefen Wortes tiefre Magie,
der du gehorsamen mußt;

und keine Heimat, außer der,
die in dir ruht.
Erd ist Erde, und Meer ist Meer
und Blut noch nicht *dein* Blut.

Frag nicht! Du fragst dich taub und blind.
Fern webt, was dich verwarf.
Fühl, daß die Götter etwas sind,
das nicht befragt werden darf.

Heb aus dir den firnigen Wein,
gieß aus ohne Ruhm!
Jede Sehnsucht läßt allein
und *jedes* Heldentum.

Gürte dich so: Du hast zu gehn
zeitlos durch Unrecht und Recht;
und wenn der Gott ruft, ja, aufzustehn
wider ein ganzes Geschlecht!

Späte Krone

(Glykoneen)

Oh, er wußte es tief: Im Ruhm
ruft die härtere Pflicht. Es hat
Wahl der Einsame leicht,
Männliches männlich und
fern zu tun; mit dem Worte Volk
streng und sparsam zu sein; zurück
zu den Toten zu reden; die
Himmlischen zu beschwörn,
da sie entschlafen sind;
stolz zu wehren der Nacht, mit Wort
eines Ordnenden. Doch weh ihm,
wenn der Rausch ihn des Ruhms befiel,
sein Vergangnes bestehlend: Nun
schlägt ihn Wahnsinn, die Irrnis zieht
tausend Irre nach sich,
und der erregte Markt
schreit die Stille der Gottheit, tanzt
alle Früchte der Erde fort.

Lorbeer, leidenerdunkelter,
ründet spät sich einmal
auch der geheimsten Stirn,
und das maßlose Leben häuft
auf den sinkenden Seher Glanz.
Wenn das Schwere ihn überkommt
und das Starke, das zwingt
weiter den Gang zu tun,
wappne sich der Gekrönte! Die
toten Götter beschirmen ihn.

An mich

(Alkäische Strophe)

Du willst? Du zwingst es? Also versucht den Schritt
bis an den Rand zu tun der Gefährdete!
Wer zwingt, zerstört. Wer sein will, stirbt und
wer sich behaupten will, geht verloren.

Hoffart und Trug, zu ahmen im großen Wort
die großen Ahnen. Halte die Flamm und zieh
den Kreis in Demut! Fluch und Gnade
sind bei den Göttern. Dein Teil heißt Warten.

Wohl ist, zu warten, bitter genug für den,
der brennt, hochauf sein Haupt an den Himmlischen
zu messen; bittrer doch, im leeren
Saal zu erkennen: Umsonst; vergeblich.

Die Götter *sind*. Doch dulden vom Menschen nicht
— sie *schenkten* denn — ein Ähnliches neben sich.
Und unerbittlich schleudern sie den
raubend Vermessnen hinab ins Dunkel.

Ghasel

(29. 7. 1938)

Ich kehre wieder heim. Ich bin zu Rand
mit meiner Kraft — ich *bin* nicht abgesandt.
Viel Böses hab ich in der Welt getan,
das Gute fass' ich in der hohlen Hand.
Doch bleibt mir als dem Menschen, der ich bin,
ein Trost, ein gut- und wahrer, zugewandt:
In jeder Welt aus Schein und Gram und Zahl
hab ich mich immer zu mir selbst bekannt.
Wer kann denn mehr: Die Räusche sind für sich,
die Taten sind dem breitern Volk bekannt,
die Sünden sind in Nächten, schlaflos lang,
in Schwäche, schuldlose, hinabgebrannt.
Ich habe nichts zu beichten, zu bereun:
Ich steh am Ursprung, wo ich immer stand.
Mein Stolz ist nicht von dieser Welt — und wenn
ich auch an dieser bin verwelkt, verbrannt:
Ich habe meine Kunst. Ich bin so klein,
ich bin so groß: Und Gott versteht den Brand.

II

STRENG UND BEWUSST

Wir haben nichts als diesen Weg der Schmerzen,
der uns im Dulden Überwindung lehrt.
Die Schrift der Weisheit ist nicht auszumerzen
aus einem Leben, das die Qual genährt.

(Heroische Trilogie, III. Teil, 10. Sonett)

Leitwort

(In hora mortis)

Ich selbst berief mich zu dem strengen Werke.
Nicht Gnade nahm ich, Frost war meine Stärke.
Nie gab ich mich dem Gott der Zeit zu eigen.

Die mit mir leben, sind mir längst gestorben.
An ihrer Nacht hab ich das Recht erworben,
unangetastet in mein Licht zu steigen.

In einem hoffnungslosen Kampfe falle
ich weit voran, kein Mann der Ruhmeshalle;
jedoch der Ehre *wert,* daß jene schweigen.

Akrostichon

Jeder Blick verschwamm, da Abend war.
Oder wars, daß du im Glühn zerstobst,
Schwalbe, die du im verbrannten Jahr
erberfahren dich zur Reise hobst,
fern noch bebtest als ein Punkt im Traum
(wo allein ich dich noch nicht verlernt),
eh dich tilgte düstrer Wolkensaum —

Ist der Süden deine Heimat? Bist
nur zu Gast in meinem harten Land?
Hast du nie den unsern Mai vermißt?
Einst geflohn in meine hohle Hand,
bangt dir nicht um jenen Hauch aus Kraft,
endlos zärtlich, den du, unverwandt,
rund gefühlt um deine Angst und Haft?

AN DIE NACHT

Sonettenkranz

Motiv

O nott', o dolce tempo benchè nero,
(Con pace ogn' opra sempr' al fin assalta)
Ben ved' e ben intende chi t' esalta;
E chi t' onor', ha l' intellett' intero.

Tu mozzi e tronchi ogni stanco pensiero;
Chè l' umid' ombra ogni quiet' appalta:
E dall' infima parte alla più alta
In sogno spesso porti ov' ire spero.

O ombra del morir, per cui si ferma
Ogni miseria l' alma al cor nemica
Ultimo delli afflitti e buon rimedio;

Tu rendi sana nostra carn' inferma,
Rasciug' i pianti, e posi ogni fatica,
E furi a chi ben vive ogn' ir' e tedio.

Michelangelo: An die Nacht III.

I

O Nacht, du holde, wenn auch finstre Zeit!
Mich drängt mein nächtiges Herz, von dir zu sprechen.
Du Schreckliche, die in sein Dunkel schreit!
Du Milde, es mit leisem Griff zu brechen!

Du schwarzer See aus Angst, Gebirg aus Leid,
Landschaft mit Seufzerwald und Tränenbächen!
Gestrüpp aus Laster, Sumpf der Trunkenheit,
Keim, dem verhängt ist, jede Lust zu rächen:

Wenn du der Tod nicht bist, wer bist du, Schoß,
der mich gebar in diese Flucht von Tagen,
darin ich blind und taub und irrend bin?

Hier steh ich: nackt: ein bittres Menschenlos.
Hilf mir dies Los, hilf mir dich selbst ertragen:
Du gibst den Frieden, treibst das Werk dahin.

II

Du gibst den Frieden, treibst das Werk dahin,
wo es beruht: Da tobt kein Zweifel mehr,
da steht das Wort in seinem Wortbeginn,
da ist ein Garten früh, und nichts ist schwer.

Es wogt vom untern Sein herauf wie Meer,
und in der Purpurflut hangt ein Gespinn
von großen Tönen, schönem Ungefähr
mit längst verlorner Vielgestalt darin.

Das Blut, o hör! Wie rauscht es doch! Das sind
die alten Klagen, ist die alte Lust:
Gehirn, vergeh! Ergrübeltes, zerrinn!

O letzte Weisheit, Wein und Laubgewind,
du brausend wilder Sang durch diese Brust!
Wer dich in sich fühlt, preist dich Königin.

III

Wer dich in sich fühlt, preist dich, Königin!
Ist nicht das Licht bloß Büttel dem Verstande?
Doch das Geheimnis steht, ein Seraph kühn,
das Haupt in Wolken, über deinem Lande.

Den Tag, den Schänder, du entmannest ihn
und raubst ihm, dem Verführer, die Gewande.
Dein ältres Recht nimmst du, Gebärerin,
und tränkst und nährest dich von seiner Schande.

Wo ist der Starke, sich mit dir zu gatten?
Vielleicht die Früheren, die Seher hatten
dich einst umarmt und hatten nicht den Tod.

Und standen auf und *sagten* blitzumloht
das Ewige: jäh blind, doch ohne Leid.
Wer dir die Ehr gibt, ist zutiefst gefeit.

IV

Wer dir die Ehr gibt, ist zutiefst gefeit:
Denn wie der Tod entsprang er deinem Schoße.
Was fürchtet er? Die Zeit ist nur ein Kleid,
dahinter du dich birgst, erhaben Bloße!

Er hält, indessen der Empörer schreit
und hinstürmt, daß er dir das Herz durchstoße,
in seinen Händen Schweigen. Schweigen weiht
und nimmt zurück in das unsäglich Große.

Der mit der Furcht sagt Tod und meint das Deine.
Und sagt er Leben, meint er sein Gehirn,
den Frevel, der ihm Welt und Welt entzweit.

Er flüchtete, und Heimat hat er keine.
Du holst ihn ein. Und hinter seiner Stirn
zuschanden schlägst du den Gedankenstreit.

V

Zuschanden schlägst du den Gedankenstreit
und setzest starr ein Ende dem Äon.
Es griff der Mensch in seiner Herrlichkeit,
sich selbst entheiligend, nach Gottes Thron.

Er pochte auf sein Licht. Die Dunkelheit
besprach er so und triumphierte schon.
Er schuf sich Flügel und war Fürst der Zeit
und hatte Städte, groß wie Babylon.

Er wußte nichts. Er höhnte dich, er fand
das Seine unantastbar; lachte bloß
der strengen Schrift, die an der Wand erschien,

und lebte fort im Frevel, unverwandt.
Da hob es sich herauf aus deinem Schoß
wie schwarzer Nebel. Plötzlich lähmt es ihn.

VI

Wie schwarzer Nebel plötzlich lähmt es ihn,
den Täter, der sich am Gesetz vergangen.
Du aber, der Gewalten Rächerin,
zerstörst den Menschen, um ihn anzufangen.

Was bliebe ihm, hättst du ihm nicht verliehn,
nackt zwischen Schicksal, Zeit und Tod zu hangen?
Was wäre sein, wenn nicht die Schmerzen schrie'n
und ihm das Herz nicht fast verging vor Bangen?

Die Götter droben? Ach, die Götter alle,
sie wahren ihre Hoheit ohn Erbarmen
und sind geneigt, den Leidenden zu fliehn.

Du aber lehrst ihn aus dem Sündenfalle
die Sehnsucht der Erlösung, trägst den Armen
aus niedern Reichen nach den höchsten hin.

VII

Aus niedern Reichen nach den höchsten hin
geht ja nur einer, den die Schuld zerbrach.
Nur wer im Sumpfe sank bis an das Kinn,
weiß ganz, was Reinheit ist — und weint ihr nach.

Und wahr ist, daß erst hinter Schmerz und Schmach
der Mensch den Menschen sieht. Auf blutigen Knien
muß er dahin, die Seele bloß und brach,
zurück, empor zu seinem Anbeginn.

Er würgt die Tränen unter Tag, er geht
als Maske unter Masken, ohne Ziel,
zum Fluch zu schwach, zu schwach selbst zum Gebet:

Dem Schuldigen nimmt deine Einsamkeit
die Larve fort, doch den, der schuldlos fiel,
führst du im Traum. Ich bin zu gehn bereit.

VIII

Du führst im Traum — ich bin zu gehn bereit —
mich aus dem Tag, in jene größre Sicht:
Hier welkte ich und litt Verlassenheit,
hörig dem Geist und fast am Leib zunicht;

dort bin ich wieder einer Ewigkeit
verschwistert. Meine Toten starben nicht.
Sie stehn um mich und leben ohne Zeit
und reden meine Sprache: das Gedicht.

Denn nur dem Tage sind die Toten tot,
und darum sind wir so verloren hier,
weil wir vergaßen, was wir nachts gewußt.

Du andre Welt, die ohne Wirkens Not
zu lösen weiß von Streit und Furcht und Gier,
o Todesschatten, du befreist die Brust.

IX

O Todesschatten, du befreist die Brust
von Druck und Krampf, von Herzschlag-Sturm und -Stille.
Das Leben *ist* die Qual. Du aber tust
nicht weh. Du nicht. Und so gescheh dein Wille.

Den Menschen *macht* das Leid. Und Leidensfülle
erwächst aus Schuld. Die Schuld hinwieder fußt
auf Menschenschmerz. Und Fleisch ist seine Hülle.
Es geht im Kreis. Doch Treibkraft ist die Lust.

Lust wehrt sich, wacht, liegt hin und schläft nicht ein,
will von der Nacht nicht überwältigt werden,
saugt das Gesäm der Zeugung gierig ein;

vergeht in wilder Hast, will ewig sein
und hat die hilflos schrecklichen Gebärden
von ihrer Feindin, von der Lebenspein.

X

Von ihrer Feindin, von der Lebenspein
will fort die Seele: Und schon trinkt sie Gift.
War ihr nicht aufgegeben, ganz allein
und schutzlos das zu tragen, was sie trifft?

Wenn sie erst Hilfe sucht in Wort und Schrift,
in Rausch und Nebel, Bettgespiel und Wein,
so sieht sie ihre Strafe bald verbrieft.
Wie es auch komme, es wird tödlich sein.

Rausch ist für jene, die um Not und Schmerz,
um Tod und Untergang kein Fürchten tragen:
ist Schöpfern gut, doch an Geschöpfen Mord.

Der Feigling täuscht sein unerfülltes Herz.
Der Tapfre weiß: Am Ende steht Entsagen,
ein Heil den Duldern und ein letzter Hort.

XI
Ein Heil den Duldern und ein letzter Hort
den Liebenden: So hältst du, Nacht, zugleich
dem Süßen hier, dem traurig Schweren dort
den Fittich hin, so trägt in deinem Reich

der Mond sein Licht, wie Zärtlichkeiten weich,
so stehn die Sterne streng an ihrem Ort,
so wehn die bleichen Birken um den Teich,
und raunend gehn die Ströme immer fort.

Und tief und seicht, geheimnisvoll umhüllt,
wird eins in deiner Kraft, verwebt sich, gibt
von deiner Furchtbarkeit das schöne Bild.

Du nimmst den Wesen Schnörkelzier und Wust.
Das Wuchernde, das in den Tag zerstiebt,
dies arme Fleisch entrückst du dem Verlust.

XII
Dies arme Fleisch entrückst du dem Verlust
und reichst dem Geiste Mohn, daß er vergißt.
Süß ist der Schlaf für den, der schaun gemußt
und süß für den, der leider wissend ist.

Ja, Schlaf ist mehr als eine kleine Lust,
ist zwischen Angst und Qual die Gnadenfrist,
ein Palm, der mitt' im Tränen-Salzgekrust
die letzten Wimpel reinen Lebens hißt.

Wir stehn im Höllenvorhof, schuldzerpflügt.
Zu schaun ist bitter und zu wissen schwer.
Doch ganz verdammt ist erst, wer schlaflos liegt.

Da steht es nah, da greift es schrecklich her —
Erbarm dich, Nacht! Noch hofft die Menschenpein,
du stillst die Träne, wiegst das Mühsal ein.

XIII

Du stillst die Träne? Wiegst das Mühsal ein?
O Selbstverrrat, o kindlicher Betrug!
Du bist nicht die, die täglich kommt und klein:
Begehrte Gabe, wechselnd mit Entzug.

Was geht mein Ich dich an, verstört, allein?
Das bist du nicht, das bist du nicht genug!
Nein, allen Abendvölkern wirst du sein
die blutige Sichel und der schwarze Pflug.

Wenn du erst kommst, wird Jammer riesenhaft
und dir gemäß an deiner Seite gehn;
dir zu entrinnen, Wilde, ist kein Ort.

Du schlägst das Elend und du schlägst die Kraft,
du eilst, den Ungerechten wegzumähn
und nimmst vom Edlen Schmach und Ekel fort.

XIV

Ja, nimmst vom Edlen Schmach und Ekel fort,
doch gibst ihm keine Hoffnung, es zu wenden.
Verdorrt wird sein, was uns berief, verdorrt
die *Liebe* in des Menschen klammen Händen.

Des wüsten Kain vorbestimmter Mord
am Bruder wird den hellen Abel enden.
Und so erfüllt sich das geheime Wort:
Er wird den Schoß, der ihn getragen, schänden.

Wer könnte annoch dich besingen, Nacht?
Ich habe dich geschaut und dich bedacht.
Mich hat das große Grauen stumm gemacht.

O Nacht, die schrecklich in mein Dunkel schreit!
O Nacht, die mich mit Lust zum Ende weiht!
O Nacht, du holde, wenn auch finstre *Zeit!*

XV

Michelangelo: An die Nacht III

O Nacht, du holde, wenn auch finstre Zeit!
Du gibst den Frieden, treibst das Werk dahin.
Wer dich in sich fühlt, preist dich Königin,
wer dir die Ehr gibt, ist zutiefst gefeit.

Zuschanden schlägst du den Gedankenstreit;
wie schwarzer Nebel plötzlich lähmt es ihn.
Aus niedern Reichen nach den höchsten hin
führst du im Traum. Ich bin zu gehn bereit.

O Todesschatten, du befreist die Brust
von ihrer Feindin, von der Lebenspein;
ein Heil den Duldern und ein letzter Hort.

Dies arme Fleisch entrückst du dem Verlust,
du stillst die Träne, wiegst das Mühsal ein
und nimmst vom Edlen Schmach und Ekel fort.

ODEN

Künstler und Volk

(Vierte asklepiadeische Strophe)

Lebt *ein* Leib ohne Herz? Und du,
Volk, lebst ferne der Kunst? Adelst die Hände nicht,
die den Traum deiner Stirn, getreu,
binden an das Gesetz? Siehe die bildenden!

Wie? Du leidest, und Leid beraubt
dich, zu horchen hinab, wo das Geheimnis ruht?
Wann denn hätte nicht jeglich Leid
Ehr gezollt dem Gefäß, Ehrfurcht des Leidens Maß,

Ruhm dem Herzen? Du duldest, Volk:
Aber, bittrer allein, duldet dein Genius.
Not des Leibs, sie vergeht im Leib,
doch das Opfer der Kunst, da es vergeblich war,

kann nicht hingehn. Es zeugt, es weist
allem spätern Geschlecht stumm die Entartung vor.
Denn so leidet kein Hungernder;
und der Sterbende wird besser, fürwahr, erlöst.

Ach, ein Volk, das nicht hört, sein Herz
nicht mehr hört, ist vorbei. Jeder Altar versöhnt
den ihm eigenen Gott. Ein Rauch-
werk ins Leere ist Hohn, frevelnder. Denk es, Volk!

Mit halber Stimme

(Sapphische Strophe)

Nimm des Menschen Dunkelstes: *Dies* ist ewig.
Nimm aus weher Brust das Verlorne, hauch die
Scham, die Sehnsucht, flüstre das Weinen in die
Stille des Abends,

die Gedanken vor dem Entschlafen; alle
hingehauchten Worte der Herbstnacht, alle
einsam armen Wege, die Trauer und das
Ende der Liebe.

Wie ein Sturm ist menschliches Leid und wie das
ferne Spiel von Harfen; das tiefste aber
ist ein Strom: nicht strömt er von hier, er flutet
inner der Erde.

Nimm das Leid und mach es zum Liede: Welches
Lied ist süßer, welches mit Würde leiser!
Gleich dem wunden Mund der Geliebten, nachher;
oder dem kargen

Lächeln eines Sterbenden. Immer werden
an den Grenzen groß die Gefühle. Denn im
Übergang ist Weihe und Muß und jene
Todkraft des Opfers —:

Bittrer Becher, sei uns gesegnet! Ach, wer
leidet denn genügend — und wer denn wurde
je zu tief gehöhlt, dem die streng gespannte
Saite erbebte?

Klage um den Freund

(Sapphische Strophe)

Mitt' im Tod der Liebe auf Liebe warten!
Last der Erde, ganz mit dem einen Herzen
tragen, mit dem *einen* gepreßten Herzen,
unerhört einsam —

Singen, glauben, trotzen, verschweigen, fragen:
Wo beginnt die Schuld! Und wohin verströmt das
Große? — Schweigen. Bleiern verrinnt das Leben.
Aber die Wogen,

Flammen, Ströme fluten und brennen, steigen
unaufhaltsam! Ach, in des Weibes wahllos
offnem Schoß ist bald eine Heimat! Oder
Brosamen gibt dem

Geist ein Bettler. Aber der Starke kommt nicht:
dienend. Viele haben genommen: alle
vor der Größe retteten sich in Trägheit
oder Entartung.

Doch der Traum, lebendig aus Geiste und vom
Geist getrieben, kann — und er trotzt dem Schmerze —
nicht zurück mehr leiten die Flut, zurück nicht
nehmen die Liebe;

wie dem Weib geboten ist, ewig, ewig
auszustoßen Fleisch aus des wilden Schoßes
Krümmung. Alles Wirkliche muß sich Treue
halten und leiden.

Gäb ein Gott dem Kommenden Kraft! Und sengt die
Flamm sein Haupt und stürzt er, in Flammen Zeuge:
Dann, in Flammen, höherer Herzschlag, sag ihm,
daß ich ihn liebe.

An die Gefährtin

(Sapphische Strophe)

Stiller birg dich, fremd in die Zeit Verbanntes
ewiger Heimat! Hier ist die Treue, schuldlos
mitzuleiden, hier der Entäußrung letzte
Reife des Herzens;

hier ist, mitzufürchten das Schicksal — dunkler
drohend größrer Flamme — der Mut, zu lenken
durch den Sturm die Fracht und der Heimat ferne
Küste zu hoffen.

Aber da, dem Schoß der verhüllten Göttin
opfernd mit dem sterblichen Samen, lahm die
Kraft und brach der Acker des Fleisches blieb im
Stern der Verheißung:

Liebe griff nach anderer Frucht: gesät aus
Menschenleid, erblüht in der Näh des Todes,
gab dem Herzen Dauer durch dunkles Lied der
Mann an dem Pfluge;

wissend — o wer wüßt es wie er! — getilgt muß
werden und verweht auf der Winde Straßen:
Leib, der trug den heiligen Inhalt: Schale,
nie wieder füllbar.

Was du tun kannst, hast du getan. Du sagtest:
»Sei zuhaus!« Denn Irdisches birgt sich unter
Erde. So entsühnt es die Träume: So ver-
söhnst du die Götter.

An den Bruder

(Dritte asklepiadeische Strophe)

Nimm, wo immer du seist, Dulder verwandter Qual,
ob du kämpfst oder schweigst, oder wie ich die Nacht
um die bleierne Schläfe
und die Schwermut im Herzen trägst —

Über Schwund und Zerfall, über die Zeit hinweg
nimm, o nimm dieses Wort, Bürgschaft dem Wissenden.
Daß er ahne, ein Gleicher
lebt wie er, der dem Übel trotzt.

Ach, ein Zeichen mir gib, daß du mein Herz verstehst:
daß, was heilig uns ist, daß du es liebst wie ich:
Jenes Große, die Kunst und
alles Edle, das unterging.

Jenen Frühling der Welt, da in begrenzterem
Kreis die bildende Stirn schöner der Seel Gestalt,
tiefer ihres Geschickes
Maß und heiteren Frieden schuf.

Welche Hoffart im Wahn! Fühl, wie die Wüste wächst!
Eh ich sterbe, o nimm, nimm die getreue Hand!
Alles sonst ist für nichts, und
nichts errettet die Seele mehr.

Aus verlorener Welt zittert der bange Laut.
Bruder, habe den Mut, mein im Verlust zu sein.
Fühl! uns adelt im Sterben
gleicher Aufruf der Ewigkeit.

An die Jugend

(Sapphische Strophe)

Wie ein Wandrer, da er ins Haus tritt, abends
vor dem Tor noch einmal sich wendet, einmal
noch umarmt die selige Landschaft, eh die
Nacht sie ihm fortnimmt;

nach dem schönern Lande zurück, dem stärkern
Leben sich die arme, die furchtverfolgte
Seel zurücksehnt, horchend dem Schlag des müder
klopfenden Herzens:

also, Jugend, tiefer dich lebend, da du
fort bist, fort für immer, und liebend nun erst
ganz dich, schmerzvoll wie man nur Totes liebt, das
unwiederbringlich —

schau ich in verewigtem Glanze, dich den
milden Sinn des bittern Gesetzes, dich die
Freude, dich die Kraft und die Stärke, dich die
heilige Schönheit.

Immer wieder reift und wird süß im Wohlklang
herber Jünglingsglieder die klare Rückkunft
des Apoll, ersteht der Semele Sohn aus
trunkenen, braunen

Augen, wild und sanft wie der Blick der Hinde.
Unzerstörbar klingt eines Saitenspieles
ferne Lockung; wandelt der Stillverliebte
einsame Fluren;

rührt mit Macht den Alternden an dein Liebreiz,
daß am Schmerz des eignen Verlusts entzündet,
jener ach, den größeren Herbst der Menschheit
ahnt und erschauert.

Wo, dann klagt er, griechischer Frühling, bliebst du,
Menschheitsjugend, blaue, die Götter zeugte,
ehe der finstre Dämon des Leids die Lust am
Licht dir verderbte:

Tot die Götter. Leis nur die Spur noch ihres
heitern Maßes; einsam besungen, tönend
noch aus letzter Strophe, die Sehnsucht nachsingt
edlerer Urform.

Abschied von den Dingen des Dichters

(Alkäische Strophe)

An Mond und Träne, an die so süße Flucht
der Tage, mild gebogen aus Licht, den Rausch
um Wuchs und Welken, und an jenes
tiefere Da-sein der reinen Seele!

All ihr, des Singens wert, durch ein tätiges
und währendes Jahrtausend, ihr hattet Keim
und Recht und Zeit, und jede Zeit war
sicher genug einem breiten Liede —

Doch diese, reif zum Ende, hat nicht mehr Zeit,
und Zeit genug ging hin für ein breites Lied;
und jede Silbe ist zuviel und
stachelt die schwarze Begier der Schatten.

Zu wenig ach, ich einzelner ich! Sein Ruf
verweht. Was ist im Sturm denn ein krankes Herz?
Und weiße Stirn, anrennend wider
alle die Mauer aus niederm Leben?

Was ist, in wüste Welt, in den Aschenbrand
zum Sterben ausgesetzt, denn ein krankes Herz?
Lebt wohl.. Ihr werdet untergehn wie
ich, euer Mund, euer letzter Adel.

Blühender Baum vor Abend

(Sapphische Strophe)

Warmer Atem, wolkige Schaukel, Fruchtbaum,
blühend über zuckendem Antlitz! Also
quillt in Garben, Wolke aus Weiß, die Woge
Blut aus den Tiefen;

schwankt und steigt, die Bläue mit Blüten schlagend,
jetzt das Herz, das stumm aus der Furcht genommne:
Strahlend alabasternes Zweigwerk, Schaum aus
Adel und Ahnung;

hält den Traum empor mit den blinden Armen,
wilden Traum vernichtender Liebe, schwankt und
schlägt mit Duft die Bläue und welkt im
tieferen Abend —

Wie in Garben hangt unterm hohen Himmel
loh verblühter Baum oder nachtverlornes
Land, geeint in Wolken aus Blut, zu ruhn, zu
dunkeln, zu münden.

Baum im Frost

(Zweite und dritte asklepiadeische Strophe)

Wieder übers Gebirg steigt der gelassne Mond.
Von den Gräbern im Tal aufweht ein Klageton.
Doch die gläserne Schwinge klirrt
furchtbar oben im Haupt; seine Jahrhunderte

reiften raunend ihn. Lang, lange vor Haus und Furt
griff er fühlend hinab, wurde Geheimnis, war
groß und voll in den Sommern,
und Geschlechter umwogten ihn.

O der einsamen Furcht! O der Verlorenheit,
da auf Sinnen und Saft weiße Erstarrung stürzt.
Jäh ertaubt ihm die Wurzel und
unerbittlich hinab beugt ihn ein letzter Sturm.

Aus erfülltem Gelock schrecken die schlafenden
Vögel auf, ohne Rat, schwer in dem nächtlichen
Himmel schwebend, in wirren
Kreisen fern nach dem Mond entführt.

Das Werk

(Alkäische Strophe)

Den schweren Stein, vom Frühern geworfen, hob
und warf ich. Dort, wo hinfiel der schwere Stein,
schlug arme Spur der Wurf und war ein
Mal, trotzdem, in der großen Erde.

Nach mir ein andrer geht an den schweren Stein,
hebt auf und wirft und sinkt, und ein andrer kommt
und wirft, und immerzu geht so der
wirkende Wurf um die große Erde.

Der wirft ihn einen mächtigen Menschenraum,
der selbst für Menschen Nichtiges, jener trägt
ihn wenig Ohnmachtsschritt und sinkt mit
Trauer hinab in die große Erde.

Ist dies gesetzt, bis einer zum letztenmal
ihn wirft, und weh, kein Starker ist hinter ihm,
der Trotz genug hat, fortzutrotzen
königlich, gegen die große Erde?

Wofür auch war es dann? Und der schwere Stein,
vom Mut des Menschen, Leiden des Höhern schwer,
verrät nichts, liegt — bis wieder neue
Götter entsprießen der großen Erde?

Der Miniaturmaler

(Alkäische Ode)
Für Dr. Friedrich Sacher

Ich male feine Falten auf hoher Stirn.
Des Tieres Pelzwerk, sichtbar in jedem Haar;
der Gräser nahes Wunder: Jeder
Halm eine Welt und wie Sterne seltsam.

Mein Pinsel liebt das Zarte: Die Einzelheit
verschlungnen Schnitzwerks, wolkiger Maserung
Legende und die edle Wirrnis
farbiger Fabeln im bunten Marmor.

Nur Ehrfurcht zwingt mich, und sie verherrlichet
geringes Ding und hütet der Liebe Flamm.
Ach, meine Hände wissen um die
Ohnmacht, den Irrtum der großen Taten.

Ist nicht des Sinnbilds wilder bewegter Welt
genug in herb gefalteten Mundes Mal?
Zuviel nicht in beschattet dunklem
Aug einer Träne Geleucht dem Weisen?

O süße Schranke! Nicht in den Himmel greift
ein wilder Arm; doch schweben erhaben noch
um diese zeitverlorne Schläfe
untergesunkner Gestirne Schatten.

Kaisergruft

(Sapphische Strophe)

Schweig! Besinn's! Tritt ein in die Nacht! Gesetzt ist
hier dem Weg ein Ziel. Was befahl, beschied sich,
und was groß war, ruht: Das gekrönte Haupt und
alle die Händ' der

Taten, Schwert und Kreuz, überkommne Kraft des
Zepters, Schlacht und Sieg, und der Fahnen wilder
Schwung, und Schild voll Prunk, und des Adlers erz- und
erbliches Zeichen.

Düstrer Sarg zu Särgen: und trägst doch, starrer
Schädel, noch die Krone? Ja, Staub, er wird zu
Staub. Doch Fürst bleibt Fürst. Nur die Bettler sterben
ganz, mit dem Fleische.

Gingen Bettler denn, wenn die Könige blieben?
Darum müssen Fürsten hinab, weil jenen
Schwachen nichts gelang als ihr Fleisch, dies Wuchern
zwischen zwei Dunkeln.

Wer kann sagen, Tod sei gerechter oder
anders nur als Leben — Und plötzlich wäre
Auftrag nichts, und Unterschied nichts, und Adel
gleich der Entartung?

Nein, kein Tod gleicht aus. Die verwandelt ruhen,
sind wie hier: für ewig. Ein jeglich Zeichen
bleibe! Unerbittliches Maß: Der Ehrfurcht
wie des Vergessens.

An den antiken Vers

(Sapphische Strophe)

σὺ δ'αὔτα σύμμαχος ἔσσο *(Sappho)*

Bogen, groß gespannt über Meer und Inseln,
Herzschrein, holder, adlig Gefäß des Lichts, ge-
geben jener lieblichsten Stimme, die dem
Abendland vorsang:

Der du, unversehrt im Verfall der Zeiten,
und im Ausgang Richte dem Sänger, fernher
bliebest, was du warst: der verwaisten Größe
Wappen und Zuflucht —

Der du in den Urgrund zurück und über
vieler Völker Sprachen hinaus, hinan das
Wort in letzte Heiligkeit hebst, bis an die
Lippen der Götter —

Der du ruhig führst durch den Schrecken, durch das
Übermaß der Welt, wie den Blinden eine
sichre Hand; nach deinem Gesetz, und keinen
Schritt ohne jenes:

Komm auch mir! Komm heut und erlös mich Armen
aus der Drangsal! Füll mir die Brust mit jener
Fülle Heimat, die sie begehrt. Sei wieder
Bruder im Kampf mir!

An die Göttin des Wortes

(Dritte asklepiadeische Strophe)

Oder Tagbrauch, er will und nimmt
dich wie eine Gekaufte.
Aber furchtbar erfährt deinen geheimen Leib,
wer dich liebt, und dem Gott nah, dich erleiden darf.

Immer haßt dich der Knecht, weil in der Schändung noch
unnahbar du ihm bleibst. Er, der dich schwächen will,
wird am Stammeln des Halbtiers
seiner Ohnmacht zutiefst gewahr.

Nur dem Starken gebierst du,
da du ihm dich ergibst, den Sohn.
Anbegonnen im Blut, endend in Göttlichkeit,
und aus Schicksal geformt: größer das Menschliche.

Geist und Leben

(Variante der sapphischen Strophe)

Daß wir sind, ist wenig. Das fraglos Sichre
steht nicht beim Menschen. Was für ein Gott verbürgt denn
unsre Wiederkehr? Freilich
sind da die Mütter, verhüllt

und von unten: stark, zu gebären. Aber
auch die Väter wirken: zu töten, zu sinnen.
Und uns wirft nur die Kraft des
Feindlichen fiebernd in eins.

Weib, der Erde verschworn, und Mann, die Stufen
fügend hinan in göttlich Fernes: So glücke
groß dem Zwiespalt die Mitte,
dauernd das unsre, der Mensch!

Der du ordnend es nennst, versunkner Sänger:
Held und Mutter zugleich, gerecht an Schöpfers
Statt, ermächtige keines!
Binde den Streit, oder stirb!

An den Wurzeln

(Dritte asklepiadeische Strophe)

Schicksal: Keines umsonst, das aus den Müttern stammt;
und vergeblich nur eins ohne dies Irdische.
Denn daß bleibe der Mensch und
dauere, tragen die Mütter es.

Klebt am Lorbeer nicht Blut? Zündet nicht Ruhm den Brand,
der die Erde zerstört? Aber den Müttern bleibt,
still zu sühnen den Frevel,
bleibt ihr Schoß, von dem Makel frei.

Wie denn lebten sie sonst über den Tod hinaus,
länger als ihre Frucht: als die Gefallenen?
Ewiger Mut zum Verluste
nährt das wilde Bereich der Tat.

Nicht die Brüste allein, nicht der bereite Mund:
Das Erfüllte zutiefst: Waage, ein schwebend Sein
sind die Mütter; sind Brot und
Krug, und Stille und Traum und Grab.

Immer säen sie groß aus unser nacktes Herz,
daß es leide und lern. Unbeirrt schreitend hin,
heilig, über den Acker
Erde, wie meine eigne schritt.

Wollen Götter ein Volk strafen, so fügen sie,
daß ein irres Geschlecht seinen Beginn verwirft:
Kron und Leiden der Mütter.
Dies ist Nacht. Und es fällt dahin.

An den Wein

(Dritte asklepiadeische Strophe, mit rhythmischen Besonderheiten)

Du, den feurig der Gott weckte am herbstlichen Hang,
sieh, dein Sänger ergreift tiefen Blickes das Glas.
Ach, du schimmerst ihm wieder,
klar und aller Geheimnisse voll.

Wenn er jemals ein Glück bis zur Wurzel gefühlt,
war es glühend der Strom, welcher wie Sühneblut
sich dem seinen vermählte,
daß er dunkelster Nacht vergaß.

Sonst ein elender Mensch, dem das Leben den Fuß
auf den Nacken gesetzt, müde der Tat und des Worts,
war zum Spiel er den Winden
und dem Flug der Vögel zum Spott.

O daß du die Gewalt gibst der Seele zurück,
die einst den Jüngling gespornt, größer als groß zu sein,
mit den Wolken zu fliegen,
die kein Schatten der Erde schwärzt.

O daß du sein Gedicht, das ihm die Qual gebar,
näher zum Traum hinführst, näher dem zeugenden Quell,
und im Rausche vollendest
Eingang in das tönende Licht.

Dank dir! Dank dir und Preis! Der du den reifsten Sinn
dieser schwankenden Welt deinem Sänger enthüllst,
wenn er trunkenen Leibes
aus der Wirrnis flieht an des Gottes Herz.

Vor Nacht

(Alkäische Strophe)

Ihr Brüder, stille, tote, zerstreuter Staub
erhabner Manen — wehe, es war umsonst.
Doch hat ein mildres Zeichen euch, die
Ältern bewahrt, und ihr ruht darüber.

Ihr *schautet* es. Wir aber, die Wenigen
des irren Heute, müssen es knirschend *sehn;*
mit Augen Leibes: Ja, die Frucht ist
reif und im Frevelhauch rund geworden.

Und Adel, Opfer, Kunst: O umsonst gesagt
all dies! Besiegte Sieger, sie schweigten uns.
Denn wir, nein: ich, mit euch allein, wir
hatten zu Großes und sonst nichts: Sprache.

Vorbei für euch! Doch ich, in mein Teil vertraut,
an gnadelosem Schicksal geschult, ermannt
zu gleicher Sendung, schweigend, hart, ge-
schient noch vom eigenen Anteil Kampfes:

Ich darf euch zeigen, wie man die Nacht empfängt.
Hochauf! Mit dargebotener Brust und klar
das letzte Antlitz hin ins Nichts, ins
Leere gesammelt: bewußt .. stolz .. traurig.

De morte

(Sapphische Strophe)

Geht und schweigt mir, dürftig- und feile Sänger!
Kürzt den Taumel, kürzt das verlogne Tanzlied!
Gebt zurück, durch Schweigen zurück die Größe
jeglichem Schicksal!

Ihr, die alles Denken geschändet: Tief denkt,
wer den Tod denkt; tief, der Gedanken tiefsten.
Maß der Dinge, er nur erlaubt, das schwanke
gültig zu messen.

Ewig zwar besiegt, doch das Schwert des Geistes
schlägt nach ihm, dem Herrn, nach des Schwertes Hämmrer.
Abwehr, traumhaft kühne! Du spannst der Hoffnung
fürchtige Flügel.

Aber nicht Verbundenheit, gläubge, noch des
Wissens Heldenschwäche — O Mut des Menschen! —
ja der Sprache göttlicher Speer nicht, trifft den
Schrecken des Fleisches.

Trost der Zeugung — Trost? Im Gezeugten welkt er
und im Zeuger, da das Geschaffne hingeht.
Aber sie, die Weisheit der Kunst? Ein Lächeln
ach, der Verzweiflung.

Denn gemacht von Menschen für Menschen ist die
Kunst und jede Weisheit. Der Tod ist immer.
Bloß — o Glück! — noch leben wie Blumen blindlings
Kinder und Gute.

Sache des Sängers

(Variante der sapphischen Strophe)

Teil des Helden ist es, zu sterben; wie es
Teil des Knechts ist, zu bleiben. Ihm indessen,
dem ein tieferes Leiden
unsre Gestirne enthüllt,

ist verhängt der Ruf, die Klage, die Mahnung.
Und der Seher düstrer Gesichte prüft am
Leid, das folgt, seine Gabe,
mißt seinen bittern Triumph:

»Was geschieht, lebt wilder denn das Geschaute.
Wo ein Herz schlägt, wird es gebrochen. Jede
Welt gebiert sich aus Morde.
Und: Die Vergänglichkeit siegt.«

Ihm befiehlt zu reden die Trauer, ihm der
Würde Hingang zu weinen; stet und ob auch
jener Stimm oder Träne
Kranz in die Finsternis fällt.

Auf seinem Schild sterben

(Alkäische Strophe)

Ihr stillen Kämpfer edleren Vaterlands!
Bekränzt ihr euch? Die heilige Irrfahrt ward
noch nicht beendet. Unser Teil heißt
nimmer: Zu leben und heimzukehren.

Ein armes Dasein rettet sich ewig in
des feilen Tages feileres Erbe: Groß
ist nur das Opfer unser. Selbst die
Erde verweht und die Götter sterben.

Doch Dauer hat der Tod. Die Vergeblichkeit
hat Dauer. Dauer hat, die uns hüllt, die Nacht.
Zu fragen ziemt uns nicht. Uns ziemt zu
fallen; jedwedem auf seinem Schilde.

DIE GROSSEN TOTEN

Fragmente zum Zyklus »Heroen«

Ein glückliches Leben ist unmöglich:
Das Höchste, was der Mensch erlangen kann,
ist ein heroischer Lebenslauf.

Schopenhauer

An Sappho

Du teure Frau! Ich schreibe dir — es ist
in tiefer Mitternacht, so schreibt man nicht
bei Tag — ich schreibe dir, als ob ich dein
Geliebter wäre. Wohl, dies Wort ist hart,
wir leben hier in einem kurzen Tag
und ohne Meer vor uns. Ich schreibe dir
hinab durch zweieinhalb Jahrtausende.
Das Wort »Geliebter«, nimm es, Schwester, hin!
Uns ärmerm Volk ist »symmachos« versagt
als Wort. Wir müssen deutlich sein. Du weißt
trotzdem, geliebte Frau, wie sich mein Herz
dir hinneigt: Vorbild, ohne das ich hier
nicht atmen möchte. Jetzt, um Mitternacht,
— Pleiaden sind und Mond hinab ins Meer,
und du liegst stundenlang, o stundenlang
allein, nicht atmen möcht ich — trifft es mich
so tief: Allein wie du. Du bist schon längst
ein schöner Stern. So schön, wie keinen sonst
das Abendland ernannt: Ein Glück für mich.
Denn meine Liebe wäre sonst verbannt
und schriebe diesen Brief ins Firmament
ganz ohne Sinn. Du aber lebst ja dort.
Geliebte Schwester! Teure Frau! Solang
es Menschen hier gibt (freilich schmilzt die Saat),
es Menschen hier gibt, will ich Wache stehn
und Sorge tragen .. Nichts, ach nichts, ich weiß,
bringt deine Schönheit wieder. Laß uns schön
und tapfer sein. Die Schönheit ist so stark
wie nichts in dieser Welt. Geübte Frau,
du warst so schön, du bist es. Ohne Meer
und Farben sind wir tödlich arm. Der Saum
von deinem Kleide wäre Sprüche wert —
So *rede* doch! Sag, warum sprichst du nicht?
Du bist verstoßen worden? Mißgetön
der Sprache scheuchte dich? Verzeih es uns:

Ich will dich retten, lieblichste Gestalt,
mit allen Fasern retten durch die Nacht
der Herzenstode. Heilig lieb ich dich,

unsterblich schöne Schwester! Aphrodite!

Alkaios, der Dichter

(Alkäische Ode)
Für Fritz Weber

Allalles ausgelöscht, aus der Brust gezerrt
das Herz, im Fremdland, immer das Schwert zur Hand,
auf grauer Wanderschaft und gram der
heiligen Heimat, den Göttern singend

zum Waffenklirren fruchtlosen Sang: Die Schmach,
die, mich verratend mitten in meinem Volk,
den Zwingherrn dichtgedrängt umwogt mit
Lob, in der Stadt in der schwergeprüften.

O aufstehn hätt ich, sagen gewollt: Ein Mann
ist nötig. Sprechen, wie sich das Wort erhob
aus unsern Vätern. Doch die Scham ver-
band mir den Mund. Ich verschwieg es; leide.

Ja, vor die Hunde bin ich gegangen, in
die Irre; taumelnd wechseln mir Schuld und Nacht.
Jedoch vor meinem Hause, das mir
schimmert vom Erze geweihter Waffen:

Vor meinem Haus hin hab ich den Stolz gepflanzt.
Unbeugsam. Das geziemt zu vergessen nicht.
Denn vom Geschick ich bin gewollt als
Krieger, der singt. Und ich lebe, wenn auch

in Unehr, ich. Mein Heilkraut ist gut. Dem Leid
mein Kind, darf man die Seele nicht anvertraun.
Netz mir mit Rausch die Schläfen! Denn das
alte Gestirn schwingt herum. Nun gilt es!

Was klein ist, hab ich immer gehaßt; verehrt
das Göttliche, gekämpft und den Wein geliebt.
Im Nebel mich verlierend um die
Inseln, die ewigen, wo mit bunten

groß ausgespannten Schwingen — —

Q. Horatius Flaccus

Carminum Liber III/XXX

Exegi monumentum aere perennius
regalique situ pyramidum altius,
quod non imber edax, non Aquilo inpotens
possit diruere aut innumerabilis

annorum series et fuga temporum.
non omnis moriar, multaque pars mei
vitabit libitinam: usque ego postera
crescam laude recens: dum Capitolium

scandet cum tacita virgine pontifex.
dicar, qua violens obstrepit Aufidus
et qua pauper aquae Daunus agrestium
regnavit populorum ex humili potens

princeps Aeolium carmen ad Italos
deduxisse modos. sume superbiam
quaesitam meritis et mihi Delphica
lauro cinge volens, Melpomene, comam.

Horaz / exegi monumentum . .

(Erste asklepiadeische Strophe)

Herrscherlicher erhöht als Pyramiden sind,
länger dauernd als Erz, nimmer zerstörbar durch
Frost und Sturm, und der Zeit wahrlich nicht untertan,
hab ein Ehrenmal, ein ewiges, ich gesetzt.

Sterben werd ich nicht ganz. Nein, ein entscheidend Teil
wird entgehn dem Zerfall. Immer noch, immer neu
werd ich wachsen im Ruhm durch die Geschlechter, so-
lang als sichtbaren Brauchs gläubig noch Ehrfurcht lebt

und am häuslichen Herd heilig die keusche Kraft.
Wo mein Heimatstrom rauscht, wogenreich, ungestüm,
wo ein Königtum früh Bauern die Herrscher gab,
wird man rühmen dereinst, daß ich, wiewohl von Stand

niedrig, hier und zuerst, sang auf italischem
Grund äolisches Lied . . Rechne den Stolz dir zu,
den dir Leistung erwarb, und mit dem höchsten, dem
Kranz des *Sehers* bekrön, Göttin, mir Haupt und Haar!

Hiob

Vertilgt der Tag, an welchem ich geboren,
die Nacht, die sprach: Empfangen ist ein Mann.
Bei den Gedanken nächtlicher Gesichte
kam Furcht mir an und Trauer kam mir an.

Vom Morgen bis zum Abend, also sind sie
zerschlagen, unvermerkt sie kommen um.
Sie sterben, und es dienet nicht zur Weisheit.
Warum —

warum nur starb ich nicht im Mutterleibe,
warum war nicht der Mutterschoß mein Grab?
Die Tage schwinden hin, umsonst, und rollen
geschwinder als die Weberspule ab.

Warum denn kamen Kniee mir entgegen
und Brüste, daß ich daran sog? Wozu?
Nun läge ich, ja läg und hätte Frieden
und schliefe, schlief' und hätte Ruh.

Dort lassen die Verdammten ab zu toben,
Gering und Mächtig sind dort einerlei.
Nicht hört mehr der Gefesselte den Treiber,
vom Herrn der Knecht ist frei.

Der Tod kommt nicht für sie, die seiner rufen.
Dem Bittern in der Seele scheint das Licht.
Vor meinem Essen kommen mir die Seufzer
wie Wasser aus den Höhlen dicht.

Ich fürchtete das Schrecknis, und es traf mich.
Ich schabte mit der Scherbe mein Geschwür.
»Hältst du dich für unsträflich, annoch? Lästre
doch Gott und stirb!« So spricht mein Weib zu mir.

FRANCESCO D' ASSISI

Altissimu onnipotente . .

Altissimu onnipotente bon signore
tue so le laude la gloria e l'onore e onne benedictione
a te solu altissimu se confanno
e nullu homo ene dignu te mentovare.

Laudatu si mi signore cum tucte le tue creature
spetialmente messer lu frate sole
lu quale lu iorno allumeni per nui
e ellu è bellu e radiante cum grande splendore:
de te altissimu porta significatione.

Laudatu si mi signore per sora luna e le stelle
in celu l' ài formate clarite e pretiose e belle.

Laudatu si mi signore per frate ventu
e per aere e nubilo e sereno e onne tempu
per le quale a le tue creature dai sustentamentu.

Laudatu si mi signore per sor aqua
la quale è multo utile e humele e pretiosa e casta.

Laudatu si mi signore per frate focu
per lu quale n'allumeni la nocte
e ellu è bellu e iocondu e robustosu e forte.

Laudatu si mi signore per sora nostra matre terra
la quale ne sustenta e governa
e produce diversi fructi e colorati flori e herba.

FRANCESCO D' ASSISI

Sonnengesang

O höchster, guter und allmächtiger Herr!
Dein sind die Lobeswort und Ruhm und Ehr,
die Preisung groß und Preisens Wiederkehr,
und sie gebühren dir allein.
Kein Mensch mag, dich zu nennen, würdig sein!

Gelobt sei du, mein Herr, mit Art und Zahl
von aller deiner Kreatur, zumal
mit deinem edlen Bruder Sonn, ihn hast
entfacht für uns, den Tag zu fülln mit Glast,
und ist so schön und strahlt mit starkem Glanz
und trägt von dir die hohen Zeichen ganz.

Gelobt sei, Herr, durch deine Schwester Mond,
und durch die Sternenschar, die oben wohnt,
von dir am Himmel fügsam ausgestreut
mit Klarheit, Schönheit und mit Köstlichkeit.

Gelobt sei, Herr, durch Bruder Luft und Wind,
als die so wolkenhaft wie heiter sind,
durch jegliches Gezeit, das schwillt und fällt,
mit Trank und Speisung dein Geschöpf erhält.

Gelobt sei du, mein Herr, durch Schwester Flut,
die ist viel nützlich, keusch und demutgut;

durch Bruder Feuer, Herr, gelobt sei so,
der unsre Nacht erleuchtet lichterloh
und ist voll Macht gewaltig, schön und froh.

Gelobt sei, Herr, durch unser Mutter Erd,
die träget uns und leitet und ernährt
und bringt hervor an Früchten manche Art
und Gras und Kraut und Blumen farbezart.

Laudatu si mi signore per quilli ke perdonano per lo tuo amore
e sostengo infirmitate e tribulatione:
beati quilli ke le sosterrano in pace
ka da te altissimu sirano incoronati.

Laudatu si mi signore per sora nostra morte corporale
da la quale nullu homo vivente po skampare:
guai a quilli ke morrano in peccato mortale:
beati quilli ke se trovaràne le tue sanctissime voluntati
ka la morte secunda non li poterà far male.

Laudate e benedicete lu mi signore e rengratiate
e servite a lui cum grande humilitate. Amen.

Gelobt sei, Herr, durch jene, die verzeihn
aus Lieb' zu dir und dulden Nichtigsein
und tragen Drang und Trübsal in Geduld:
Glückselig sie, sie sind in Friedenshuld.
Sie werden in die Krone dein zuletzt
von dir, o Höchster, ewig eingesetzt.

Gelobt sei du, mein Herr, gepriesen, Gott,
durch Schwester unser, Bruder Leibestod.
Kein Lebender vermag ihm zu entfliehn.
Weh, trifft es in der Sünd des Todes ihn!
Den Sel'gen, die in *deinem* Willen ruhn,
kann jeder andre Tod kein Leids mehr tun.

Lobpreiset meinen Herrn und sagt ihm Dank
und dienet ihm mit großer Demut. Amen.

Michelagniolo

Ich diente vielen Herrn und diente nie.
Kein Ruhm der Erde macht die Unbill quitt.
Ich schuf des Moses erdgewaltiges Knie
für mich allein. Genug. Ich schuf und litt.
Ich lebte von der Glut, die mich umglitt.
Jedoch in meinem Feuer starben sie.

Ich ging in Trotz bis an den Rand der Nacht.
Sie wollten, Lumpe, Neider, Molch und Wurm,
den Sturm aufhalten und bestehn im Sturm.
Sie hoben ihre Kerzen, flink entfacht,
indes von Blitzen bebten Dom und Turm,
und schrien: Das Licht, es ist von *uns* gemacht.

Drei Leben lang war ich mit mir allein.
Der Sturm zerstob, so blieben Qual und Pein.
Nichts sehn, nichts hören: Letztes Glück. Genug:
Solange Schmach und Schande hier gedeihn,
lieb ich zu schlafen, völlig Stein zu sein,
gleich all dem Stein, aus dem ich Träume schlug.

Hölderlin!

(Alkäische Strophe)

Dein Name, sanft, dem Pflanzlichen anverwandt,
verstört uns, uns ins Tier hin Gewendete.
Wie sollten wir denn deiner zarten
Reinheit begegnen als silbern pflanzlich?

Wir haben lange wenig von dir gewußt,
und spät erst nahn wir deiner, der schönern Welt.
Du bliebst den Größen fern, und ferne
warst du dem Spiel, das die Kleinen treiben.

Du weißt, Erlauchter, eine sehr wirre Zeit
stand gegen dich. Die Zeiten sind immer wirr.
Es lehrt Erfahrung bald den Edlen
denken: Von unten ist keine Heilung.

Du kommst von unten nicht und von außen nicht.
Ein ernst Gesalbter magischer Sprachgewalt,
bewegst du uns das Herz, und herrlich
stehst du im Schwur, der den Abend heiligt.

Uns Deutschen bist du, was man das Deutsche nennt.
Von oben bist du: Schön wie die Götter und
auch grausam wie die Götter. Schicksal
kündet dein Mund. Denn das Blut will Blutes.

Du Dunkler, langsam wirst du uns hell. Apoll
wird langsam unser. Königlich sind seit dir
die deutschen Verse. Königlicher
leiden wir jetzt an den untern Mächten.

Und königlich durch dich, unternehmen wir
das Deutsche wieder. Aber gesät hast du.
Du hast gestiftet. Denn das Wahre,
Wirkliche stiften mit Schau die Dichter.

Es sei dein Leiden deshalb uns aufbewahrt
wie eine Krone: Dichtestes deutsches Deutsch.
In *deinem* Schatten werden nie wir
sterben, Verklärter: Die Götter *leben!*

An Hölderlin

(Dritte asklepiadeische Strophe)

Hölderlin: O wie wahr blättert im Namen schon
dein Geheimnis sich auf. Zärtlichem Pflanzenreich
ist er holdest vermählt, die
Still' ist sein und die Amsellust.

Und ein sanftes Bereich frühester Gartenwelt
schlägt uns gleich in den Bann: Schöner als unsre Pflicht,
schön, wie einstens ein erstes
Menschenpaar durch sein Eden ging.

Schön wie niemals seither, schön wie der alte Klang
lesbisch grauen Gedichts strahlt dein enthobner Sang,
glänzt die magische Würde
deiner dunkel-geheimen Schrift.

Wie die Alten, so hast stärker das Leben du,
mehr am Leide gehabt. Und noch im Wahnsinn bist
ganz du treu dir geblieben:
Liebe stand an dem Anbeginn —

Doch es zeugte für dich freilich die Liebe auch.
Diotima, sie ging, ging ja wie du hinab.
Doch du lebst in den Herzen
deutscher Jünglinge, Jüngling, nach.

Unsern strengsten Kontur hast du gefügt, und ist
doch von Strenge kein Hauch; was da behutsam war,
muß es bleiben für uns. Du
hast das Leiseste groß getan.

Was am Deutschen Gestalt, was an ihm wirksam ist,
du auch hast es beschworn. Ewig so neigen sich,
Fernweh, wolkig Gewolltes,
dir die Kräfte des Vaterlands.

Du auch hast es geahnt, daß, was uns Vaterland
heißt, das Abendland'ist. Du übernahmst es ganz.
Ob Apoll oder Christus:
Du erfühltest, was not uns tut.

Aufbruch wieder ist nun, da du uns führst, es ist
deutsche Zeit. Und so war keine wie diese deutsch.
Führ uns, Genius, spür schon,
wie Gefallne dir jauchzen, Held!

An den Genius Friedrich Hölderlins

(Sapphische Strophe)

Einmal noch dies Bild: Wie die zarten, stillen
Vögel über purpurne Flut heraufziehn,
näher schon mir Einsamen, nah schon, daß ich
deiner gewahr nun,

rauschen hör' wie Sturm die verschwebte Schwinge,
die sich aufhob hehr von der Insel, irr in
unserm Meer, doch heilig, zu deuten: Meins und
jedes Geschickte —

So ein größres Leben beschwörend, an der
Flamme dein sich mächtig entzündend, fortan
stolz von dir zu zeugen gewillt, gewillt zu
Liebe und Wohllaut,

da noch immer nicht der verarmte Erdkreis
dich zu fassen, dich zu erschaun sich anschickt,
immer noch, in wildre Geschäfte nah ver-
strickt, der sich Mensch nennt,

störrisch leugnet, er zu sein: Bruchstück, aber
eins von jener traurigen Schönheit, Schönheit
hohen Standbilds, das du gestiftet, eh es
Götter zerschlugen . .

Vor der Maske Ludwig van Beethovens

Seid umschlungen, Millionen!
Diesen Kuß der ganzen Welt!
Brüder, überm Sternenzelt
muß ein lieber Vater wohnen.

(Schiller)

Erschreckend offenherzige Maske, nicht
des Leibs Verfall, daran du nebenher
gemahnen magst, erschüttert hier zutiefst.
(Es sind uns manche Masken aufbewahrt,
der Größe Mal wie der Vergänglichkeit.)
Was hier zur Pein wird, ist der Hintergrund
der starren Züge: Nur nach außen hin
hat sie der Tod gebändigt, fast geklärt.
Denn alle Klag und Anklag dieser Welt
steht hinter diesen Zügen auf und *bleibt.*
Die eingedrückten Augendeckel schrein
die Marter und die Qual der Kreatur,
es weidet sich an ihrem wilden Schrei
das Wilde in sich selbst, die Grausamkeit
der breiten Nase. Jener große Mund,
zerpreßt vom Urgewicht der Traurigkeit,
vertritt im Tod, wie so im Leben nie,
den Menschen in der Kelter — Wo ist Gott,
wo ist da noch Musik . .?

An den Genius Franz Schuberts

(Alkäische Strophe)

O welche Botschaft, hört! Eines Gottes Kraft
spannt seinen Bogen über die dunkle Welt
und formt den Himmel heitrer Anmut
einmal noch über uns Erdgeborne.

Schubert erklingt: O kindlicher Genius,
wie hat dein Adel dauernd das Leid besiegt
und eine büttelgeist-beengte
Zeit uns verklärt als die gute alte.

Nun brennen wieder heilig die Kerzen auf
im weihevollen Raum, und die Hände dein,
der holden Herrin dienend, treibt es
zärtlich erglüht über Sait' und Taste.

Und wieder rettest du vor Dämonennacht
— wie schlägt sie dunkel durch! — unser armes Herz.
Und nichts als Liebe sagen deine
schuldig unschuldigen Schöpferhände.

Wie du das Antlitz aufhebst zu uns, versinkt
das bittre Gestern ganz, und ein Tag, zeitlos,
hebt an und singt: Wir dürfen wieder
frei und erlöst und als Menschen leben.

An die Droste

Paraphrase auf das Gedicht:
„Am letzten Tage des Jahres"

Jäh aufgewacht
im Augenblick der tiefsten Rast —
Und wieder: Sterbemelodie!
Jungfräuliche im Grase, sieh,
sieh, was du uns geboren hast
aus deiner Nacht!

Es wuchs zuletzt
bis an den Himmelsrand, es lief
im Herzen aus mit Graun und Graus —
Hast du's geschaut so weit voraus,
weil, kurzsichtig, dein Auge schlief,
dies: Jetzt, jetzt, jetzt?

Du, heimgesucht!
Geburt der Angst, wie anders als
aus einem Herzen, rein und voll
hättst du's vollbracht, wie anders soll
erfüllt sein unsres Sündenfalls
verfluchte Frucht?

Dein Menschentum,
soviel es ahnte, weint' und schrie,
noch gnadbewacht, noch fest im Grund:
O Herr, ich falle auf das Knie,
sei gnädig unsrer letzten Stund!
Die Zeit ist um.

ZWISCHEN GÖTTERN UND DÄMONEN

Vierzig Oden

Leitwort

Non coerceri maximo,
contineri minimo,
divinum est.

Hölderlin / Hyperion

I

1 (Alkäische Strophe)

Wie durft er hoffen, daß ihn die Götter jetzt
noch nähmen, wo er frevelnd sie totgesagt?
Und lebten sie, wer kann denn gegen
ihre geheimen Gesetze aufstehn?

Sie sind nicht mehr? Und sehen doch ehern zu,
wie jener hertritt vor die zerstörte Burg,
das Lob der Menge um die einstens
stolzen, von Ehrgier entweihten Schläfen?

Und einer ihrer, welchen sie dunklen Munds
den Löser nennen, hebt die Vollstreckerhand
und gibt das Zeichen. Was zu lösen
nimmer erlaubt, es zu tilgen, schlägt er

mit Nacht die Stirn. Heimfällt sie vor ihrer Zeit.
Den Göttern ist genügt, den Dämonen auch.
Es siegelt ein *gewesnes* Haupt der
Lorbeer. Die Menge bemerkt es nicht mehr.

2 (Variante der sapphischen Strophe)

Frei ist nicht der Empörer. Nicht dem kindisch
schrankenlosen Gewirk schenkt sich das Menschliche.
Ihn aber frißt die Zeit, der sich ängstlich beugt
in die geschaffenen Gesetze.

Ohne Anstoß lebt der Redliche. Wem schon
ist sein Tagwerk zuleid? Seine geringe Lust
bleibt ohne Buße. Nur den Gesendeten
umtobt der Haß, und völlig sühnt er.

Männer macht das Schicksal: Der Knecht hat keines.
Eingeborenen Tods würdig ist nur der Held.
Er trägt ihn in der Brust wie ein heilig Herz,
und ihn gestorben sein ist alles.

Nichts hier zurückzulassen, ganz den Göttern
untertänig zu sein! Freilich, es rächen auch
noch diese letzte Freiheit die Himmlischen,
und fühllos wandern die Gestirne.

3 (Dritte asklepiadeische Strophe)

Was denn nimmt er hinab? Noch seiner Manen Trost,
wohlfeil wurde er ihm. Jene entblößte Zeit
ließ dem Opfer kein Recht mehr.
Doch er stirbt, wie ein Tapfrer stirbt.

Schrecklich ist für ein Volk, ohne den Gott zu sein,
schrecklicher, wenn der Gott seinen Geweihten flieht
und die herrliche dunkle
Sprache hingeht, dem Tag zum Fraß.

Der die Ordnung besang, treu in verwirrter Zeit,
wußt es nicht mehr, wofür Mund sich an Mund erhob.
Seinen Sternen verhaftet,
geht er ein in die lange Nacht.

Dort ist Sieg und Vergleich. Was er im Geist getan,
büßt er füglich im Geist. Denn nur der Tote ist
ganz im Geiste. Dem Leben
bleibt nichts. Ehrt die Unsterblichen!

4 (Sapphische Strophe)

Was sie aber planen mit uns, verbirgt sich.
Und wir schaun als Untergang, was sie drüben
Anfang nennen. Wahrlich, im Sturz noch, in der
Strafe begleitet

eifernd uns ihr lenksamer Blick. Sie leben
ja von unsrem Schicksal, als edler Speise,
wie *wir* leben, länger nicht Tier: An ihre
Größe zu glauben.

Immer muß der Sterbliche, kämpfend, leidend
sich bemühn. In unseren Schlachten sind sie
und in unsern Tränen verborgen. Dieses
Trennende bindet.

Weh dem Mund, der ihrem Geheimnis nah schon,
Eins verriete! Weil sie uns fern sind, sind wir.
Weil wir Ehrfurcht *brauchen* und Dunkles, darum
lallen die Dichter.

II

5 (Dritte asklepiadeische Strophe)

Glückgebürtiger Mann, heb nur den Arm und zeig
deines runden Bezirks übermächtigen Kreis;
zu verleugnen die obre
und zu spotten der untern Welt:

Was dein Wolfslachen dröhnt — Narr, in der Waage schwebt
dein und jedes Gesetz — wirst du zurand im Traum
weinen, abweinen müssen;
lernen wirst du, was fürchten heißt.

Niemand, der dem entrinnt. Denn das Entsetzliche
wird geboren vom Muß jenes Gesetzlichen.
Zugelassen ist alles
Dunkle, ja das Geheimnis des

Bösen hat noch Gewalt weit in den obern Raum.
Doch dem Engel nicht mehr: Dem in der Mitte ward
dort die Frucht: Seine Erde
wegzubüßen: erlöst zu sein.

6 (Alkäische Strophe)

Was je an uns die Himmlischen taten — und
sie einzig sind es, die uns unkränkbar treu
aus jedem Läppischen des Sturzes
auf in die Schönheit der Mitte heben —

Wie haben wir es ihnen gelohnt? Ach wir,
wir wollen nicht, wir wollen uns nicht. Wann ist
denn uns aus uns ein Schritt, zu uns, zum
Menschen geglückt? Wie Betrunkne torkeln

wir seitab, vor, zurück. Einen Augenblick
nur sehn die Götter weg: Und wir fallen schon
hinab und an die Untern heim. Da
fühln wir die Schuld, aber schmähn das Leiden.

Die Obern freilich gehen uns nach und ziehn
uns leise wieder, liebender noch, an sich.
Von unsrer Schmach gespornt, erhöhn sie
einen der Unsern. Der folgt und führt uns.

7 (Sapphische Strophe)

Ihn verlockt das Mögliche nicht. Dem Uner-
hörten wirft sein Herz ohne Wahl, dem Fremden
sich sein dunkler Sprung in den Schoß. Er geht, und
geht uns verloren;

horcht, und hört nichts mehr: nur die Stimme; sieht, und
hat das unerreichbare Inbild; redet
durch. Und also kommen die Götter. Keine
Erde berührt sie.

Denn er selbst ist ferne der Erdzeit; schwerlos.
Held nicht: Jenen formt ja Gesetz der Notwehr.
Er ist heilig: kindlich verfangen in sein
stolzes Geheimnis.

Wie ein Stern, ein Sturm geht er hin. Er bleibt nicht.
Was er litt, wir wissen es nicht. Wer war er?
Dennoch muß die Liebe ihm nach. Die klärt es,
wenn er vorbei ist.

8 (Glykoneen und Pherekrateen)

Alles aber vom Menschen ist
Stückwerk; nämlich er selber
ein unendliches Bruchstück, nie
fertig, nie zu vollenden.

Wehe, wenn, der vorausgeht,
nach dem Eignen zurück, zurück
nach dem Unsern sich kehrte,
wieder elend daheim zu sein:

In Verzweiflung geworfen
— denn wie *lebt'* er nur *einen* Tag
seine großen Gesichte? —
stieße nachtwärts der Makel ihn.

Gütig hieß' er den Wahnsinn noch
oder priese den Tod als
letzte Wahrheit. Der freilich nimmt
alles. Auch den Verlornen.

III

9 (Alkäische Strophe)

So wäre keine Weisheit uns ganz geschenkt?
Und unser Schrecken ginge uns nach bis an
die Stund des Sterbens? Hier noch einmal
alle Verworfenheit bitter sammelnd?

Was hilft es, Held zu sein, wo der gleiche Tod
ihn endlich nimmt, nur freilich ein schwärzerer,
ein Tod, vermehrt um dies Vergeblich,
drinnen gleich aufgehen Ruhm und Leiden?

Wer blickt ein Kind noch, blickt eine Blume an,
und ihm verkrampft sich nicht das verstörte Herz?
Wer will noch Gott, die Götter mitziehn
in den Verlust? Oder ist dies alles

vom *Leben* her gesagt, und des Lebens Angst
benimmt den Hinblick auf ein enthobnes Dort?
Wer weiß dem zahllos zahlberauschten
Mann eine Antwort? Wer *darf* ihm reden?

10 (Vierte asklepiadeische Strophe)

Der erlischt seiner Not, geht fort.
Der Verlorene *hier* muß es auch drüben sein.
Wie er niemals gelebt, des Tods
Ehr vollendet ihn nicht. Weil ja die Toten wie

wir, von oben gewollt, wie wir
Ehre haben: bloß mehr Dauer und mehr Bestand.
Denn ihr Mangel ist längst gesühnt,
und sie ängstiget nichts, da sie verwandelt sind.

Ihre mächtigen Reiche zwar
reichen wirksam herauf. Sie doch berühren nicht
unsre Speise und unsern Trank,
also daß über sie keine Gewalt uns ward.

Körperlose Gestalt, so sind
sie den Himmlischen fast ähnlich: Wie diese fern
unsrer Tränenlast, standbildhaft
durch die Zeiten gereiht, und wie die Kunst geheim.

11 (Dritte asklepiadeische Strophe)

Duft, Ton, Farb: Uns erstickt alle die Wirklichkeit.
Götze, wurde der Tag Hoffart der Bildenden.
Also hoben das kalte
Ding sie kalt auf den Thron der Kunst.

Wohin steuert ihr denn, lähmend Beflissene!
Und verliert an das Nichts Werk und geweihtes Amt?
Euer war: Unter Leiden
blind, die heilige Seele schaun.

Immer sie, die verbannt, weinend im Haus sich birgt,
traumverloren zur Nacht nach den Getreuen ruft.
Frevel ist euer Mut, denn
Fleisch ist Fleisch. Ihr erweckt es nicht.

Feindschaft habt ihr gesetzt zwischen der Götterflamm
und dem Elenden hier, welcher die Heimat sucht.
Doch die Rächenden rauben
uns, uns allen, das Ingesicht.

12 (Klopstock-Strophe)

Hinaus, hinab in die Nacht!
Seht nur zu, ob das Herz sein Graun
noch besteht. Weint und schreit! Wißt, die Stimme will
furchtbar erlitten sein: Sprecht! Heiligt die Not!

Wo *die* erst, allem voran,
Wort ward, fällt das Gefällige.
Laßt nicht ab, treu zu sein, und euch hört das Volk.
Nichts zu verhehlen geziemt, nichts zu bereun!

Ja, Sprache ist eines Volks
große Beichte. Ein zeugend Volk
redet stark. Wille nicht, Zwang nicht ruft die Kraft,
doch eine Wahrheit aus Erz ist das Gedicht.

Das Ungeheure begreift
nie der Sichre. Es bleibt jedoch
— Gott ist Gott, Gott ist Gott! — ungeheuer die
Sprache; und auserwählt *sie,* die sie verehrn.

IV

13 (Sapphische Strophe)

Wohlgestalt des Menschen, den Sinnen lieblich
und zum Gliederspiele gefügt, dem stündlich
Aufgetragnen hold, dem Bedürfnis: Gier und
Nehmen und Stillung —

Der Vernunft gerettetes Bild und jener
Zuversicht, die auskommt ohne die Mächte:
Oh, dein mittelmäßiges Gleichnis! Gehn denn,
immer im Kreise,

nicht die Fragen? Immer im Kreise, wo du
doch so schön beruhst? Oder ahnt dein greifbar
Helles manchmal Nacht, aber will nicht, fühlend:
Jenes Gerade

sei nichts, sei verworfen im Rat der Götter?
Da sie doch bestimmten, zu fragen, bis an
jene Grenze, wo schon ihr eignes Auf und
Nieder Bereich wird?

14 (Alkäische Strophe)

Den Menschen nicht zu denken ist leicht. Behend
und frech umschreibt sein Dunkel ein halbes Wort.
Ja, recht behält, wer sich nicht einläßt
mit den Gewalten. Denn Recht heißt Fläche.

Doch du, Hinabgebeugter? Was kümmert dich
der Tag? Dir starb die Zeit. Die Geliebte ging,
die Mutter schwand. Die warmen Wände
ragen nicht mehr: Du entfielst der Liebe.

Und fällst und fällst (weil nichts mehr geschehen *kann*
als Fallen, wo die Liebe nicht trägt). Wohl ist
im Augenblick des Menschen Spur ganz
nah, doch im nächsten verwischt für immer.

Laß jene deuteln. Einige grüßen dich
durch Graun und Sturz. Sind Brüder. Die wissen viel,
wie alle ohne Liebe: Jenes
letzte Allein und den wüsten Becher.

15 (Hipponakteische Strophe)

Dies bei Tag. Doch erst die Nacht
erfüllt es ganz: Oh, die schwarzen Träume!
Lauter Tote, unterwegs
Gefallene. Einzig du, vernichtet,

aber noch am Leben, hebst
die schwere Hand: Ja, du bist noch, wirfst dich
aus dem stummen Kreis des Grauns
zum Rande hin. Aber der heißt Ohnmacht.

Flieh doch, flieh! — Du kannst nicht mehr?
Wer folgt dir da? Einer von den Toten?
Ach, er trägt das nämliche
erdgraue Kleid, alle tragen wir das

gleiche graue Kleid. Die Nacht
hat keinen Schein. Die da leben, schlafen
unter Toten. Diese sind
hell wach. Wo ist Ende und Erbarmen?

16 (Sapphische Strophe)

Beug dich, Fremder, *liebend* hinab! Die Liebe
zwar ist stumm. Nein, stumm nicht, sie redet nur mit
andern Zungen — oh eine Sprache, fast schon
totengewaltig —

nah den Tränen. Aber das Tränennahe
ist so schön wie schrecklich. Und beide Reiche
gehn hinein, sich dort zu versöhnen; daß nur
ja das Geliebte

stark sei in des Liebenden Feuer, stark ge-
nug, in eins zu betten die Mächte: Guter
Hoffnung. Dies zum währenden Zeichen in den
langen Geschlechtern.

Leicht zerstörbar, dennoch der Prüfung trotzend
mit dem Sieg der Liebenden: Tun und Dulden
binden — schöner, schrecklicher Mensch! — dich ewig
an deine Sterne.

V

17 (Sapphische Strophe)

Wo sie ruht, ist er auf dem Weg. Beschwingten
Göttern dient er: Hell und im Flug und nackt; den
strengen, fernhintreffenden Bogen fürstlich
schön in den Händen.

Sie steht dumpf verhüllt und gefährlicheren
Mächten einverleibt. Ihre Nachtgewänder
wachsen rings hinab in die Erde. Dorther
hat er sein Fürchten.

Fast, als sei ihr Unteres, ihre Fülle
in ihm da als Leere, als Angst vor Bösem;
und ihm sei versagt, jene Furcht empor in
Ehrfurcht zu adeln.

Weil er geht, um-geht er sie: Er beschwört sie.
Daß sie ruht, entflammt ihn. Also obsiegt sie:
Gibt ihm mit, dem Flüchtigen, alle Dauer
ihres Gesetzes.

18 (Alkäische Strophe)

Aus Kinderaugen, leuchtenden, siehts ihn an;
tierhaft, doch wie ein tiefer Verspruch: Du bleibst.
Weh jenem, dem der süße Sinn der
Wollust sich weigert: Es welkt in seinem

nichtsnutzen Fleisch die Ehre der Fleischlichkeit.
Er ist schon fort bei lebendem Leibe. Ihm
verdorrt die Lende wie ein schlechter
kränklicher Baum in verbrauchtem Erdreich.

Weh, sagt er »Volk«! Wer gibt ihm ein Recht? Wer folgt
ihm nach? Für wen bestimmt er das Haus? Wofür
schlug er den Brunnen? Mietlingfremden
läßt er die Bäume, die er gepflanzt hat.

Er täusche niemand! Was er mit Künsten tat,
ist alles nur im Geiste getan. Es straft
jedoch der Geist auch, was am Leibe
Mangel gewesen. Gerecht und tödlich.

19 (Sapphische Strophe)

Keuschheit, Sitte, Opfer, Geduld, die reine
Hut des Herdes, Sammeln, Bewahren; liebend
über jungen Scheiteln die Hände, keinem
Außen verpflichtet:

Jene Ehre heilig der Mütter hält ein
Volk bei sich, und heiliger ist nichts. Alle
große Würde nennt sich von dort. Des Menschen
Sonstiges ist den

Göttern Spiel. Hier haben sie Ehrfurcht. Sie doch
auch aus Müttern — freilich, dem Tod, der Nacht nicht
all so nah wie wir. (Wo die Untern etwa
Tieferes wissen.)

Wer die Mütter sind? Aus geheimem Schoße
sprießt ihr Baum nach unten und oben: Dies ist
sicher; und ein Glück, wie die Erde keins dem
Menschen gesetzt hat.

20 (Dritte asklepiadeische Strophe)

Wahrlich, Rühmen ist gut und für den Sänger ein
glücknotwendiges Brot. Jedoch:
Sache des Mannes *ist* es,
sich zu wissen: dem Geist Treue zu halten. Zwar,

nimmer rettet es ihn, zürnend das Weib zu fliehn,
und er lerne es noch: Ihr Teil
schmähn, es hieße verleugnen
jenen Schoß, der ihn trug. Was da aus Schmerz entsprang,

dauert doch: die Gestalt. Und er verrät sie nicht,
wenn er *dieses* den Göttern läßt:
Zu erscheinen im Durchgehn,
in des fleischlichen Bilds ewiger Wiederkehr.

Wahrlich, Rühmen ist gut. Aber es hat das Weib
alles Rühmen in sich. Der Mann
bleibt, es planend, am Rande.
Doch das Weib beruht. Ist. Ist Mitte. Gebiert.

VI

21 (Variante der alkäischen Strophe)

Es bleibt wohl, was gesagt wird, alles,
alles danebengesagt. Bewahrt scheint
nur im strengen Wort eine leise
Bedeutung für den nächsten Äon.

Und jene Trauer des Vergehens
dunkelt noch nach in die erzgefügten
Werke. Also trumpfen wir auf mit
der Pflicht, mit Innewerden des Tuns.

Doch kein Besinnen ist die Pflicht, nein, ist nur
großes Vergessen, ein Wegschaun von dem
Schicksal, das verhängt ist von ferne,
und hat den Gram der Schwäche in sich.

So freilich bleibt sie uns zunächst: Des Menschen
hilflosem Gang eine Stütze, aufrecht
durchzugehn durch sich. Aber füglich
ist dieses viel: weil taghaft gemäß.

22 (Alkäische Strophe)

Doch rettet nur die Art, die es schweigend tut.
Von greller Leistung fürchterlich aufgeschreckt,
flieht als geheimste von den heilsam
helfenden Kräften hindann die Güte.

Es schwelgt der Lärm, und traurige Genien
beschwörn die Würde, tätig *und* Mensch zu sein.
Tun um des Tuns gehört zum störrisch
frevelnden Übermut des Gemeinen.

Mit seinen kleinen Sehnsuchten stellt er sich
der Pflicht: Komm her und heilige! Geh voran,
dann darf ich essen, sitzen, schlafen,
Tier sein, getrostes, mit allen Rechten.

So nicht! Nur zart zum schwächeren Nachbar hin
wie Wink, wie Flüstern: Schlafe, ich bleibe wach,
und wie du sicher atmest, nehm ich
willig aufs Haupt das für dich Geschickte.

23 (Sapphische Strophe)

Immer nämlich ist ja der Tapfre — und dies
Lied meint nur den Tapfern — besonnen: in der
Mitte zwischen unten und oben: mit dem
Mut zu sich selber.

Wagend unter lauter Betrunknen seine
weiße Nüchternheit, dieses klare Sehn der
Dinge. Ohne Bräme des Worts. Wenn freilich
immer der Schmerz ihn

wieder toll macht; doch nicht vom Rausche kommt es,
und er findet sicher zurück in seine
Gleichung. Wie ihn brauchen die Götter, brauchen
ihn die Dämonen.

Ohne äußre Zeichen besteht der Tapfre
— nicht die Pflicht, er hat keine — sondern seine
letzte Sendung: Er zu sein. Und der Feigling
wird es entgelten.

24 (Pherekrateen)

Dennoch: Ist nicht des Menschen
Glück, sich fallen zu lassen?
Unterm Schauer des Fremden
ganz, und wie in ein Dickicht

tief und tiefer hineinzu-
gehn ins eigene Fernweh,
durch das Dämmer hindurch, die
eigne Raubtiergefahr, bis

zu dem heimlichen, kleinen
weißen Tempel im Urwald,
wo — welch Wiedersehn aus den
vielen, früheren Leben —

wo der Gott groß thront mit den
goldnen Augen (nicht grausam,
nur voll Ewigem), der des
Mannes Süßestes löscht: das Denken?

VII

25 (Alkäische Strophe)

Der Toten denken wir. Und wir schreiben der
Gefallnen wehe Namen auf Stein. Wir ehrn
die Ahnen, jene dunklen Mäler
vorigen Seins, unsre Kraft und unsre

Beschwer. Denn »vieles ist zu behalten«. Bloß
der teuren Väter dächten wir nicht, die, längst
hinabgegangen, uns im Geiste
schöner gemacht und im Leben reicher?

Wer wird uns trösten, wenn wir gestrauchelt sind?
Wenn uns die Hoffart straft, uns der Übermut
gäh nieder an die Erd wirft, die wir,
bauend auf unser Geprahl, entweihten?

Da sind sie wieder, werden sie wieder sein,
die Stillen, ewig Heiligen, denen doch
das Werkzeug nur entfiel, damit wir
Späten, sie wagend, es auch versuchten!

26 (Zweite asklepiadeische Strophe)

Ach, den Göttern so nah, gehn uns die Großen fort,
wenn wir kommen und wolln, daß sie uns Gleiche sind;
uns, die nichts zu bestehn, nichts zu beharren zwingt
als der Tag und das kleine Glück.

Sie jedoch hatten Tag weder noch Glück zu sehn,
und ein Kampf ohne Schwert war ihnen auferlegt.
Dämon, lockend mit Zahl, Dämon, der Zeit zu Dienst,
warf sie wild in Versuchung, fraß

tags an ihrem Gehirn, nachts an dem Herzen viel.
Seht! ein Weinen wie ihrs ist auf der Erd nicht da.
Denn ihr Reich, es war fern, nimmer von dieser Welt,
und ihr Tod ist ein Anbeginn.

Jener siegte am Kreuz, dieser bestand, indem
er mit Vogel und Reh, Käfer und Blume sprach.
Weit herauf reicht ihr Trost. Weit durch die Zeiten hat
über sie keine Macht Gewalt.

27 (Sapphische Strophe)

Laßt uns denn beschwören die Schatten edler
Toten! Was wir schulden den Ahnen, wissen
wir. Und jenen immer Gefallnen *eines*
Blutes verpflichtet,

feiern wir das eigene Blut. Doch keine
Zahl vermag die Größe zu schmälern jener
Kron der Welt, der herrlichen Einsamkeiten,
die hindurchgehn, schön wie der Blitz.. Wie ehrten

wir die Götter besser, wie liebten wir sie
besser als in jenen Geheimen, Einen?
Denn es ist kein größerer Haß der Untern
als in den Starken.

Lassen wir, und seien sie tot, die Götter
aufstehn! Wem denn hilft es, zu leben ohne
Würde? Oder wem ohne Freiheit? Wahrlich,
göttlich ist der Mensch. Was darunter, zählt nicht.

28 (Alkäische Strophe)

Wir hatten ja im Anfang mit Göttern und
Dämonen viel zu tun. Und es waren da
noch hohe Menschen: Als ein Durchgang
mächtiger Gegner und hehrer Streite.

Doch dann verfiel der Raum, und es kam die Zeit.
Da zogen sich die Götter zurück. Wo war
denn noch für sie zu tun? Die Halle
starrte verlassen mit Säulentrümmern.

Und was wir an Dämonen uns aufgepflegt,
ward dünn und dürr. Sie trieben kein Reis mehr: Qual,
sonst nichts. Und hatten einst uns doch den
Göttern, dem Gott, an die Brust getrieben.

Jetzt essen wir das mühsam gesparte Brot
der Ausgeglichenheit, und wir zahlen es
mit kleinster Münze. Arme Götter!
Arme Dämonen! Vorbei — Geht schlafen!

VIII

29 (Alkäische Strophe)

Ihr widerstrebt noch, hofft? Da noch Menschen rings
in edlem Feuer glühn und des Vaterlands
beschworne Größe leben; da noch
gläubig ihr Auge den hohen Himmel

sich wölben sieht und nirgend ein Volk wie dies
so Mitte ist, so Schicksal und Keim der Welt:
Oh, Jünglinge! In euch und um euch
lauert das Untre. Ihr wäret anders

nicht Menschen! Doch geheimer als uns, die spät
und halb sind und vertan, überkommt euch neu
die Näh der Götter. Und ihr werdet
Kraft haben, wahr bleiben, kämpfen, siegen.

Was immer sei, euch sei es kein Untergang,
kaum Wagnis! Fühlt, die Götter, sie folgen euch.
Und liebend ruhn und bangend unsre
Augen auf euren geweihten Häuptern.

30 (Variante der alkäischen Strophe)

Denn schon begehn wir Älteren eure
schön- und reine Gestalt. Doch nicht als
solche, die sie den frühern Sängern
groß und teuer gemacht.

Wohl seid auch ihr uns tiefe Gewähr der
Dauer. Dauert von allem doch das
steigend Edlere nur. Wir schaun euch
tiefer schon und gesandt

vom Geiste, männlich, Männer nach uns, und
wie ein ewiges Unterpfand Tri-
umphes über die Dunklen: jeder
Göttersehnsucht Gefäß.

In eurem Atem werden sie leben,
königlicher im Sieg, und wahrlich
mehr im heiligen Wort, als jemals
Fleisch und Tat dies erlaubt.

31 (Sapphische Strophe)

Nicht den Jüngling, nicht den erlesnen Einen
gilt es, welcher, Standbild des hellsten Gottes,
vor den Tempeln stand; ob im Speerwurf oder
noch so gewandt er

mit dem Bogen sei und sein ebenmäßig
Herz — was wiegt es schon! — dem Gehirn, dem leichten,
beinah gleichgewichtig an Mut ist: Sondern
alle, sie alle

gilt es, sie versammelt in Reihn, Phalange
federnd, Aufbruch ruhloser Zeit, sie gilt es.
Und sie gehn und singen und schlagen hinter
heiligen Schilden.

Ihrer viele wissen zu sterben. Doch sie
bringen und bewahren den Gott, ihr Mütter.
Vor den Tempeln, eins und erlesen, steht nun
wieder der Jüngling.

32 (Dritte asklepiadeische Strophe)

Also bleibe er stehn! Aus den Erscheinungen
in Erscheinung gebracht. Marmor und Erz und Gold
und die kommenden Zeiten
ehren schon seine Hochgestalt.

Der da lebt, welchen Amts immer er würdig war,
geht hinab, und es rauscht grau schon die Schwing der Nacht.
Er jedoch, wie ein schöner
Vogel, hebt sich und gibt dem Land

neu ein Sinnbild. Es war ehmals der Adler eins.
Nun von Tieren nichts mehr: Dies überwand der Mensch.
Was ihm heilig, er zeige
es im Reinsten: im Jünglingsbild.

Dieser geht uns voraus, Mitte und Maß zu sein.
Heiß der liebende Gott zieht ihn zu sich empor.
Aus dem Kruge des Holden
trinkt der Donnrer Unsterblichkeit.

IX

33 (Alkäische Strophe)

Da wandeln die Gestirne nicht »fühllos« mehr.
Es sind ja Mütter, Jünglinge, Meister längst
emporgehoben. Und sie wachen
unseren Nächten, das Böse bannend.

Was Kampf und Prüfung *einem* Gesendeten,
Bereiten war, nun geht es *den* Menschen an.
Und schon erkennt er sich in seiner
tiefsten Gestalt: Als das Maß der Dinge.

Er wird geboren, lebt seiner Zeit und stirbt?
Was wäre dies, wenn nicht die Gewaltigen
mitwürden, -lebten, -stürben! Alle
Sterne, sie sehen herab mit Zittern.

Ihm sei ein Stolz erlaubt, in der reifen Hand
zu halten die verglichenen Schalen. Groß
und schön empfängt aus seinen Händen
immer die Schöpfung ihr uralt Neues.

34 (Sapphische Strophe)

Nicht das Dingt rechtfertigt den Menschen, sondern
er das Ding. Die Dinge sind tot. Ihm ward der
Geist verstattet: jenes unsäglich Freie:
Scheidung, Entscheidung.

Holt er immer wieder die Welt in seine
Wiederholung, werden die stummen Dinge
dankbar sein und Ordnungen haben, jenen
höhern vergleichbar;

brauch- und dienstgewillt, und die tiefern, die er
fürchtet, mild versöhnend: Siehe dies Werkzeug oder
hier die Schüssel: ärmlicher Ton und wenig
edle Gestaltung —

Aber weh, wenn Zufall vom Tisch sie fegte!
Geht nicht in den Scherben, den armen, eine
schöne Welt in Trümmer? Wie letztes Zeichen
einstiger Liebe?

35 (Dritte asklepiadeische Strophe)

Ach doch! Stückwerk zu sein, welche Gegebenheit!
Adel um des Verlusts, Stolz um der Trauer und
Schönheit um der Gefahr: Was
andres sonst wäre Menschentum?

Wilde Blume, du hast, seliger Schmetterling,
alles: aber sonst nichts. Uns ward so wenig: und
dennoch ragt mit Bestande
viel aus unsrem Zerbrechlichen.

Edler Stern in der Nacht, hohes Gebirg bei Tag,
oh, wie seid ihr doch da ohne Veränderung!
Wir verwandeln uns *immer*,
und uns geben die Wege Kraft.

Blume sind wir zumal, Berg, Stern und Schmetterling,
jed's zu kommender Zeit. Und auf den schwankenden
Himmelsleitern begegnen
wir einander zu Gruß und Trost.

36 (Variante der fünften asklepiadeischen Strophe)

Wohl ist Leben nicht viel. Und es gebührt jegliche Ehre den
Himmlischen über uns. Aber es muß dennoch das bittre ge-
lebt sein. Nein, keine Flucht steht uns zur Hand. Wer da zerbricht, zerbricht.
Nichts, das ist, kennt Erbarmen.

Wir sind hier, aber nicht augenblickhaft wie die Nur-irdischen.
Und es hat ja das Tier keinerlei Wahl. Wir aber schreiten durch,

schauend vor und zurück. Unser die Wahl. Unser das
Beispiel auch,
dank den Größern, den Toten.

Vielmißhandeltes Wort, menschliches Wort, gött-
liches: Menschlichkeit!
Wohl ist Leben nicht viel, Adel jedoch *uns* in die
Hand allein,
uns ans Herz doch gelegt! Welten sind viel — Welche
von ihnen sei
wert, erlitten zu werden?

Brüder, Tränen sind schön, Tränen sind gut. Laßt sie
uns sammeln zum
ewig heiligen Strom! Drinnen ertrinkt jegliches
Ungefähr.
Ja-und-nein ist die Kraft. Aber es steht königlich
drüberhin,
was wir fühlen: Das Ganze!

X

37 (Alkäische Strophe)

Was hier geschah, ist nicht für die Zahl geschehn.
Gedacht, erlitten wird nur für wenige.
Es bleibe jeder bei dem seinen:
Pflicht oder Lust — Es sind viele Welten.

Das Seltne, die Gedanken lobpreist das Werk.
Es sind die Ernten sichtbar und wägbar meist.
Verachtet ist, was nicht mit *einem*
Griff in der Hand ist. Es haben aber

die Griechen, tot von Leibe, Unsterblichkeit.
Nicht volksfremd ist das Auserlesene. Doch
erlesen *ist* es. Und wie anders
als aus dem Geiste bestehen Völker?

Hinabgegangen sind ihrer viele schon.
Und die da sind, sie rühmen mit Waffen sich.
Es gelte aber eines Volkes
Sterbliches nicht! Und so *wird* es leben.

38 (Pherekrateen und Glykoneen)

Nicht vom Brote allein, es
lebt vom Traume der Mensch. Es ist
Traum das Unsre, und stärker
als die Tat, die ihm willig nachfolgt.

Unter Völkern gewohnt zu
kämpfen, tapferes Volk, bewahr
immer einer den Traum, und
einer halte die Flamm lebendig!

Daß die späten Äone
uns noch finden und götterfroh
und gesegnet und reicher
in der Liebe der Nachgebornen.

Heilig dunkelnde Kunst, du
schöne Seele des Vaterlands!
Dich zu haben, ist viel. Du
beugst im Ausgang das Haupt dem Sänger.

39 (Sapphische Strophe)

Da, von ihren goldenen Stühlen, neidlos
Menschliches zu ehren, erheben sich die
Götter; die Dämonen im finstern Haus ver-
hüllen sich weise.

Gleichgewicht hält wieder die Welt; es haben
keine Vorherrschaft die Gewalten: Siegreich
ist der Mensch, solange er schön ist. Dort er-
nennt und enthebt er.

Der du, weithintreffender Gott, wie keiner
uns vertrittst, den Adel, die hellen Dinge,
stell dich, dem Gesalbten ein Bruder, vor die
menschliche Fährnis!

Daß vom Hohen immer ein Teil uns bleibe!
Daß das läuternd Dunkle uns sporne: Wagend
schreib uns auf die Stirnen der Stillsten unsre
ewige Wahrheit!

40 (Alkäische Strophe)

Zu sagen, ich bin der oder der, so war
mein Wille, so des Willens Verwirklichung?
Dies geht nicht an, und streng verbarg sich
hinter dem Werke des Werkers Antlitz.

Doch sei erlaubt, von Grundsatz und Griff der Hand
zu reden: Zehn Mal hob sich die Säulenflucht,
vier Quadern hoch; mit vieren Schritten
maß ihren Abstand der Schuh, und jeder

der Schritte währt' vier Herzschläge lang: Genug,
um Rechenschaft zu geben; im Größten sich
zu bändigen nicht, zu halten im Ge-
ringsten sein Maß, wie die Götter wollen.

Dem Werk verpflichtet, ohne die Obern zu
verraten, vor den Untern nicht feig, so ging
ich durch die Halle. Dieses *eine*
»Ich« bleibe stehn! Es gehört zum Menschen.

DEN GEFALLENEN

Hymnus

Oh, vielleicht malte in euerm Aug' noch
sich ein schwarzer Himmel mit unentwirrbaren Sternen
oder im Zelt die flackernde Kerze, der naßkalte Graben,
als wie Feuer, jäh, der eherne Engel
vor die Stirne euch stob.
Und er kam gewaltig herab, und der Psalm seiner Schwingen
rauschte groß, indem er vom Munde hinwegnahm
euch die versagende Seele;
und er trug sie hinauf wie eine Schale mit Edlem
und behutsam, nichts zu verschütten, der Engel.

Löschte die Stirn euch
mitten im Kreisen des Traums um das so Ferne des Lebens:
Um die Geliebte im Abend, den Mond überm Hoftor,
wenn der Berg der Heimat ganz nah war und väterlich ragte;
um ein längst verschollnes Gespräch mit dem Nachbar,
oder wie ihr
sitzen euch saht in der ländlichen Stube im Winter,
die so warm war und hell
wie das lang nicht geschaute
gute, tröstliche Antlitz der Mutter.

Da ihr ginget dahin und euer
Blut soviel Erde, fremd' und eigene, tränkte —
so viel Blut:
Ach, wie wart ihr von da an,
daß ihr es ewig bliebet, erhoben!
Seid ihr
einst nicht Menschen gewesen wie wir,
wir, denen Gott mitunter sehr fern ist?
Plötzlich aber,
verwandelt und heilig,

um euer Opfer dunkelt groß das Geheimnis,
jenes des Samens, welchen ein dunklerer Säemann
millionenfach ausging zu streuen
über den schweren, leidschweren Acker des Menschen.

Daß ihr noch in den Müttern
lebt, ist nichts. Wo sonst denn wäre Gedenken,
heiliges, als bei den Müttern?
Und auch dies ist zu wenig, daß eure Söhne
jetzt schon Männer sind, verpflichtet dem Werke,
das ihr verlassen, Pflug oder Schrift oder Schraubstock,
sie, mit dem nämlichen Haar und dem nämlichen Schritte
und dem Blicke, welcher dem euren
ähnlich ward zum Erschüttern.
Ja, es genügt selbst nicht, daß sie, die entronnen,
die mit euch an dem Rande des Grabs
lebten, am Rand eures Sterbens,
daß sie in ihrem Blut eure Schrecken tragen,
reden mit euch im Schlaf, und im Wachen
euren verschollenen Atem ziehn.

Dies erst genügt — und keine andre
Tröstung für uns oder euch reicht der gewaltige Engel,
als daß in der ewigen,
in der Seele des Volks ihr
unvergänglich beschlossen seid!
In Millionen Herzkammern rauscht euer Blut,
rauscht groß euer Leiden nach, rauscht
eure Unsterblichkeit.
Alles Fleisch, es ist wie Gras,
und der Berühmten Ruhm ist das kurze Licht eines Namens.
Euer Ruhm ist des Volkes
Treue zum Volk.
Denn eines Volkes Gräber sind nicht seine Trauer allein,
eines Volkes Gefallene
sind eines Volkes Stolz,
und eines Volkes Stolz, dieser höchste, gebiert
wieder die Welt!

Habt Ruh und Frieden!
Wir alle gedenken euer.
Tragt kühn den Lorbeer!
Wir alle gedenken euer.
Schwebt uns zu Häupten!
Wir alle gedenken euer.
Seid unser Beispiel!
Wir alle gedenken euer.

Wie euch danken, die ihr erhoben
seid über unsre dürftigen Zeichen?
Ihnen, den andern,
die aus unserer Mitte nahm der sanftere Engel,
die in den Stuben starben und Wand an
Wand mit unserem Leben:
Ihnen erhellen die ernsten Male
unsere nahen Gebete, und Blumen, und Lichter.
Eure Gräber sind fern und
die verschollenen Kreuze zerfallen,
oder es geht schon der Pflug
wieder über die traurige Stelle.

In jenem Einen, der unbekannt
fiel, Mann des Volkes, laßt euch beschwören
alle!
Ihn hat der Lebenden Liebe verewigt im Stein.
Größer nun und ohne den Makel des Daseins
liegt er gebettet.
Sein steinerner Helm — eurer Ehre Hut.
Sein steinern Gesicht — eurer Pflichten Adel.
Sein Mantel aus Stein — eurer Vergänglichkeit Schutz.
Laßt um sein Marmorlager euch unsre Kränze gefallen!
Ihr Duft des Leids umdüfte die heilige Erde,
drinnen ihr ruht.
Laßt euch die Flamme gefallen, es flammt unser Herz darin.
Laßt euch das Schweigen gefallen, es ehrt eure Größe.
Laßt euch gefallen den wortlosen Dank der Lebendigen,
edle Tote!

Habt Ruh und Frieden!
Wir alle gedenken euer.
Tragt kühn den Lorbeer!
Wir alle gedenken euer.
Schwebt uns zu Häupten!
Wir alle gedenken euer.
Führt uns zur Freiheit!
Wir alle gedenken euer.

DEN JÜNGLINGEN

Hymnus

Ihr Häupter blütenumkränzt,
ihr unbeschriebenen Stirnen!
Ihr Augen kühn und bewußt!
Ihr traumgeschwungenen Münder!
  Herrische Füße ihr,
  grausam peitschend den Boden,
  Lenden schmal und behängt
  mit der Schwermut der Fraun.
Ihr Wege strotzend von Nacht,
Kreuzwege zwischen den Zeiten!
Ihr zu Fernstem bestimmt,
Keim und Hoffnung der Völker!
  Lieblich den Göttern ihr
  und noch selig wie jene,
  die vom Tod nur das Wort,
  doch nicht den Schrecken wissen:

Liebt euer Fleisch nicht zusehr!
Weder im Zärtlichen
noch im Hang zur Gewalt.
Übt eure Anmut und Kraft
— denn aus Spiel wird der Mann —
Doch vergeßt nie: Der Leib
ist von hier, und ihr wollt
siegen über die Erde.

Seid hart zu euch selbst,
keusch im Glanz eurer Kraft
und im Sturm des Geschlechts.
Zwei Dinge sind euch Liebe und Lust:
Und sie seien es euch!

Zwei Dinge sind euch Werden und Tod:
Und sie seien es euch!
Aber Atmen und Ehre
sei euch *ein* Ding!

Mann indessen zu sein
heißt nicht grausam sein
gegen sich selbst
oder die Welt:
Vor den Alten
dürft ihr immer noch aufstehn,
vor den Manen der Großen *dort,*
vor den Männern *hier* in dem weißen Haar,
das euch Zeugenschaft sei,
Weck- und Mahnruf des Leids, welches den *Menschen* formt.

Unter euch
redet und kämpft!
Aber die Weisheit ehrt ihr, indem ihr schweigt.

Seid nur stolz zu euch selbst!
Seid nur karg zu euch selbst!
Doch in der Fremde, verlassen, allein,
um ein Stück Heimaterde, Jünglinge, Kinder,
um eure Kammer zuhaus,
um eure Mutter dürft ihr weinen.

Warum rühmt euch der Sänger?
Euere Leiber
sind die Vollkommenheit des Gedichts:
Maß und Gesetz, und schön wie das Lied,
Sang, dem der Sprache
unzerstörbarer Bund, jener heilige, Körper verlieh.
Schön wie das Ewige ist euer Bildnis,
ähnlich Gott. Doch ihr seid nur ein Anfang,
nur von außen: aus Gold wie die Götter.

Der euch besingt,
ruft euch nicht zu: Habet Adel!
Ihn zu *haben,* ist Gnade. Aber
ihn zu *lieben,* sei euer Sinn!

Nehmt nicht die Dinge, nackt: Lebt sie ins Hohe!
Wie ihr die Erde liebt: Liebt sie als Weite!
Da ihr gemeinsam seid: Denkt an die Größe!
Und wenn ihr einsam seid: Gebt euch der Tiefe!

Euer Blut ist wild und der Nacht
bald vermählt und dem Rausch.
Groß ist die Nacht. Ist Schicksal: Wer ihr verfällt,
hat den Tod. Doch dem Ringenden sagt
der Erlösung wehes Geheimnis die Nacht.
Rausch ist ihr Sohn. Ihn betet nicht an!
Göttliches ist an ihm. Aber *dieser*
Gott ist furchtbar.

Prüfstein des Mannes
ist, der Vergeblichkeit
in das Antlitz zu sehn, zu
wissen den Tod und
leben zu bleiben.
Dessen gedenkt, wenn euch Gefühl
unbesiegbaren Bluts das Haupt
auf zu den Sternen reißt.
Dessen gedenkt, wenn das Wort
farbig und stark euch entströmt,
ihr das Große beschwört euer selbst
und das Große des Volks.
Unerreichbar jedoch
bleibe der Kranz
euern noch vorschnellen Händen!

Neu eine Heimstatt werdet ihr sein,
geschaffen dem Menschen auf Erden,
und eine Burg dort oben den Göttern,
oder vergeblich gewesen wie Distel und Schutt.
Denn bei euch liegt, zu lieben euch selbst,
Markt und Zeit, Ruhm und Schall,
oder:
oder die heilige Ferne.

Ihr Häupter blütenumkränzt,
ihr unbeschriebenen Stirnen,
ihr Augen kühn und bewußt,
ihr traumgeschwungenen Münder!
  Herrische Füße ihr,
  grausam peitschend den Boden,
  Lenden, schmal und behängt
  mit der Schwermut der Fraun;
ihr Wege strotzend von Nacht,
Kreuzwege zwischen den Zeiten,
ihr zu Fernstem bestimmt,
Keim und Hoffnung der Völker;
  lieblich den Göttern ihr,
  und noch selig wie jene,
  die vom Tod nur das Wort,
  doch den Schrecken nicht wissen.

HYMNUS AUF DIE DEUTSCHE SPRACHE

O wie raunt, lebt, atmet in deinem Laut
der tiefe Gott, dein Herr; unsre Seel,
die da ist das Schicksal der Welt.
Du des Erhabenen
starres Antlitz,
mildes Auge des Traumes,
eherne Schwertfaust!

Eine helle Mutter, eine dunkle Geliebte,
stärker, fruchtbarer, süßer als all deine Schwestern;
bittern Kampfes, jeglichen Opfers wert:
Du gibst dem Herrn die Kraft des Befehls und Demut
dem Sklaven.
Du gibst dem Dunklen Dunkles
und dem Lichte das Licht.
Du nennst die Erde und den Himmel: deutsch!

Du unverbraucht wie dein Volk!
Du tief wie dein Volk!
Du schwer und spröd wie dein Volk!
Du wie dein Volk niemals beendet!

Im fernen Land
furchtbar allein,
das Dach nicht über dem Haupte
und unter den Füßen die Erde nicht:
Du einzig seine Heimat,
süße Heimat dem Sohn des Volks.

Du Zuflucht in das Herz hinab,
du über Gräbern Siegel des Kommenden, teures Gefäß
ewigen Leides!
Vaterland uns Einsamen, die es nicht kennt,
unzerstörbar Scholle dem Schollenlosen,
unsrer Nacktheit ein weiches Kleid,
unserem Blut eine letzte Lust,
unserer Angst eine tiefe Ruhe:

Sprache unser!
Die wir dich sprechen in Gnaden, dunkle Geliebte!
Die wir dich schweigen in Ehrfurcht, heilige Mutter!

DEM KOMMENDEN MENSCHEN

Hymnus

Darf ich reden von dem, der kommt? Aber wie denn
nenn ich seinen verborgenen Namen? Ich, ein
Mensch unter Menschen, anfällig, immer
hin am Abgrund, einsam und wehrlos
vor dem Wirrsal der Welt, das schwarz in mich einbricht
wie in verlassnes Haus ein Rudel von Räubern?
Darf denn reden, wer strauchelt, reden
wer noch sucht? Und wer irrt, an die Stelle
Gottes treten und sagen: Dies will ich?

Ja, mit dem Recht des Gefangenen, der nach
Freiheit weint, beschwör ich die Freiheit,
mit dem Ruf der Sehnsucht den Traum, und
mit des Gemarterten Klage die ferne
Ordnung der Güte.
Mit dem Rechte dessen, der leidet — o, dem
einen Recht, das der Nacht widersteht und an andern
Ufern wohnt, an den Wassern der Reinheit —
mit des Dulders göttlichem Anspruch verlang ich
nach dem Herbste der Qual, der lebendigen
Frucht und Kelter der Bitternis, Amen.

Sollen wir hungern? Und immer
sagt man den Kommenden: Hungert?
Sollen wir frieren und sein ohne Stube? Und wieder
wankt uns der Boden, birst das Dach überm Haupte,
und die Heimat, traumhaft geschaut, sie *ist* nicht,
nicht in den hundert Namen, den rühmlich gereichten?
Sollen wir sterben, immer
wieder hingehn und sterben? Und keiner
löscht von unsern Malen die schreckliche Inschrift:
»Vergeblich«?

Was ich leide, leiden wir alle. Und darum
red ich: Welcher die Sprache
hat, dem geziemt es, zu reden für alle.
Frevle ich, so freveln wir alle. Gelingt mir
aber das Wort, so lös und erlös ich
aus dem Verlust. Kein Kranz ist mir nötig.

Tief und in jede
Armut sind wir gefallen; verwiesen
auf das Letzte in uns: Zu stehen,
uns zu besinnen, zu behaupten den Rest: die
arme Würde des Menschen.
Nicht Vergehens Muß und nicht Werdens
Wucher ist unsre Not: Die Gewalten sind gütig
jeglicher Ehrfurcht.
Wir jedoch,
wir übersprangen die Ordnung, setzten
neu ein Standbild, unsres der Hoffart, teilten
in Besiegte und Sieger. Aber
er, der da kommt, wird sich *beugen.*

Gräßlicher »Herr der Erde«, wer bist du?
Seht, er redet von Gott und zertritt seinen Nächsten
wie er die Blume zertritt, und vermag nichts
gegen die eigne Erfindung, gegen
alle den Fluch des
Abfalls, der ihn berauscht und vernichtet.
Hilflos seine Vermessenheit, hilflos
seine Flucht vor dem Schrecken, schrecklich
aber sein letzter Ratschluß: Gewalt.

Red' er nicht von Gott oder Göttern. Beide
sind nicht außerhalb unser. Ach, wen erhöhen
denn noch Tempel, da wo die Kirchen
nicht zu retten vermögen?
Vor seine Gier gespannt, mit Pomp und Gesängen
nährt er Gott oder Götter. Über

sich hinaus befestigt er sie, denn mehr und
anderweit als ihre Schöpfung
nimmt er sein Eignes für göttlich.
Mensch der Mitte, dich sing ich!
Zwischen Elend und Prunk, Empörung und Dulden
wirst du zurückgehn in dich, ein Ebenbild Gottes.
Ruhend in dir,
werden die Dinge beruhn und werden dich lieben,
und beglückt wirst du sein in der
Kraft des Befreiten, und dienen.

Komm uns, Kommender! Mit dem Recht des Gefangnen,
der nach Freiheit weint, beschwör ich die Freiheit,
mit dem Ruf der Sehnsucht den Traum und
mit des Gemarterten Klag' die ferne
Ordnung der Güte.
Mit dem Rechte dessen, der leidet — oh, dem
einen Recht, das der Macht widersteht und an andern
Ufern wohnt, an den Wassern der Reinheit —
mit des Dulders göttlichem Anspruch verlang ich
nach dem Ende der Qual, der lebendigen
Frucht und Kelter der Bitternis, Amen.

DER LEICHNAM

Trochaeus (pseudodramaticus)

Schreckhaft außen, spukhaft innen:
Solltest du es nicht besinnen,
fragen, prüfen: Was ist mein?
Es wird spät. Die Schatten reichen
bis zur Stirn, die Frist ist klein.

Deinem Dasein auszuweichen,
dich zu klammern an ein Zeichen,
das dich löste vom Gericht;
sichtbar, greifbar, frech zu halten —
unverbindlichen Gewalten
hörig bis zum Selbstverzicht:
Half es dir, vorbeizuhandeln,
tückisch Gold in Blei zu wandeln,
du ins nackt Veräußerbare
rückgewandter Alchimist?

Klein und kleiner wird die Frist.
Namenlos beharrt das Wahre,
dem du nie entronnen bist.

Dich dem Hiersein zu verpflichten,
mußtest du dich nicht vernichten
bis ins Letzte, bis ins Kind?
Städte stehn und Schollen sind.
Viermal Wand und zehnmal Mauer,
aber sonntags mimst du Bauer,
der mit nachgemacht genauer
Geste seinen Weizen streut —
Geh mit deiner falschen Trauer,
Nützling noch des Sündenfalles,
der gestellt ist wie dies alles,
wie das Unglück, wie das Leid . .

Aufzutrumpfen, abzufallen,
gleich dem Vers hier, der sein Wesen
treuer trägt als du dein Ich —
aufzutrumpfen, abzufallen,
halber Held der Antithesen,
nie bist du ein Mann gewesen,
jeder Wind verwehte dich.
Zuviel Weib, begann die Fehle
schon im *Keimenskern* der Seele:
In gespaltne Zeit geboren,
so berufen wie verloren,
überreif, unausgegoren,
ähnelst du ihr fürchterlich.

Außen Zwang und Feigheit innen.
Solltest du es nicht besinnen,
was es heißt, lebendig sein?
Wie, du liebst dir das Gewisse,
mit dem Reich der Deuterinnen,
Grenzwelt vieler Finsternisse,
läßt du, Meister, dich nicht ein?
Hast es aber einst begonnen,
maßlos ist das Maß verronnen,
nur die Nächte hören deines
irrgegangnen Blutes Schrei'n . .
Schicksal, sagst du? Weil du keines
je gehabt hast, rufst du eines,
das dich *klein* entsühnen soll?
Aber dort, Mann, ist nichts Kleines.
Knie nicht hin: Erbarmt euch, Götter!
Uralt ferne Augen schauen
ausweglos, geheimnisvoll
her, den Kläger anzuklagen.
Ohne Antwort blieb ihr Fragen.
Was sich leichttat, hat den Retter,
das Lebendige nicht erkannt.
(Jetzt versagt sich hart die Hand.)

Ganz verspielt, weil abgekartet,
ist das Spiel. Die Wahrheit wartet.

Dieser Körper lebt zum Schein.
Diese Wirklichkeit heißt Grauen.
Diese Wesenheit heißt Nein.
Bändige die Bettlerhände!
Selbst das letzte ist nicht dein.
Was auch kommt, es wird kein Ende,
aber es wird tödlich sein.

SPRACHKUNST

Wort und Welt

Sie, die Sänger des Volks . .

Immer dort, wo die Morgen beginnen,
ist ein Brot und ein Becher mit Wein.
Und es ruht die Peitsche von innen,
denn der Tag will genommen sein.
Diese Straßen und Äcker und Städte!
Diese stündliche handfeste Not!
Und sie singen und bilden die Kette
und verleugnen die Nacht und den Tod.

Ja, es sagt sich mit leichtem Gesichte,
was an Dingen umwandert und ruht.
Aber groß, aber schön im Gedichte
war der Mensch und sein leidendes Blut.
Wie sie fürchten, »heilig« zu sagen!
Wie sie zittern, Seele zu sein,
und das Herz aus den früheren Tagen
mit dem Hochmut des Knechts maledein!

Nicht der Mensch — nur der Werker und Bauer,
da ein Baum, da ein Feld, da ein Haus,
eine Mahlzeit, ein Schmerz ohne Trauer —
Und sie sagen es rundweg heraus.
Ihrer keiner ging um mit dem Pfluge,
doch den Pflügerschritt ahmen sie weit;
gelbe Saaten, gesehen vom Zuge,
gehen ein in die Stimmen der Zeit.

Und ein Volk, das sich heldisch bemühte,
nimmt als Ihriges Ähre und Krug.
Eine Sehnsucht, ein Traum, eine Güte
wäre alles, wäre genug.
Doch das hungert am Rande der Äcker
und bekränzt die Lobpreiser des Brots;
während langsam die stillen Erwecker
sich verbluten am Pfahl des Gebots.

Weg

Nein, wir sterben nicht: Wieder,
immer wieder weckt uns das Graun.
Wir verstummen nicht: Lieder
erpreßt der allmächtige Schmerz.
Wir erblinden nicht: Nacht
müssen wir lebenlang schaun.
Wir ertauben nicht: Hörner
letzten Gerichts mit Macht
tönen, toben in unser Ohr.
Wir erkranken nicht: Herz
wird mit Erde bedeckt und heilt —
Nein, wir sterben nicht: Ferner
Wille reißt uns empor
weiterzugehn — unverweilt
wie immer zuvor.

Zwischenfall

Der tote Gott schlug jäh die Augen auf.
Sein Blick griff furchtbar in des Menschen Herz:
»Ich schuf dich zum Gefäß für jede Qual..«

Der Mensch, in seinem Weg durch Graun und Schmerz
einhaltend, stand, erschrak, stand starr und schmal —
und nahm von neuem auf den Marterlauf.

De Profundis

Wozu noch Flucht? Schon steh ich fern:
Schuld schuf ein ungefährer Stern.
Glück ist ein Licht, das nicht gebührt:
Die Wurzel blieb mir unberührt.

Der Fußbreit Raum, die Zeile Zeit:
Ich taumle auf in die Ewigkeit.
Der Schmerz verweht in klarer Luft:
Es singt, gottlob, aus meiner Gruft.

Das Kunstwerk

Es ist mir erschienen.
Es war ohne mich.
Der Schöpfung zu dienen,
ergebe es sich!

Noch hat es nicht Flügel,
wird nicht zum Gedicht;
liegt nur als ein Spiegel
auf meinem Gesicht.

Ich schaue und höre
es trinkend in mich:
Wie ich mich zerstöre,
ergibt es sich.

Ich will es nicht raffen:
So kommt es mir nah;
und klarer beschaffen,
als da ich es sah.

Und plötzlich ertönt es,
wann Gott es gefällt.
Am Leide versöhnt es,
schafft neu eine Welt.

Das Wort

Setz es streng und bewußt!
Rede es dumpf und wild:
Was am End ist gesagt?
Bleibt nicht Wort bloß Geräusch
zwischen zwei Zeiten? Fort.
Sagt nicht, was bodenlos,
schrecklich und bitter besteht,
sagt das Geheimnis nicht,
nicht die Nacht, nicht den Schmerz,
kaum den Tag, und vom Tod
nur die Angst.
Sagt nicht, was mir wie dir
dauernd beschieden, sagt
nicht die Vergeblichkeit.
Sagt nicht, wie heiß, groß, schwer
hinter dem Schleier der Scham
immer Heimweh brennt,
sagt nicht die Frage, hat
Antwort keine bei sich.
Nichts wert ist das Wort,
nur für die Klage gut,
menschlich gemäß.
Denn ganz hilflos sind wir,
und die Götter sind blind.
Treibend im Kreis, arm, nackt,
narrt, die zu retten nicht *sind*,
auf dem furchtbaren Meer
Eiland, fern, schön . . .

Actus Fidei[1]

»Hört! Er singt.« .. Und am Pfahl geht er in Flammen auf.
Doch getreu noch im Tod, übt er die tiefe Lust:
Nackt und nur mit des Wortes
süßem Adel den Feind zur Trän
und den Henker ins Knie zu zwingen.

Die Schöpfung

Gott schuf dich Leib, Leib schuf mich Geist.
Geist schuf dich Lust, von mir umkreist.
Kreis schuf dich Kunst, so wars getan:
Mann schuf das Weib, Weib schuf den Mann.
Kunst macht den Ursprung offenbar,
darin sie stets Geschaffne war.
Nun spiegelt sich in ihrem Schein,
Welt widerspiegelnd, Gottes Sein.

Pro Domo

Ich will nicht die Menschheit beglücken.
Ich will keine Engel züchten.
Ich will keine Himmel stürzen.
Ich will die Kunst.

Das nackte Weinen ist häßlich.
Das trunkene Stammeln ist häßlich.
Das Bild der Landschaft ist gottlos
ohne die Form.

[1] Erweiterung einer dritten asklepiadeischen Strophe

Jede Bewegung ist böse.
Gott ist die ewige Ruhe.
Am tiefsten ergreift der Tote.
Das Werk sei starr!

Nur eine Tugend dem Künstler:
Er warte, bis er Mann ist.
Die Knaben spielen und lärmen.
Kunst ist schweigsam und hart.

Sendung

Hat dich der steigende
Sternkreis entboten?
Stumm bleibt das schweigende
Beispiel der Toten.

Suchst du im trüben Licht
Stufen zu finden:
Stampfend zum Herzgericht
tanzen die Blinden.

Wie mit des Leidens Kraft
lösen die Sinne?
Wie, da sie kaum der Haft
je wurden inne!

Wie den Besessenen
neuer Gewalten
Wort des vergessenen
Gottes gestalten?

Ach, in die Qual gestellt,
taumelst inmitten,
rings auf den Irrsinn der Welt
Blumen zu schütten.

Zeitloses Lied

Draußen gehn Helden und Knechte
klirrend die schreckliche Bahn.
Augen der heimlichen Mächte
rühren mich Schlafenden an.
Fern in der goldenen Stille
rauschen mir Brandung und Hain,
aber ein göttlicher Wille
läßt mich im Grabe allein.

Einsamkeit, Schwester des Todes,
hält mir die wirkende Hand.
Flamme des Leidens, verloht es
hin in das heilige Land;
loht um die hohen Gestalten
mit der krystallenen Stirn,
auf den Gebirgen der Alten
schimmert der ewige Firn.

Beispiel und tiefes Begreifen
unserem Untergang,
grüß ich die Reinen und Reifen
mit dem verborgenen Sang,
singe das Lied des Verlornen,
festlich dem Ende geweiht,
willig dem Spruche der Nornen,
edle Vergangenheit.

Vor die gefährdeten Füße
werfen sich Schweigen und Hohn,
nimmer begriffener Süße
zieht mir das Leben davon;
aber der Stern hält Treue,
der mit der tödlichen Pracht:
Nie noch erschuf sich das Neue
solch einen König der Nacht.

Schatten ihr duldender Brüder,
ferne, vergessen und still,
nehmt mich und leget mich nieder,
wo es die Gottheit will.
Mir ein Lager aus Feuer,
mir ein Byssusgewand!
Tiefer lebt ich und treuer,
da ich euch Tröstliche fand.

Draußen gehn Helden und Knechte
klirrend die schreckliche Bahn,
Augen der heimlichen Mächte
rühren mich Schlafenden an,
fern in der goldenen Stille
rauschen mir Brandung und Hain,
und jener göttliche Wille
läßt uns im Grabe allein.

Intarsia aus Vokalen

Alabasterhaft Geranke strahlt
über Gründen kühlen Grüns und führt
Blatt und Blüte zart und süß gemalt
an den Rand, wo Band um Band sie schnürt.

Gegen jede Ecke drängen zween
Schnörkelbögen, köstlich schön gewählt.
Jene Wölbung läßt uns Vögel sehn,
jene Reb und Ähre, engst vermählt.

In der Mitte zieht sich im Türkis,
fein die Zeichnung, Stein an Stein gereiht,
eine Glypte hin, ein reicher Fries:
Priam zeigt Achill sein bittend Leid.

Wohlform hoher Ordnung, holder Hort,
treu das Treue deutend, scheu Geleucht!
Leuchte Trost ins morsche Heute fort,
wo uns Gott vom großen Borne scheucht.

Nun dich, stummes Wunder, zuchtvoll sucht
Laut um Laut, die Schau so *bauend* auch,
tu sich auf die bruderblaue Bucht
aus der Stunde Rauch!

Ode an die Buchstaben

(Dritte asklepiadeische Strophe)

Dunkles, gruftdunkles U, samten wie Juninacht!
Glockentöniges O, schwingend wie rote Bronze:
Groß- und Wuchtendes malt ihr:
Ruh und Ruhende, Not und Tod.

Zielverstiegenes I, Himmel im Mittaglicht,
zitterndes Tirili, das aus der Lerche quillt:
Lieb, ach Liebe gewittert
flammenzüngig aus deinem Laut.

E im Weh und im Schnee, grell und wie Messer jäh
schreckst das Herz du empor — aber wie Balsam legt
labend auf das verzagte
sich das Amen des klaren A.

Bebend wagt sich das B aus einer Birke Bild.
Federfein und ganz Mund, flaumig wie Frühlingsluft,
flötenfriedlich — ach fühl im
F die sanften Empfindungen!

Doch das girrende G leiht schon den runden Gaum
ihr, der Gier. Und das Glück, treulos und immer glatt,
es entgleitet den Gatten,
eh sich wandelt der Rausch in Scham.

Eh das H mit der Kraft heiliger Höhe heilt
das gebrochene Herz. Ob auch ein Buchstab nur,
H ist hoh: Allen Lebens
Atem ist sein erhabner Hauch.

Hauch, entstoßen der Brust, wildes empörtes K,
das voransteht der Kraft, das uns den Kampf befiehlt:
Gott ist milde und läßt dir
leise folgen der Liebe L.

Gab das M uns im Mahl, gab uns das Maß, den Mut.
Warm und heimatlich M, wahrhafter Mutterlaut!
Wie so anders dein Nachbar,
hat das N nur ein näselnd Nein.

Springt das P mit Galopp über Gestrüpp und Klipp,
löst sich Lippe von Lipp, und das hochherr'sche R
dreht, ein Reaktionär, das
Rad zurück und beraubt uns rasch.

Schwarze Luft, und sie dröhnt von der Drommeten Zorn,
und im Sturm steht das S, sausend und steil und stark,
und es zischen die Wasser
schäumend über Ertrinkende.

Doch das schreckliche Wort, tönend wie Tubaton,
formt das doppelte T. Treffendstes, tiefstes Wort:
Tot . . Wer fände noch Trost nach
solchem furchtbaren Eisentritt?

Aber Gott will uns gut, gab auch das weiche W,
das wie wohliger Wind über das Weinen weht.
Gab das Z uns: Es schließt den
Tanz, den Glanz und die Herzen zu.

Die innere Gestalt

Für Robert Hohlbaum

Mich erschreckt das Bild,
das der Spiegel malt:
Ein Verächter wild,
ein Zerbrochner bald;
denn ich weiß es gut,
daß ich Flamme bin:
Eine steile Glut
und der Gott darin —

Ja, der Gott darin,
o wie oft entweiht!
Doch von Anbeginn
vor der Zeit gefeit,
und ein dauernd Licht
noch im Lastermal,
das die Frucht aufbricht
meiner Sünd und Qual.

All was sterblich ist,
weht um Aug und Mund,
doch die Seele mißt
ihren innern Grund,
sieht sich furchtlos stehn
in des Gotts Gewalt,
einen Jüngling schön,
schmale Huldgestalt.

O du ferne Zeit
mit dem holden Licht,
die voll süßem Leid
mir herüberspricht:
Wie das Leid mich hält,
bist du wieder mein,
und die irre Welt
will gebändigt sein.

Nach dem Ebenbild,
nach der Traumgestalt.
Ein Verächter wild,
ein Zerbrochner bald
singt den Kanon rein,
lebt zurück zum Lied.
Alles sonst ist Schein,
was an ihm geschieht.

Schlusswort

Einsamkeit, vom Geist berührt,
macht das Wort mir rege.
Nach dem Ursprung, vielverführt,
bin ich auf dem Wege.

Hundertfältige Gestalt
stiehlt sich vor die eine.
Klang begreift das alt und kalt
immer Allgemeine.

Flieh ich aus des Lebens Schein
in das Sein der Sprache:
holt auf halbem Weg mich ein
fahler Bilder Rache.

Ward dem Wort auf bittrer Flucht
Rast in letzter Silbe:
Zweifel läßt nichts unversucht,
daß es *dort* noch gilbe —

Oder fruchte, irr und wirr
an verfluchtem Baume:
Pflück ich's, ist es nicht von mir,
war nur mein im Traume —

Steh ich, läuft es übers Ziel,
schlag ich Lärm, so schweigt es.
Erst aus tiefstem Schuldgefühl
in die Schöpfung steigt es.

Aus »HIER IST DAS WORT«

HIER IST DAS WORT

Wort, ewig wiederholt

Du treues Wort, das im Anbeginn war
und bei Gott war und göttlich gespeist
Gott *war* und göttlich das Fleisch gebar
und gewohnet hat in dem menschlichen Jahr
und gewohnt unter uns, treuer Geist —

Treuer Geist der ewigen Wiederkehr
aus dem Laut, der Geschaffnem sich leiht,
immer wieder erschaffend die Erde, das Meer,
und kehrend zurück aus der Zeit der Gebär
in die Stille der Ewigkeit —

Zurück und geholt in den Lärm, in das Leid,
immer wieder geholt und gehegt
von den Lieblingen dein, auf dem trüben Gebreit,
auf dem schmalen einst, auf dem schmäleren heut
Gott gehorsam ans Herz gelegt —

An den Anbeginn, wo es immer war
und bei Gott war und göttlich gespeist
Gott *war* und göttlich das Fleisch gebar
und gewohnet hat in dem menschlichen Jahr
und gewohnt unter uns, treuer Geist.

Geist — Sprache

Da er ein Mann ist, muß er um sie werben.
Da sie ein Weib ist, schenkt sie sich ihm ganz.
Er kann sie zwingen nicht, jedoch verderben.
Sie kann ihn nur erhöhn mit ihrem Glanz.

Die hellen Söhne, die sie ihm geboren,
vererben ihm ihr Blut. So stirbt er nicht.
Und bis ins letzte Lächeln, unverloren,
bezeugen sie das Mutterangesicht.

Sprache innen

Die ich so nehme als Bild und als Klang,
ist sie denn mein?
Rührt nur die Schläfe, streift nur die Wang,
glänzt wie am Glase der Farbüberfang,
geht nicht hinein.

Nennt einen Baum und beläßt ihn im Traum,
schwanken Gewichts.
Eben im Leben noch, eben im Raum,
scheuestes Wunder, noch wagt es sich kaum,
und es ist nichts.

Alle die Dinge, ein tödlicher Kranz,
stehen davor.
Sprache du, außen verlösch mir den Glanz,
tilg mir die Augen, zerstöre mich ganz,
schließe das Tor!

Öffne das Tor, und hinab und hinein
bis auf den Grund!
Da wird es magischer welträumig sein.
Endlich mit dir allein, seelenallein,
löst sich der Mund.

Zweierlei Leben

Über dem Tag und hinter dem Wissen
lebt ein Leben neben dem Leben,
diesem mit jenem Sinn zu geben.
Wen es ergriff, der mag es nicht missen,
wer es nicht kennt, den kränkt es nicht eben.
Dem, der da redet, hat Zufall den Bissen,
Gott dem Erstummten die Sprache gegeben.
Laßt uns die Wimpel des Wortes hissen,
ins Unsägliche uns zu erheben —

Und das Leben erblaßt daneben.

Die Schwestern

(Sprache : Musik)

Helle Geliebte du, anders uns teuer
als deine Schwester im dunkelnden Schleier,
führe die Schwester! Die Schwester ist blind.
Zeitlos schauen die blicklosen Sterne
in den unendlichen Raum einer Ferne,
die auf dem Grund der Seele beginnt.

Gib ihr die Hände, daß sie erfühle
solcher Geformtheit kristallene Kühle,
fühle das Zwingende deiner Gewalt!
Laß sie ertasten unsterbliche Nähe,
daß ihr das Wunder der Augen geschehe,
jenes der Griechen: Die reine Gestalt.

Sprachanbeginn

Im Anfang war das Schrecknis. Übermächtig
sind Götter und Dämonen; Tat und Ding
geheim, unsagbar. Schwer gewaltenträchtig
ist das Geschickte, doch der Mensch gering —

gering, dumpf, einsam. Namenlose Krume,
du schweigst ihm, und ihm schweigt der schwarze Wald.
Bis ihm aus erstem Anruf holder Blume
der erste Name selig widerhallt.

Schon nennt er seinem Weib mit wirrer Lippe
— das neue Feuer bricht in Garben aus! —
den Feind, den Hunger; Wiegenlied der Sippe
nach grauer Nacht: die Waffen und das Haus.

O namenreiches Glück, sich mitzuteilen!
Du Gnade, von der Gottheit schön geschickt!
Du runder Laut, der Urangst zu enteilen!
Beschwörend Waches, dem der Zauber glückt.

Du wahrstes Wunder! — Ihr halb blinden, trägen
Gefühle, du Geschautes in und um:
Nun laßt ihr euch vergleichen und bewegen
und ordnen nach der Worte Mittlertum.

Aus himmlischer Geburt ringt der Gedanke
sich los und schafft die Welt zum andernmal.
Das meisterliche Ich zerschlägt die Schranke
und löst das Du aus seiner stummen Qual.

Ein strengres Üben fügt im Bild zusammen,
was sonst in Bildern flüchtig war und Dunst.
Entflammt am Geist, darf es den Geist entflammen.
Denn Gott ergab sich.
Und schon spricht die Kunst.

FORM UND GESTALT

Nicht das kaum Entgorene

Nicht das kaum Entgorene
gibt dem Hiersein Halt.
Stündlich ins Verlorene
treibt uns Todsgewalt.
Erst das streng Erkorene
bleibt und wird nicht alt:
Alles Ungeborene
will in die Gestalt.

Vorgang des Schaffens

Ihr fragt, wie ich es mache?
Im Anfang war die Sache.
Ich rück die Flach- und Schwache
in holde Wesenheit.
Ein guter Geist steht Wache,
daß mir das Wort gedeiht.
Da wird die arme Sache
am Ende tief und weit,
und über Raum und Zeit
beruht sie in der — Sprache.

Aquarell in echter Technik

Vom Wasser das beweglich Flüchtige.
Das Hingehauchte von der Luft. Vom hellen
Malgrund das Licht, das Nicht: Auf keuschen Schnee,
Schuld ahnend, aufgesetzt die schwarzen Stellen.

Das nie ganz Fertige. Der Augenblick,
das Bild im Blitz; gesehn, erfaßt, vergangen.
Der Schmelz des Schmetterlings, verwunschnes Glück
der Kirschenblüh, Lasur auf Pfirsichwangen.

Vorauf das Hell- und Leichte; Seele ganz.
Darüberhin, in jener satten Schwere,
das dunkel Mütterliche der Substanz.
(Daß also Seele *vor* dem Körper wäre!)

Zerfließend so wie jene. Dennoch Halt
und Zeichnung gebend wie der Gang von Träumen.
Das *Eigentliche.* (Hat aus sich Gestalt.)
Wozu noch Schweiß? Es *muß* sich gar nicht reimen.

Licht — nicht — Gedicht

(Lautsymbolischer Versuch)

L-ich-t: Mit L-eben hebt es an,
und das -ich- bleibt schöne Mitte,
ward die T-at am End getan.

N-ich-t: Schon zeigt die N-ach-t ihr Wesen:
Macht das ich zu ach. Am Schluß
ist das T wie Tod zu lesen.

Gibst du dem Ged-ich-t nun Raum,
steht zuhäupten der Ged-anke,
und das T nach -ich- wird Traum.

Auf den Buchstaben S

Du Urweltbuchstab, Midgardschlangenleib,
geschlungen um den Lehensgarten Erde!
Der 8 verwandt, dem ewigen Verbleib
im Doppelkreis hermetischer Gebärde:

Legst du dich in die Waage, weibsbereit
dem Dunkelstrom des schöpferischen Bösen,
zerreißt das Anbild der Unendlichkeit
zum offnen Zeichen, Endliches zu lösen.

Da du im Lot stehst, dürstet es dich sehr,
zum Weltenfeuer strack dich aufzurecken,
und als ein Stab und Stamm, den Fuß im Meer,
vom Allmark des Lebendigen zu schmecken.

Denn als ein Erbweg ist gelegt in dich,
im Stehenden und im Bestand zu enden.
So hält dich, kluge Schlange, meisterlich
der Heilende in magisch weisen Händen.

Variationen über ein gegebenes Thema

(Spruch für eine Sonnenuhr, Marktgemeinde Neulengbach, Niederösterreich; Vorwurf: Fresko eines Rossebändigers)

I

Der Mensch, so schmal in Zeit und Raum gestellt,
wie hier der Schatten auf der Sonnenuhr,
er zähmt gleichwohl den wilden Lauf der Welt,
zwingt er in Dienst die eigene Natur.

II

Der Zeit entfesseltes Gespann
stürmt sinnlos wild hindann, hindann.
Wenn nicht der Mensch, als Herr der Welt,
ihm planvoll in die Zügel fällt.

III

Ein Rossepaar im Lauf: Die Zeit, versteht!
Der sie zu bändigen sucht: Wir selber, wißt!
Ein Schattenstab, der mit der Sonne geht:
Der Mensch in seiner armen Erdenfrist.

IV

Es meint das Bildwerk dieser Uhr:
Der Mensch beherrscht die Kreatur.
Doch bleibt es bloß am Rand gemeint,
wenn einmal nicht die Sonne scheint.

V

Es schlägt das Herz, der Schatten rückt.
Was gestern fehlging, heute glückt.
Was heute glückt, ist morgen Schein.
Bezwing die Zeit, um Mensch zu sein.

VI

Der hemmungslosen Zeit, die sinnlos ist,
entgegenstemmt der Mensch den Stolz des Geists.
Da er an ihr sein irdisch Tun ermißt,
verfällt's der Zeit, jedoch nach oben weist's.

Vom Adel des Körpers

(Große Asklepiadeen)

Viel des Lobs am Geschöpf ist zu begehn. Freilich,
es bilde sich
aus dem Schöpfer das Maß, sinnvoll gestuft: Schön
sei der Baum gesagt,
schön das streitbare Tier. Aber wie einst Pindar
das Menschliche
groß verherrlicht hat, sei wieder der Mensch, Mitte
der Dinge, *er*
groß gerühmt! Mit dem Mut, der nicht Vergleich,
nicht Elemente scheut,
geht er, göttlicher schon, aufrechten Gangs seinen
Bereich zu Rand.
Mit dem Mut, der es wagt, Blume zu sein, lebt da
die Jungfrau ihr
ungenütztes Geschlecht, lebt, der es weiß, seinen
gewagten Tod
jener Jüngling; es denkt Welten der Mann. Aber
es haben den
höchsten Rang, der nicht welkt: Mütter. Gefaßt
tragen, erhalten sie
was sich formt, durch die Zeit: Ahnengewiß,
leibhaft, gegliedert, stet.
Zwar, Geformtes zu wahrn, jegliche Art übt's,
und es ist der Art
eingeboren. Von selbst, ohne Gewalt will sie
Figürlichkeit.
Wohl, bloß Körper ist dies: kaum noch beseelt,
oder vom Leiden nicht
ausersehen, verfällt's bald der Natur, hat seinen
Tod in sich.
Aber Adel beginnt, erst wo der Mensch ahnen
gelernt. Es hat
kaum der Stoff ihn verführt, geistüberhöht zwang
ihn ein sel'ger Zwang,

sich zu äußern. So ging, Durchgang des Gotts,
endlich als Sieger er
dem Geschöpflichen vor. Krönend vertritt alles
Geschaffene
er seitdem, und er wirft kühn in den Kampf seine
Gefährdetheit.
Ah, da streben ihm zu, gültig wie er, Sinnbild
wie er zu sein,
alle Wesen. Er hat aber, die Wahl echt zu bestehn,
nur eins:
Schönheit.. Dies ist gesetzt: Herr seiner Welt
(Sprache zu haben), tilgt
er mit Wissen die Schuld. Aber das Herz weiß von
dem Wissen nichts.
Schönheit will es, sie ganz. Fruchtbar und stark,
weil es die Liebe hat,
bildet, zieht es den *Leib,* daß er, geliebt, diene
mit Liebesmacht.
Schulter, Lende und Haupt, biegsam Gelenk,
farbiger Schmelz der Haut,
Stimme, tönend gefügt, all dies beseelt, edler aus
Wettbewerb
eins vom andern genährt — Sollt ihr des Tods Raub
sein und endlich nichts
als vergänglich Gefäß? Nein, mit dem Mut eurer
Vollkommenheit
wahrt, beschützt ihr den Glanz. Ewig beschwört,
euch zu verewigen,
die *Gestalt* euer Maß; standbilderhaft, da ihr
die *Kunst* geweckt,
und unsterblich seitdem Hermes Olympia.

DAS MELOS

Begegnung mit dem Melos

Wie ein Geisterlaut
durch die Stille geht,
wie am Mittag Pan
in den Feldern steht:
Also unvertraut —
und ich stand und sann —
sah dein Auge mich
an.

Da du kamst von fern,
aus verborgnem Land,
deine Sprache war
mir so unbekannt;
deiner Stirne Stern
aber bot so klar
wie ein Spiegel dich
dar.

Eine Ewigkeit,
einen Augenblick
hat mein Herz gebebt
von dem großen Glück.
In die bittre Zeit
ist die Spur verschwebt,
wie ein Windhauch sich
hebt . .

An den Mond

Du mir am Himmel,
goldener Sichelmond,
den ich zu sehen schon
nimmer gewohnt:
Weil mich mit großem
Gram das Geschaute schlug,
weil ich ein Leiden tief
herzinnen trug —

Du mir am Himmel,
Mondsichel, golden schön,
wirst, was mich quält und reut,
sicher verstehn:
Alle des Menschen
bittre Vergeblichkeit,
die mich hindurchgehn läßt,
aber nicht feit —

Du mir am Himmel,
selig und unbeschwert,
mir ist das Hirn so oft
völlig zerstört.
Mir ist das Herz so
oft außer Rand und Band,
ahn' ich in dir einen
reinen Bestand —

Du mir am Himmel,
Sichelmond, schön aus Gold,
bleib meinem Nächtlichen
brüderlich hold!
Wie überm Abgrund
Liebe als Rettung schwebt:
Bleib! Und ich lebe und
habe gelebt!

Der Reigen

Meine Dinge sind fromm.
Willst du wissen, dann geh!
Willst du schauen, dann komm!
Hier ist Falter und Reh,

hier ist Blume und Stern.
Willst du gut sein, besteh!
Meine Dinge sind fern.
Was da ist, ist von je.

Laß nur fallen, und gern
bist du schwebend gebannt.
Willst du haben, dann lern:
Hier ist heiliges Land.

Aber tief, aber ganz
steh der Dornbusch in Brand!
Welch ein Schmelz! Welcher Glanz,
aus dem Leiden erkannt!

Was verging, kann nicht fort
von dem magischen Tanz.
Denn das Wort ist ein Hort,
und den Tod überwands.

Aber frag nicht zu viel!
Wolkenhaft ist das Wort.
Hier ist Ursprung und Ziel.
Hier ist heiliger Ort,

hier ist Boden und Baum.
Willst du schauen, dann komm!
Aber rühr nicht am Traum!
Meine Dinge sind fromm . .

Aus dem Traum gesprochen

Ich bin nicht hier, und noch nicht bin ich dort.
Die Blumen, ach die Blumen, ferne Zeit!
Wir hausen so, an einem Zwischenort.
Es starb so viel. Der Bettler singt. Es schneit.

Ich sitze schon im Zug. Kein Schmetterling
verfliegt sich bis hieher. O Abendstern,
o herbstversunkner Garten! Eben ging
die Frau vorbei. Für immer. Schön und fern,

und immer weiter von dem Anbeginn.
Zwei Uhren schlagen, lautlos. Einer lacht.
Zu brechen Brot, zu teilen, sei der Sinn,
sagt eine Stimme. Wär es doch vollbracht!

Ist dies schon Traum, dies Kindesangesicht?
O Mutter, weißt du noch? Es war einmal.
Der Nachbar fragt: Wie spät? Ich weiß es nicht.
Ich liege schon. Ich habe keine Wahl.

Es wird schon spät sein. Ja, es ist wohl spät.
Die Götter gingen schlafen, müd wie du.
Die Blumen, ach die Blumen! Einer steht
als Engel vor dem Gartentor. Wozu?

Du darfst nicht klagen. Für die Ewigkeit
bist du gemalt. Sei still, die Stirne fehlt.
Die Hand im Bild ist klein und zart. Es schneit
auch nicht mehr. Dieses Gold ist ungezählt.

Gehört dem Bettler. Sind wir schon am Ziel?
So bin ich wieder, wo ich immer war.
Nun steht er nicht mehr dort? Mir starb so viel.
Die Blumen, ach! — Wie ist es wunderbar . .

Böse Verzauberung

Es ist in einem fremden Land.
Es ist in einem fremden Haus.
Am Tisch ein welker Blumenstrauß.
Und leiser Regen fällt.

Hier war ich einmal, eh ich war.
Und dann vergaß ich Berg und Baum.
Nur manchmal grüßt dies Land im Traum.
Da ist der Turm und winkt.

Ich weiß nicht, was in dieser Frist
noch mein ist. Es verwirrt sich so.
Als ich noch gut war, war ich froh.
Der böse Regen fällt.

Ich kann nicht denken. Mir ist bang.
Es ist in einem fremden Haus.
Die Sprache sagt es auch nicht aus.
Es fällt wie in ein Grab . .

Vom Gedicht

(Distichen)

... aber das Höchste zu tun, was Menschen zu wirken erlaubt ist,
auszusprechen sich selbst, schön, in der reinen Gestalt:

Lebe die Sprache dafür! Und kommst du in fürchtiger Andacht
näher dem Wesen, dem Satz, füge sich Rhythmus und Reim!

Fühl: Schon pochts in den Fingern. Es pulst das Blut dieser Erde,
doch der Geist überhöhts in die beseelte Natur.

So befiehlt es die Kunst. Noch untergründig und ferne,
doch der Sterne gewiß, naht, was geheim: Das Gedicht.

Inniger ruft es dich auf, das Menschliche menschlich zu schauen,
und das getrennte Geschlecht eint es in himmlischer Luft.

Fühl im Gleichklang des Reims die nie erhörte Umarmung,
Schoß an Schoß die Gewalt neu sich gebärender Welt!

Denn es ist das Gedicht gewaltig, doch keimhaft am Anfang,
und Äonen bedarfs, eh es zum Gleichnisse reift.

Königlich lebt es alsdann. Ihm danken verlorene Menschen,
sonst durch Welten getrennt, Wiedersehn, Eintracht, Bestehn.

Läßt dich das Melos nicht schlafen, Tonfall verklärendster Liebe,
träum dir die Schönste herbei, leg ihr dein Glück auf das Haupt!

Leg ihr zu Füßen dein Herz, damit gesammelt verbliebe
Ur-Glanz, den schrecklich die Zeit, ach, unsern Herzen geraubt.

DER REIM

Der Reim

Wie der Bruder um die Schwester buhlt,
und es ist Natur und dennoch Schuld:

Also zieht es, geist- und leibverwandt,
Wort zu Wort mit unsichtbarer Hand.

Sucht das Ausgesetzte Trost des Lichts
in der Rückkehr eines Angesichts?

Täuscht noch einmal die zerstörte Welt
Frieden, eh sie auseinanderfällt?

Singt der jugendliche Parricid
sich im finstern Wald ein lautes Lied?

Wieder-holend, was sich sonst verlor,
will sich retten das geschwächte Ohr?

Braucht der kurze Atem noch zur Rast
eine Krücke, die ihn unterfaßt?

Ach, ein alter Mann erinnert sich
einer Zeit, die reimlos ihm verwich.

Aus dem Eden, das einst seines war,
trat heraus ein erstes Menschen*paar*.

Jede Sünde trägt in sich den Keim
der Erlösung: Und schon *tönt* der Reim.

Ihm, der fiel aus Eins und Urgestalt,
schenkt ein Engel mit der Schönheit Halt.

Süßer Rausch verführt und streichelt leis,
bis die Angst nicht mehr vom Tode weiß.

Was dem längsten Leben nicht gelang,
schafft im Augenblick ein Widerklang.

Der den alten König umgebracht,
tritt nun selber in die Königsmacht.

Die Verstoßnen, auf der Erd allein,
gehn im Himmel eine Ehe ein,

Regenbogen über Land und Meer
stellt die alte Schöpfung wieder her.

Reim, Sache der Liebe

Von Zweifeln frei und selbstgerecht,
liegt Gleich bei Gleich — und lebt sich schlecht.
Es göttlich zu beginnen,
das Spiel beginne *innen!*

Es wächst die Wahl am Unterschied.
Der heizt der Lust und wirds nicht müd,
den Wilden mit der Reinen
im *echten* Ziel zu einen.

Und wie der Laut die Landschaft malt,
schon nehmen sie drin Aufenthalt.
Das übt im Hin und Wider
das freie Spiel der Glieder.

Wie sind sie doch einander gut,
ihr Zögern und sein Übermut!
Nach manchem Sich-entwinden:
Er sucht, sie *läßt* sich finden.

Der vor dem Letzten bange war,
ihr löst sich lind Gewand und Haar.
Er, dem das Herz verbrannte,
erkennt die längst Erkannte.

Er sammelt auf ihr Angesicht
das Licht mit leichterem Gewicht,
daß alles sie gewähre,
nur nicht das Ungefähre.

Und schöner als vor diesem brennt
der Abendstern am Firmament.
Durch tausend Weg' und Wunden
hat Liebe heimgefunden.

VOM RHYTHMUS

Der Jambus

Der Menschenstimme das gemäße Maß,
so setz ich ruhig gleichend Schritt vor Schritt.
Ein Läufer, der des Zieles nie vergaß,
nehm ich die Strecke, nehm die Kehre mit.

Die Leere lass' ich auf, dort wo ich geh,
wird nach der Ferne hin ein voller Raum.
Eintönig *schein* ich bloß, doch hat ein Weh
schon Platz in mir, und Wille auch und Traum.

Nehm *ich* es bei der Hand, wächst dem Gedicht
— hör, *wie* es ruhig atmet! — noch im Klang
der ärmsten Sprache Welt zu und Gewicht.
(Die *große* Sprache krönte ich schon lang'.)

Wie *sie* mich vorstellt, stell ich mich vor sie
und stell sie vor: Schon wirkt die Wechselkraft.
Mög es, bei Gott, ein Schauspiel voll Magie,
ein Hörbild sein gelassner Leidenschaft!

Der Daktylus

Leidenschaft führt mir die Schale zum Munde.
Leidenschaft wirft mir in seliger Stunde
her aus dem Himmel den hüpfenden Ball.
Wie er die Erde schlägt, Sendling von oben,
bin ich ins reichere Dasein erhoben,
lobe den Schöpfer und liebe das All.

Fingerlein bin ich und zärtliche Zehe.
Ach, meine Füße vergehn vor der Nähe
strahlender Genien blindlings im Tanz.
Aufgelöst, leb ich dem Leben am Grunde,
Leidenschaft führt mir die Schale zum Munde,
und einem Gottjüngling schenk ich den Kranz.

Fühl, ich bin ganz ohne Schuld oder Bürde.
Schwebende Schönheit: So heißt meine Würde;
Kind sein, ich darf es, wie gern bin ich Kind.
Leidenschaft führt mir die Schale zum Munde,
daß ich nicht ahne, wie dort, wo die *Wunde*,
dort, wo die *Schuld* ist, der Mensch erst beginnt.

Der Anapäst

Erst beginnt ja von Gott aus das reine Geschehn.
Die Geburt läßt den Kömmling im Schwebenden stehn.
Doch der Kömmling wird stark und erzwingt sich den Schritt,
sich den Aufschlag, rennt an, und den Fuß reißt es mit.

Hat er *einmal* die Schranke verletzt, ist kein Halt.
Er verkehrt das Gesetz, und Gewalt ist Gewalt.
Was getanzt, was geruht, was am Herzen Gott hing,
wird zum treibenden, frevelnden, mordhaften Ding.

Ich als Takt — ohne Tat — hab es nie so gewollt.
Mir war Fingerlein lieb und die Zehe tanzhold.
Als ich einbrach bei Gott, in das Sein, in das Sein,
o wie war ich, der Räuber, dort herzlos allein.

Wieder will ich, wie du, in den Ursprung zurück.
Und der Tanz, ja der Tanz wär gegebenes Glück.
Aber mein ist die Schuld. Was geschuldet ist, gilt.
Und ich halt' es Gott wahr, wie der Geist mir befiehlt.

Der Trochäus

Mir befiehlt ein rasches Wesen.
Wie ein Sprung bin ich zur Stelle;
schnelle mich von schwanker Schwelle
in den Ring und führe den.

Rede gern, bin leicht zu fassen.
Kleinen Liedes muntre Gabe,
leichter Trostspruch überm Grabe,
sind mir gleicher Dinge schön.

Lebe, liebe, sing und schwärme.
Flugs der Schwäche zu entrinnen,
Rosen will ich, Reime sinnen
und bei Flöten untergehn.

Blauen Abgrund schenkt die Stunde.
Spür die namenlose Leere!
Weibsein ists, wovon ich zehre
ach, den Menschen zu bestehn.

VON DEN FORMEN

Von den Formen

Nicht zufallhaft,
vom Witz erfunden,
nein, aus der Kraft
des Geists entbunden:

Was zeit-verrinnt,
raum-einzuleiben,
so, wie sie sind,
vererbt zu bleiben;

mit Fuß und Hand
und Gang und Zügen,
figurgebannt
sich dreinzufügen;

gezählt im Wort,
getreu den Normen,
nichts zu, nichts fort,
bestehn die Formen.

Die meint ein Lied,
die Ruf und Rede;
und jene glüht
von Streit und Fehde —

und alle gehn
mit festen Schritten
dem Lebenden
aus Herzensmitten,

und jede weist
den Tod am Rande.
(Schlug doch der *Geist*
sie einst in Bande!)

So alt gewohnt,
so neu beglichen:
Die Kunst belohnt
den Meisterlichen.

Aus: Der Heroische Vers

(Gemischte Zäsuren)

Also fügt es der Vers. Hebt an, in Treue zu zeichnen
Oben und Unten, das Spiel der gegensätzlichen Pole,
Abenteuer des Raumes, Gezelt voll schillernden Hergangs,
bildende Kraft und Zerstörung, das Weib, den Mann und die
Sterne,
die darüber beruhn: Im Wandel ewige Dauer.

Gleich bleibt immer das Herz, und allem am Grunde ist Liebe.
Immer drängt es sie beide, sich darzubringen im Schönen,
sich ein Denkmal zu setzen mit erz-überlebendem Liede.
Großer Atem verfällt, doch wächst dem Menschlichen anders
Sprache zu und Geschick, wo Zartestes stammelt, Umschlingung
stöhnt und Abschied kein Wort hat — nur hilfloses Hinschaun
und Schluchzen.

Ach, das Lebendige redet in immer wechselnden Zungen
und das Heutige denkt, sich formend, nimmer der Frühzeit.
Ob auch einstiger Klang Erinn'rung leis noch heraufreicht,
weit durch tönendes Erbe bis her in unsre Bewährung,
wo die Liebenden wieder wie eh und je sich umarmen,
weitergebend des Gotts Gestalt, und süß, wenn nicht heldisch,
zeugen, gebären: Den Reim —
jener frühen Gesänge Verwandlung.

Das elegische Distichon

Hirtlicher Vers, du schwindest dahin? Und hatten doch einstens
Liebende schön dich ersehnt, Sänger dich fruchtbar gemacht!

Wohl rührt Wehmut uns an im Zauber bukolischen Bildes,
aber wie lang noch gelingt's, daß wir das Deine verstehn?

Holde Zerbrechlichkeit, doch eben darum von Bestande,
tief versponnene Welt, Pulsschlag des inneren Seins . .

Treulos und klug, vom Leiseren fort, entstrebten die Dichter,
und die eherne Zeit greift nach dem wilderen Sang.

Schrecken jeglicher Art umbranden die Pforten des Herzens,
nichts Betuliches mehr duldet des Sängers Beruf.

Kriegsmann er, am Kriege entfacht, verschworen dem Kriege,
schließt ihm Gefährdung den Mund, oder ihn spornt die Gefahr.

Furchtbar gehn wieder die Schlachten, o Schlachten der
Faust wie des Geistes,
zwecklose Träne, sie irrt um der Getöteten Mal.

Was nicht taugt in des Tags gehäuftes Maß der Verpflichtung,
stirbt, stehn Männer nicht auf, Zwecklosem Anwalt zu sein.

Wer behütet den Sinn und wagt das Unzeitgemäße,
haben die Dichter nicht Mut: Klage und Trauer und Traum?

Sie, doch ewig im Abschied, um ewig Heimat zu finden,
müßten sie, friedlicher Vers, Deines nicht leidvoll erneun?

Ach, versuch's, ersterbender Klang! Vielleicht, daß der Götter
Segen noch einmal dir schenkt: Zukunft, Lebendigkeit, Glück.

Coda:

Nichts als ein Ahnendes bang
begleitet den Wandrer, den Menschen.
Aber der ferne Gesang
führt ihn zum Ursprung zurück.

VARIATIONEN AUF EINE HÖLDERLINSCHE ODE

An die Parzen

(Alkäische Strophe)

Nur *einen* Sommer gönnt, ihr Gewaltigen!
Und einen Herbst zu reifem Gesange mir,
daß williger mein Herz, vom süßen
Spiele gesättiget, dann mir sterbe.

Die Seele, der im Leben ihr göttlich Recht
nicht ward, sie ruht auch drunten im Orkus nicht;
doch ist mir einst das Heilge, das am
Herzen mir liegt, das Gedicht gelungen,

willkommen dann, o Stille der Schattenwelt!
Zufrieden bin ich, wenn auch mein Saitenspiel
mich nicht hinabgeleitet; *einmal*
lebt ich, wie Götter, und mehr bedarfs nicht.

Transfiguration in eine kleine sapphische Strophe

Einen Sommer gönnt, ihr Gewaltgen! Einen
Herbst mir nur zu reifem Gesange, daß mein
Herz, vom süßen Spiele gesättigt, dann mir
williger sterbe.

Der ihr göttlich Recht nicht im Leben ward, sie
ruht, die Seel, auch drunten im Orkus nicht. Doch
ist das Heilge einst, mir am Herzen, das Ge-
dicht mir gelungen,

dann willkommen, Stille der Schattenwelt! Zufrieden bin ich, wenn auch mein Saitenspiel mir nicht hinabfolgt. *Einmal,* wie Götter, lebt ich, und: mehr bedarfs nicht.

Auflösung in einen daktylischen Rhythmus

Mir einen Sommer nur,
voll und gedrang,
und einen Herbst mir
zu reifem Gesang
gönnt, ihr Gewaltigen,
daß von dem süßen Weh
satt und gewillter
mein Herz mir vergeh!

Ward ihm sein göttlich Recht
hier nicht im Licht,
ruht es im Orkus,
auch drunten noch nicht.
Doch wenn das Heilge mir,
frommer und strenger Sang,
der mir die Seele
sehrt, endlich gelang:

O dann willkommen du
Schatten und Traum!
Und folgt zur Nacht mir
mein Saitenspiel kaum:
Sei es dann! *Einmal* und
da ich es oben schlug,
lebt ich, wie Götter,
und das ist genug.

Inhaltsmäßige Variation: es spricht der in das Diesseits gerichtete Mensch

Mir mein Recht, mir den Ruhm, eh die Nacht
dieses Leiden vergeblich gemacht.
Mir schon hier einen Kranz, eine Kron,
daß das Bittere heile davon!

Daß die Schwinge sich breite wie eh,
daß mein Herz mir dann lieber vergeh!
War ich hier nicht ein Held, nicht ein Gott,
bin ich dort ewig Schweigen und Spott.

Wen die Sonn hier nicht göttlich bescheint,
nicht gebucht, nicht bewahrt, nicht beweint
geht er aus, und mit ihm stirbt zugleich
sein Gedicht, seine Hoffnung, sein Reich.

Ach, Unsterblichkeit ist nur ein Wort.
Jeder Ruhm ist dem Toten verdorrt.
Hier das Licht, hier die Kron, hier den Kranz:
Wer da stirbt, stirbt für immer und ganz.

Es spricht der Tote, der Mensch des Jenseits

Da es mir heilig einst,
dunkle Gewalten!
galt es, dem Leiden die
Treue zu halten.
Flammend und flammeklar
wuchs mein Gedicht.
Daß ich ein König war,
wußte ich nicht.

Hier in der stillen Welt
ewig vernichtet,
seh ich den Götterbau,
den ich errichtet.
Leiden ist Wissen nun,
Flamme verging;
darf von der Erde ruhn,
die mich empfing.

Klage nicht, weine nicht,
lasse mich schweben.
Großes und Kleines blieb
droben im Leben;
du auch, der keine glich,
Harfe verwaist:
Nie mehr wird über mich
kommen der Geist.

Reinkarnation in der Zeit

Aufgestiegen, später Sohn
in dich,
nahm ich *ganz* der Leiden Kron,
krönte mich.

Und ich sahe, mein Gedicht
ist nichts.
Ein barbarisches Gericht
löscht es, brichts.

Keines Sinnbilds ist die Zeit
mehr wert.
Wahllos stürzt das heilige Leid
in das Schwert.

Geist von meinem, auf, verdirb
den Spott!
Einst gelebt wie Götter, stirb
wie ein Gott!

Später Sohn, leg mir dein Weh
aufs Grab!
Doppelt tot, verstumm ich, geh
ich hinab.

Verarbeitung einzelner Phrasen in selbständigen Gebilden

1. Notturno

Vom süßen Spiel gesättigt, ruhn
die Liebenden. Noch steht der Mond
im offnen Fenster. Vom Gebirg
weht Kühle,

und drunten, wo der Lindenweg
zum Fluß hinabgeleitet, lebt
wie Göttergruß ein Raunen auf;
einmal und

noch einmal, eh der Mond versinkt.
Nun hört — o stille Schattenwelt —
die Liebende im heilgen Schlaf,
am Herzen

des Freundes liegend, Saitenspiel
und regt sich zart dem Schweigen zu,
das einen Sommer gönnt wie *den*,
und lächelt . .

2. Scherzo

Ward der Seele je ihr *irdisch* Recht
ohne Freude? Schmerz macht tief, doch wund.
Trauern um der Trauer — das ist schlecht.
Lust ist Gnade, Lachen ist gesund.

Bin zufrieden, wenn die Seel mir warm,
während es im Leben stürmt und schneit.
Her die Laute! Mehr bedarfs nicht. Arm
ist, wer sich ergibt der dunklen Zeit.

Williger sterbe mir alsdann mein Herz,
da es mit Gesange abwärts zieht.
Tief und sehr gewaltig ist der Schmerz:
Doch ihn adelt erst ein göttlich Lied.

3. Rondo

Für Frau Elisabeth Ortner-Kallina

Wahrt euch den Herbst für den reifen Gesang,
schmerzliche Schau und gefährdetes Licht!
Näher der Stille und endlich gestillt,
war es vergänglich, vergeblich doch nicht.

Näher der Stille und endlich gestillt,
seid mir die sparsame Stimme der Pflicht!
Das euch am Herzen liegt, leidenempor
trägt es das Herz, das am Zeitlichen bricht.

Wenn es dem Letzten, der *Liebe* gelang,
war es vergänglich, vergeblich doch nicht.
Spätwo schaut einer, da unten ihr ruht,
Noch euer erzenes Angesicht.

Fern in der Not jener anderen Zeit
trägt es das Herz, das am Zeitlichen bricht.
Weitergegeben in Ewigkeit —
Immer vergänglich, vergeblich doch nicht.

Gestaltung eines neuen Gedichtes (hymnisch)
aus der Wort-Urmasse

Geleitet vom Herzen nur,
gönnt sie mir doch, die Orkusstille!
Liegt nicht am süßen Frieden drunten
der Seele Welt mir gesättiget?

Mein das Kommen der Schatten,
Spiele williger Götter, mein!

Im Gesange, gewaltigen,
zu einen
mich Leben und Gedicht,
nicht bedarfs, daß das Herz
einen Sommer will wie einst.

Einmal,
wenn ich sterbe und Herbst ward,
dann ist mir Reifem *mehr* gelungen:
Dann lebt auch ihr
zu mir hinab, auch ihr!

Ruht, o im Saiten-
spiel nicht das heilge Recht?
Bin ich nicht göttlich?

Transfiguration in eine asklepiadeisch-glykoneische (vierte asklepiadeische) Strophe

Einen Sommer nur, einen Herbst
gönnt zu reifem Gesang mir, ihr Gewaltigen!
Daß mein Herz von dem süßen Spiel
mir gesättigt ach, sterbe dann williger.

Ward der Seele ihr göttlich Recht
nicht im Leben, sie ruht dort auch im Orkus nicht.
Doch wenn einst mir das Heilige,
das am Herzen mir liegt, wenn das Gedicht gelang,

dann willkommen, o Stille der
Schattenwelt! Mir genügts, wenn auch mein Saitenspiel
nicht hinab mich geleitet; *ein-*
mal wie Götter gelebt: Andres bedarf es nicht.

Die sapphische Strophe

Edle Fügung, adliger Frühzeit Schwester,
wo das Herz noch Herz war; dem Ursprung nahe
als ein sprechbar Nächstes: Bewahrte je denn
besser der Mensch sein

Letztes: Schicksal? Nannte, was nottut, sagt' es
schicklich? Tierhaft unterzugehn ist nichts, und
fern nur rührt, weil sprachlos, das anders schöne
Sterben der Blume.

Groß gesetzt, Erlauchtes zu deuten; opfer-
schrittentrückt und flammend von Aufschaun; tödlich
lebend, schwer, doch gläubiger, da den Sinn zu
sehn uns versagt ist:

Also starrt sie, fragt nicht. Und fernher schwirrt der
Pfeil schon von des Strahlenden Bogen. Daß das
Unsre göttlich, Schreckliches schön sei und der
Gott es nicht klage.

Das Sonett

Fünf Stufen jeweils geht's gemeßner Steige
viermal hinan, und viermal kehrt es wieder.
Gestaltgewillt, damit das Chaos schweige,
umschlingen sich die streitgeschienten Glieder.

Da lebt sich der *Gedanke* bald zuneige;
ihn lähmt die Wand rings, soviel Maß hält nieder.
Geschlossen ist das Zimmer .. Eine Geige
will Antwort auf die streng gesungnen Lieder.

Und *redefroh*, schon spricht ihr frei die Ferne
und führt die Zeit herauf, die niemals steht.
Dreifaltigkeit greift in den Gang der Sterne.

Die Zeit entscheidet viel. Der Streit vergeht.
Versöhnt mit sich, hat nun die Welt sich gerne
und gibt sich hin: Mit Traum und mit Gebet.

Variation der Terzine zum vorangehenden Sonett

I

Schon ist sie da, will von Figur nichts wissen
und nichts von Raum und nichts von Schlüsselstrenge,
der Stirne abhold, Schmelz der süßen Kehle,

nur noch des Wohllauts ihrer selbst beflissen,
im Dreiklang lösend Wortes Angst und Enge,
verströmt sie, Gegen-Wort, die ganze Seele.

II

Ach, Antwort wird ihr, die der *Geist* verführte,
von einer Macht, nach der sie sich gesehnt.
Im *Blut* wird wach, was allem Blut gebührte.

Dort winkt das Ruhebett. Im hohen Schimmer
des Glücks vereint, geteilt zu ganz verschönt,
liegt Herz an Herz. Geschlossen ist das Zimmer.

Das Ritornell

Versuch's, den schönen,
den Kettenklang dir aus dem Ohr zu reißen,
wie ihn, gesungne Zeit, Terzinen tönen.

So vorbereitet,
beginn in jeder Strophe neu den Reimfang,
der stete Wiederkehr des Seins bedeutet.

Denn siehe, ohne
dies »Wieder« könntest du es kaum bestreiten.
Nichts lebte *weiter:* Vater nicht im Sohne.

Gelingt es aber,
dann hast du den Zusammenhang gefunden.
In Reihn am Wege stehn die Kandelaber.

Dazwischen liegen,
und immer eine andre, bunte Welten.
Des Genius Kraft mag sie zur Einheit fügen!

Und wenn die Glieder
nicht wollen tieferem Gesetze zollen,
straf sie mit Ächtung — und sie kehren wieder.

Es kann kein Stein aus einer Krone fallen,
wenn Gott nicht will und wenn der Herr und König
sie trägt mit Würde — Er ist über allen.

Schlussghasel

(Auch: Persischer Sinnspruch, alkaiischer Elfsilber, Sonett, Akrostichon)

Halt an, den Atem halte gewaltig an!
In dieser Sprache malte ich Glück und Wahn.
Es hat mich nicht gelüstet nach Ruhm und Rang.
Rückblickend steht verwüstet, was ich getan.

Ich wollte eine Größe, aus Blut, gedrang:
So gab ich mir die Blöße als reifer Mann.
Todbringende Empore, die ich erschwang!
Doch *raunt* mir noch im Rohre der stille Pan.

Als Spätling der Gestalter war ich bestellt,
sehr treu zu singen Alter, Gesetz und Plan.
Was immer in dem Niedergang stirbt und fällt,

obsiegend immer wieder, es sieht dich an.
Reich mir die Hand, bezeuge: Das Abendland
trug letzte Frucht. So schweige, wer reden kann . .

DAS BEKENNTNIS

Das Gewitter

I

Er saß in seinem Haus, allein, am Tisch.
Vor seinen Fenstern war ein Flammenmeer.
Er dachte nach. Er dachte schöpferisch.
Der Donner brüllte, finster dachte er —

Der Donner tobte. Und der Geist befahl
ihm, schön zu denken. Die Erschütterung
gab ihm den Mut dazu. Er hatte Wahl
wie nie vorher, er wurde jählings jung,

er rief die Erde auf (indessen die
betroffnen Kreaturen feig und bang
sich beugten in die wilde Dämonie),
und schrie und jauchzte in den Untergang,

und hatte Wahl und nahm die Wahl sehr streng
— die Blitze rissen ihm den Durchblick auf —
und im gesammelt furchtbaren Gedräng
erlebte er den ganzen Lebenslauf . .

Er saß in seinem Haus, allein, am Tisch.
Vor seinen Fenstern war ein Flammenmeer.
Er dachte nach, er dachte schöpferisch,
der Donner brüllte, jedes Wort wog schwer,

wie Erde schwer, er hatte ganz bei sich
die Schuld und das, was er für Sünde hielt.
Er sah sein Glück — Ein Blitz. So königlich
war nichts vordem: Er sah das Ebenbild,

sah es zerschellen, sah es wieder rein
und ganz beisammen — Blitz und wieder Blitz.
Die Flammen! Diese Flammen, wild herein
zu seinen Fenstern, magisches Geflitz —

Da lag die Seele bloß. Zu tun war nichts.
Der Donner tobte: Jetzt gib Rechenschaft!
Ach, Stammeln alles, Stammeln angesichts
jener gehäuften, letzten Leidenschaft.

Ein herrlich flammender Befehl zerstob
Gefühl wie Denken. Planlos? — Plötzlich. Ob
er Seins zu End gedacht, gefühlt? Genug!
Der Blitz erschlug ihn, den der Blitz erschlug.

II

War es ein Leben? Die Taten
zwischen den Seufzern zerpflückt!
Nichts. Unter Bauern verraten.
Nichts. Unter Städtern erstickt —

Blitz, so komm und beginne!
Donner, so dröhn und mach Schluß!
Zwischen euch zweien, mittinne,
schafft das geschaffene Muß.

Blitz, dem verkommnen Geschlechte
weise sein Hirn, seine Zahl!
Donner, die Spätlinge rechte
heim in die Strenge der Wahl!

In diesen bleichen Augusten
nimmer sei Milde, sei Ruh!
Nehmt uns, ihr oben, die Blusten
ab, und die Winter dazu!

Euch sind die wolkigen Herden
schrecklich bewegt und groß.
Werden sie reif, ist auf Erden
gotthaft der Himmel los.

Fürchten wir uns vor Gewittern?
Nein, wir fürchten uns nicht.
Wenn wir hier zittern, zittern
wir vor dem eignen Gericht.

Blitz und Donner: Es schlagen
jeweils die Wetter ein.
Ich, noch Verschonter, will's wagen,
Mensch unter Menschen zu sein.

Nichts ist dem Leben gegeben,
nichts ist dem Sterben Entzug.
Eben noch war ich ja, eben,
eh mich der Blitz erschlug.

III

Rings sind Felder: Schweiß und Besitz
und die Angst vor dem Schwund.
Uns Besitzlose trifft der Blitz
bis auf den Grund.

Städter nimmer, Bauern nicht mehr.
Kommende wieder noch nicht:
Wer formt aus alle dem Ungefähr
einst ein Menschengesicht?

Nimm das, wenn wir uns ausliefern, nicht,
Bauer, zu Nutz und Witz!
Jeder hat nämlich *sein* Angesicht.
Steh nur! Es *war* der Blitz.

Uns erschlug er. Und immer nimmt
er dich Seßhaften aus.
Aber wir, zum Schweifen bestimmt,
baun dem Äon sein Haus,

wir, zur Urangst verdammt, bedroht
von den Gewalten der Zeit,
wir erlebten den großen Tod
als Untötbarkeit!

Bild, von einem Höheren gemalt

Dies ist mein Bild. Das bittre Fleisch beruht.
Im Leben ist nicht soviel Untergang.
Hier starb zuviel. O Vater, mach es gut!
Du kannst es nicht? Das fürchtete ich lang.

Du bist ein Maler, wie ich keinen sah.
Du malst mir Hände, breit und viel zu groß.
Wenn ich dir klage, stehst du ehern da
und läßt im Hintergrund die Teufel los.

»Ich hab dich für die Ewigkeit gemalt.«
Was für ein Wort! Wie feige und wie klein!
Der Bettler hat die ganze Schuld bezahlt.
Was soll es noch? Er will nicht »ewig« sein.

Mal mir ein zartes Kinderangesicht
und einen Garten und ein Haus darin
und eine sanfte Frau — Das kannst du nicht?
Ich fürchtete es lang. Von Anbeginn . .

Janus

I

(Lasciate ogni speranza, voi ch'entrate)
(Dante, Inferno)

. . und als er an die neunundvierzig war,
geschah ihm mehr als sonst in vielen Jahren,
denn siebenmal war reif das Siebenjahr.

Nie wird der Künstlerfluch mit Leiden sparen.
Den immerdar Besessenen besitzt
zu jeder Frist der Abgrund der Gefahren.

Doch wie er sonst das Leben ungewitzt
gelebt: nun kamen plötzlich böse Zeichen,
von schrecklichen Gesichten überblitzt.

Er sah auf einmal. Schaute mit Erbleichen
sein eignes Antlitz. Dies war ohne Schutz
und preisgegeben finstern Unterreichen.

Der ihn vor jenem nie berührt, der Schmutz
blieb an ihm haften, zäh und drohend haften,
verzweifelt irrem Fluchtversuch zum Trutz.

Wie er des Mannes späte Leidenschaften
beschönigte mit Anspruch auf ein Glück,
darin die Risse echter Schuld aufklafften —

Wie ihm, vom Gift benommen, Stück um Stück
des wachen Daseins glitt aus Zitterhänden:
Ach, keine Beichte nähm' den Sturz zurück!

Vielleicht, daß ihm ein Herz (die Götter senden
mitunter eins mit nichts als Selbstverzicht),
noch hätte Heil gebracht, die Not zu wenden:

Er aber fand nicht, nein, er wollte nicht.
Er ging dem Dunkel offnen Augs entgegen,
weil in ihm eins vorbei war: Sinn der Pflicht.

Er sah zurück. Und ohne Herzbewegen
sah er voraus und sah auf Glanz und Ruhm
sich die Verlassenheit wie Schneefall legen —

und sah zerbrechen Werk und Menschentum.

II

(Dov' è il più sentimento lì è il più martirio)
(Lionardo da Vinci)

Vielleicht wird ihm die Prüfung — und es war
wohl alles Prüfung, was in diesen Jahren
an ihm geschah — dereinst zum Jubeljahr.

Er hätte, das Gegebne einzusparen,
es wohl vermocht (wie jeder, der besitzt),
sein »Sicheres« zu wappnen vor Gefahren.

Nicht daß er etwa, feige und gewitzt,
am Rand geblieben wäre: Nein, die Zeichen
sind da, zu handeln: Stell dich, wenn es blitzt,

nicht unter einen Baum! Die Blitze bleichen
zuliebst den Feigling. *Der* nur hat den Schutz
der Götter, der vermag, sich darzureichen.

Er geht hindurch. Der Acker ist nur Schmutz
für den, der in dem irdisch Heimathaften
ein Fremdling ist. Wer Erde hat, hat Trutz

zu bleiben. Fest, in allen Völkerschaften
steht dies zu lesen. Und ein hohes Glück
ist das Gemeinsame. Wo Wunden klafften,

litt sie nicht *einer*, litt sie nicht als Stück.
Wer sehr gefährdet ist, er gibt mit Händen
der Ganzheit an die Ganzheit sich zurück.

Und dieser hier — fürwahr, die Götter senden
mitunter einen, der mit Selbstverzicht
sich selbst vernichte, um die Not zu wenden —

und dieser eine *macht* sich selbst zunicht.
Stellt nur der Größe kleines Wort entgegen!
Pflicht ist ein *Wort*. Doch *wirklich* ist die *Pflicht!*

Was schnell bemakelt ist des einen wegen,
geschieht um alle. Letztlich ist der Ruhm
nur Sinnbild. Doch das *Sein* belegen

wissendes Herz und stolzes Martertum.

Mit fünfzig Jahren

I

Geschwür, das sich nicht schließt,
Verwundung, die nicht heilt.
Traumschatten, der zerfließt,
Tag, der vorübereilt —

Vielleicht, daß einer spät,
wenn all dies lang' vorbei,
das Schreckliche versteht,
die Folter und den Schrei —

und wie ich gut gewollt
und wie ich bös getan;
der Furcht, der Reu gezollt
und wieder neuem Wahn —

und wie ich endlich ganz
dem Nichts verfallen bin
und der geheime Kranz
mir sank dahin:

II

Hineingeboren in mein Ich,
ich hatte nichts zu tun als echt zu sein.
Doch diese Welt stand fürchterlich
dagegen auf, mit blutigem Widerschein.

Nun steh ich da, entlaubt, entnervt, entehrt.
Und sie, die Zeit, sie hätte nichts daran
verschuldet? Wie die Zeit sich wehrt!
Sie schiebt es ab, sie spricht sich frei vom Wahn —

Doch ich, für mich allein, muß meinen »Ruhm«
austragen dennoch: Niemals vorher war
einer so Volk. Und Volk ist Duldertum,
und ich ein Dulder, den das Volk gebar.

Was will die Zeit von mir? Ward mir Gebühr?
Geehrt hat mich die Macht, doch nicht gefragt.
So schließt sich nimmer das Geschwür.
Und alles, was ich sprach, bleibt ungesagt.

III

Für die Seel geringsten Raum
hätt' ich mir ersehnt;
fern dem Ehrgeiz, nah dem Traum,
und von Kunst verschönt.

Hab ich denn gedurft, was Tier,
Stein und Pflanze darf?
Da man mich der Mengengier
in den Rachen warf?

Hier in diesem sondern Land,
einst von Liedern drang,
leid ich nun, ins Haus gebannt,
an dem Mißgesang.

Lebe so.. Der Bauer nimmt
mein gerechtes Geld.
Aber seine Welt, sie stimmt
nicht mit meiner Welt.

Und die größre Welt, sie hat
Rasendes zu tun.
Bleibe so Geschöpf der Stadt,
auch in Bauernschuhn —

Wie Ovid, in Trauer, wein
ich der Heimat nach.
Habe keine. Habe kein
eigenes Gemach.

Ganz ist die Verbannung, ganz.
Der von außen faßt
nur den Schein, den Aberglanz,
nicht die innre Last —

Ach, ein Berg Verlassenheit
liegt auf meiner Brust.
Meins und alles Daseinsleid
ist mir grau bewußt . .

IV

Ich will von dem nichts reden,
was jeder Zeit gemein.
Die Furchen und die Fäden
des Alters sind auch dein,

und sterben müssen wir alle.
Ich aber klage an,
weil ich im Sündenfalle
nichts Schuldiges hab getan.

Die Zeit, die Zeit verriet mich,
und darum klage ich an.
Das Leid, das Leid geschieht mich,
und darum klag ich an —

Ich klage an, ich klage
den Wahn an und das Leid.
Ich selbst bin nur die Waage
künftiger Menschlichkeit.

V

Ist es zu tragen? Mich,
Meins habe ich kaum gesehn.
Einsam und lächerlich.

Bitter, das zu gestehn!
Meins hieß immer: *Der Mensch.* Aber der
schändet mein Untergehn.

Blut, Mord, Frevel, Bezicht:
Das ist der Mensch — Und ich
trage sein Angesicht.

Wo ist annoch Gewähr?
Stürzt *er,* stürzt das Meinige auch.
Schläft Gott? Ist er nicht mehr?

Trümmer und Rauch..

VI

Was wird uns denn erlösen,
wenn es nicht dieses ist?
Errettet kann werden vom Bösen,
wer sich am Bösen mißt.

Ich war gewillt, mich zu messen.
Mich bringt kein Traum zur Ruh.
Ich habe nichts vergessen,
ich lüge nichts dazu,

das Gottsein und das Tiersein
zerlebte ich Zug um Zug.
Ein halbes Jahrhundert Hiersein
war Schule genug..

Symphonische Beichte

Wenn die Sphären mit Macht
ihre Wege dröhnen,
wenn die Sterne zur Nacht
durch den Weltraum tönen —

Wenn die Erde, so klein
vor dem großen Walten,
dennoch da will sein
mit Verderb und Erhalten —

Wenn die Blumen zart
wie Geschwister leben
und die Steine hart
ihnen Antwort geben —

Wenn im letzten Ding,
das der Schöpfer schuf,
sich ein Ruf verfing
in den andern Ruf:

Oh, dann nehmt das Gegebne in acht!
Was da ist, Gut und Bös, Tag und Nacht
will bestehn, will bestehn, will bestehn!
Sieh, es dreht sich, um schön sich zu drehn —

oh, es weht sich so schön als Gedicht
voller Tönung ins himmlische Licht,
und inmitten steht Gott und erweist
seine Liebe dem rhythmischen Geist.

Der Ruf verfing sich in den andern Ruf.
Welch eine Seligkeit, daß Er uns schuf.
Du warst gebunden, ausgesetzt, allein:
Ich will dir in Gefahr Gefährte sein.

Wir wollen, Weib und Mann, mit aller Lust
einander stürzen an die Liebesbrust.
Nichts wollen wir behalten, alles sei
dem andern hingegeben, groß und frei!

Lang', scheu, bang
formt sich die Liebe, Lieb' zum Zusammenklang.
Wo kommst du her? — Von dort. — Ich bin von hier. —
Du bist so anders. — Du auch. — Bleib bei mir!

Wie viele Länder hast du denn geschaut? —
Ich war schon dort, wo Gottes Güte blaut. —
Ich komme her von Nacht und Niedergang,
lang', scheu, bang . .

Und so tönt es aus heiliger Schweige,
hoch von oben: Das erste, die Geige.
Und im weisen, im menschlichen Schritt
nimmt es Flöte, den Seelenton, mit.

Wie du weinst, wie du drängst, im Verein
mit den Brüdern bewiesen zu sein,
wie verführt, wie verwirrt dich Metall
von des Horns jach spornendem Schall.

Es versucht dich mit Lockung der Kraft.
Oh, der läuternden Leid-Leidenschaft!
Dieses dringlich ertönende Muß,
das die Herzen entreißt in den Schluß —

In dies purpurne Cellogetön,
das den Menschen erst ganz macht und schön.
Denn es ist ja nichts Bessres getan
als das Leiden, das standhält im Wahn.

Trotzt die Wurzel, hält das Leiden stand,
findet Trost zu Trauer, Hand zu Hand.
Süß und bitter, karg und früchtiglich
ehelichen und begatten sich.

Dieses Sinnbild der Geschlechtlichkeit
sei geweiht in alle Ewigkeit!
Nichts vom Schmerz des Zwiespalts haft' ihm an!
Wie es tönt, so sei es wohlgetan!

Wenn ich priese — ach, ich preise doch —,
wenn ich priese, wär es Mangel noch.
Dieses Königliche soll allein
Maß des Lebens und des Menschen sein!

Also juble ich den Stimmen zu.
Gib, o Baß, den Stimmen endlich Ruh!
Alles, was der Mensch in Händen hat,
ist von Stimmen reich, von Stimmen satt.

Sie rauschen, sie mehren sich.
Die Farben verqueren sich
hundertfältig im Raum.
Es ist ein Beben in Lüften.
Es steigen die Toten aus Grüften
und leben wie im Traum.

Die Toten sind uns Beweise
für das, was im Leben geschieht.
Die Toten wollen uns sagen,
daß sie uns weiterwagen —
So sind wir um Tote bemüht.
So sind wir ihnen zur Speise,
so sind wir um Tote bemüht.

Alles Lebendigen erste Ehre
heißt, daß Lebendiges sich bewähre.
Wie aber sonst als vor Toten
hielten wir stand den Geboten?

Wie und vor allem der Zeit?
Jede ist furchtbar und schreit.
Aber im Takt, der sie zwingt,
wird sie zur Ewe — und singt.

Was wagt sich da ins Leben? Halm und Helm,
die Unbill wie die Ehre, Fürst und Schelm.
Hört ihr? Vernehmt den ewigen Widerstreit,
der die Dämonen schmäht, die Götter weiht.

Es *lassen* aber die Dämonen sich
nicht schmähen: Ihre Macht ist fürchterlich.
Weh' allem Ding, da es der Schöpfer schuf:
Der Ruf verfängt sich in den andern Ruf.

Oh, ist das Untere stark!
Bis ins Mark, Lebensmark
wirkts und vernichtet.
Brechen die Mächte ein,
wirst du schon schuldig sein,
schuldig sein, schuldig sein
und auch — gerichtet!

Du Zweifel an dem Sinn der Welt!
Geschöpf, in diese Qual gestellt,
wer soll dir helfen tragen?
Dein Straucheln nennst du Menschlichsein,
in deine wilde Pein hinein
beginnst du wild zu fragen.

Was ist mit Wildheit schon getan?
Das laute Wesen klagt, klagt an,
doch klagt nur seine Schwäche.
Ach, eine Flöte, fern und schön,
verklär mit fließendem Getön
die Blut- und Tränenbäche!

Der Eine, der es alles lenkt,
die Stimmen ineinander mengt,
er wird auch dich erkennen.
Auf daß du, hält er's an der Zeit,
nach Warten, Nacht und Einsamkeit
ihn mögest Vater nennen.

Du warst allein so sehr.
Die Geige klagt nicht mehr.
Selbst der Posaunenschall,
selbst der Posaunenschall
versinkt im All.

Des Engels Stimme auch,
der ferne Flötenhauch.
Es hält im Röhricht Pan,
es hält im Röhricht Pan
den Atem an.

So Seligkeit wie Schuld
pausieren in Geduld.
Die Blume und der Stein,
die Blume und der Stein,
sie harren dein.

Da geht ein großes Licht
über dein Angesicht.
Und tief aus Menschengrund,
zutiefst aus Menschengrund
löst sich dein Mund.

Menschliche Stimme, dir neige
Flöte sich, Tuba und Geige!
Göttliche *Sprache,* dir diene
Harfe, Obo und Klarine!

Da uns die Sprache gegeben,
dürfen wir strebend entstreben.
Öffnet die Herzen! Vom Bösen
kann nur die Sprache erlösen.

Selig erleichternde Beichte!
Schwerstes verkehrst du ins Leichte.
Schuld, die da Worte gefunden,
ist schon im Geist überwunden,

ist in der Tat nur geschehen,
daß wir uns tiefer verstehen;
daß wir uns schöner versöhnen —
Kniet denn und trocknet die Tränen!

Steht denn und opfert die Zähren!
Wollet das Große verehren!
Wollet das Kleine verdienen!
Uns ist der Retter erschienen . .

VON DER KUNST UND VOM KÜNSTLER

Sonettenkranz

Motiv

Com' esser, donna, puote, e pur se 'l vede
La lunga esperienza, che più dura
Immagin viva in pietra alpestre e dura,
Che 'l suo fattor che morte in breve fiede?

La cagione all' effetto inferma cede,
Ed è dall' arte vinta la natura:
Io 'l so ch' amica ho si l' alma scultura,
E veggo il tempo omai rompermi fede.

Forse ad ambedue noi dar lunga vita
Posso, o vuoi nei colori o vuoi nei sassi,
Rassembrando di noi l' affetto e 'l volto;

Sicchè mill' anni dopo la partita
Quanto tu bella fosti ed io t'amassi
Si veggia, e come a amarti io non fui stolto.

Michelangelo an Vittoria Colonna

I

Dies sehn wir, Herrin, zeit- und leiderfahren:
Dein Reich ist furchtbar, dir zu dienen hart.
Du nimmst das Herz, du formst es, seiner Art
den Schmerz in hohen Bildern zu bewahren.

Ja, Künstler sein, heißt seine Gegenwart
in eine ungekannte Ferne sparen
und lernen, daß von allem Wunderbaren
nur Eins ihm zukommt: Die Gefahr der Fahrt.

Erhabne! Kein Erbarmen, keine Schonung!
Freiheit erahnt sich erst an Gitterstäben,
und erst zerstörtes Herz wird deine Wohnung.

Die Schwachen stehn. Uns Stärkere wirft das Leben
in einen Abgrund stündlicher Entthronung.
Es ist ein dauernderes Dasein eben.

II

Es ist ein dauernderes Dasein eben
gezahlt mit Blut. Mit bittrer Niederlage
der seltne Sieg, und der Triumph mit Klage;
Angst macht uns stark, vom Staube aufzuschweben.

Den Tag verhöhnt die Nacht mit ihrer Frage:
Was bleibt? Was stirbt? Was reicht? Was fällt daneben?
Und nur ein Narr sagt: Dies mein Werk und Weben
sei ewig, wie es meinen Namen trage.

Was sind denn Namen? Schall. Und wenn sie alle
vergingen: Lebten nicht die großen Werke
ihr eigen Leben über unserm Leben?

Durch uns hindurch, wirkt Gott in dem Krystalle,
und alle Ehr sei, aller Ehrfurcht Stärke,
dem Bildwerk *vor* dem Bildenden gegeben!

III

Dem Bildwerk vor dem Bildenden gegeben
ward eine Würde aus der andern Welt.
Der Künstler doch, in *diese* hier gestellt,
muß immer wieder ihre Schmach erleben.

Was flach ist, bricht in sein Bereich, ihn prellt
zuletzt das Nichts, mit seinem frechen Streben
Gott gleich zu sein. Zuchtlose Hände heben
die Wände ab von seinem Dunkelzelt.

Ihn rettet nur, verzweifelt auszubrechen,
in seine Nacht zurück; mit Stolz und Trauer
zu heilen sich vom Zugriff der Barbaren —

allein zu sein, wenn sie ihn schuldig sprechen:
Mann mit dem Dolch und kalter Weltbeschauer,
der hingehn muß in seinen weißen Haaren . . .

IV

Der hingehn muß in seinen weißen Haaren,
von deinem Dienste, Herrin, aufgezehrt,
sieht spät: Nicht Raub der ewig Anfechtbaren:
Sein *eigner* Überfluß hat ihn zerstört.

O Glück, o Jammer! Zwischen Engelscharen
und Teufelsspuk gemartert und betört!
Zerrissne Brust, von Genien und Mahren
benutzt zum Schlachtfeld, wild und unerhört:

In Schreien letzter Lust und stumm vor Qualen,
begierig nach dem reinen Gotteston,
trieb er sich selbst, sein Gut und Bös zu Paaren.

Und *also* schwand sein Herz. Zu hundert Malen
entzweit: versöhnt in jenen Sieg, davon
der Schöpfer stirbt, Geschaffnes kommt zu Jahren.

V

Der Schöpfer stirbt ... Geschaffnes kommt zu Jahren
und löst sich ab vom Tag, dem es entstiegen.
Und anders als die ruhmreichen Fanfaren
geschlagner Schlachten wird *dies* Gleichnis siegen.

Das Dunkel Pindars, die erhaben klaren
Gebärden Dantes, Platons Tiefe: wiegen
sie nicht die Zeiten auf, die ihre waren,
und reden uns, wenn selbst die Steine schwiegen?

Altar den Späten, heilig, fern und hoh,
wie mir der Schmerz des Michelangelo,
dem er die Herbheit seines Worts gegeben.

Und da ich es, das bittre, abermal
erfülle, stark von meiner eignen Qual,
so siegt die Kunst — so unterliegt das Leben.

VI

So siegt die Kunst, so unterliegt das Leben:
Der tiefen Angst, daß dieser Leib verweht,
wehrt, Auferstehung hoffend, nur Gebet.
Doch *alle* sterben, die am Diesseits kleben.

Daß aber Gott der Geist nicht untergeht,
ist uns das Sinnbild der Gestalt gegeben.
Dies Zeichen schauend, dürfen wir erbeben
und heilig ahnen: Er, der Traum, besteht.

Nicht ewiges Leben (das des Leibes wäre)
verbürgt die Kunst. Ihr ist gesetzt, die Flamme
des Leids in die Unsterblichkeit zu heben.

Da ich mir *hier* nichts Gültiges begehre,
bin ich, zu dauern *dort*, woher ich stamme,
mit ganzer Seele meinem Werk ergeben.

VII

Mit ganzer Seele meinem Werk ergeben,
kein Zufall fängt mich mehr in lockrer Schlinge.
Du strenge Bahn, mit Wort der ewigen Dinge
befiehlst du mir — Und kurz ist dieses Leben.

Gottebenbürtige Stirne du, durchdringe
mir diese Nacht! Werkhände ihr, im Streben
erprobt, dem Ungewillten Form zu geben,
jetzt bleibt mir treu, daß ich die Welt bezwinge!

Ich preise euch, vom Schöpferdrang besessen,
als Werkzeug mein, wie ich mich Werkzeug sehe
in Händen jenes Unenträtselbaren.

Wer bin ich? — Ich? — Dies habe ich vergessen.
Weckt mich, Gewalten, daß — o Sturz und Wehe —
ich weiß, wie Zeit und Tod mit mir verfahren.

VIII

Ich weiß, wie Zeit und Tod mit mir verfahren.
Verlassen war ich, jetzt bin ich verkannt.
In trägen, lahmen, lauen Kommentaren
zerbröseln sie den Sturm, den Kampf, den Brand.

Erschütternd kann ein Volk sich offenbaren,
das seinem Schicksal letzte Worte fand.
Ich wollte meinem Land die Sprache wahren
und bin ein düstrer Niemand diesem Land.

Nicht ich ging fort, ich wurde fortgestoßen.
Nicht Trotz mehr, *Gram* ist meine Einsamkeit.
Und bin ich schuldig, bin ich es im Leiden.

Ich sterbe an der Zeit! An meinem großen
Zugrundegehn hinwieder stirbt die Zeit.
Doch könnt ich *Ewigkeit* verleihn uns *beiden!*

IX

Doch könnt ich Ewigkeit verleihn uns beiden:
Mir und dem Volke, dem ich mich verdanke.
Wer darf den Früchtetrieb vom Baume schneiden
wie krankes Blattwerk oder dürre Ranke?

Nie werd ich Kind die Näh der Mutter meiden,
ob auch die Mutter mich zu lieben schwanke.
Leicht wie im Traum gelingts, mich zu entscheiden.
Denn zwischen ihr und mir ist keine Schranke.

Ich, Künstler, beuge mich dem weitern Kreise:
All, was mir wurde, Gnade, Maß und Kraft,
es wurde mir im vorbestimmten Gleise.

Dein Antlitz, Volk, dies immer wieder *meine*,
formt ich nach deiner Macht und Leidenschaft;
fügt ich nach deinem Wink. In Farb ... Im Steine ...

X

Fügt ich nach deinem Wink, in Farb, im Steine,
in Wort und Tönen heilig die Gestalt,
so war der Rausch mein Lohn und Licht. Die Eine
benommne Stille machte mich bezahlt.

Was bliebe sonst mein Mühen? Nacht und kleine
Hinüberschau in Fremde mannigfalt.
Und noch die letzte Liebe wäre keine.
Das kleinste Du erwiese mir Gewalt.

Dort aber, im Geheimnis, bin ich Alle,
und in den Tausenden vertausendfacht,
erst ganz bei mir, im Guten wie im Bösen;

und gebe, ob ich schwebe oder falle,
traumwandelnd sicher in der *größern* Nacht,
ein Bild von uns, getreu und formerlesen.

XI

Ein Bild von uns, getreu und formerlesen,
ist mehr als Spiegel, sich darin zu deuten.
Es ist das *Wort,* das wir zu sagen scheuten:
Im Kreis die Mitte, in der Flucht das Wesen.

Stein! Starrer Stein! Durch Mächte nicht noch Thesen
erschütterbar; beredt und stumm den Zeiten.
Nach ihrer Art; ein Ding mit zweien Seiten:
daran zu kranken oder zu genesen.

Beruhend in sich selbst, gelöst vom Leiden,
entrückt der Schuld, nicht mehr erreicht vom Spotte:
So steht es da. So bleib es aufgerichtet!

Stein! Starrer Stein! Dem Einen Sinn verpflichtet:
Von ihm in uns, dem ewig gleichen Gotte
zu zeugen. Tausend Jahr nach unserm Scheiden.

XII

Zu zeugen tausend Jahr nach unserm Scheiden,
gib, Herrin, dem gefährdeten Gedicht
bei jenen Guten in der Zeit Gewicht,
die mir des Lorbeers dunkle Last nicht neiden.

Den Rauch des Ruhms, ihn will ich gerne meiden.
Doch die *Bewahrenden* entzieh mir nicht!
Damit der Nachfahr, wenn der Blick mir bricht,
berufen sei, mein Ewiges zu beeiden.

Wer spricht von Ruhm? Und was ist seine Gunst,
wenn er den Starken flieht, den Schwächling krönt —
entgottend Gott, vergötzend das Gemeine?

Ihn nicht! Gib mir die *Demut,* hohe Kunst,
daß meine Seele sich daran gewöhnt,
wie deine Züge schön, wie elend meine.

XIII

Wie deine Züge schön! Wie elend meine!
Ich finstre Erde, und du Flamme ganz!
Mein war die Träne um die Gräbersteine,
dein ist der Freudentag mit Rausch und Tanz.

Mein war die Sünde, dein ist Herzensreine.
Mein war die Schande, dein ist Ruhm und Kranz.
Mein war die Schlackenglut mit irrem Scheine,
dein ist der adelig vollkommne Glanz.

Nur meine brennende und bittre Liebe
ist schön wie du. Mag *einmal* noch an ihr
die Menschennacht hinan zur Kunst genesen!

Wenn sie ermißt in ihrer Leidenstrübe,
was du gewährtest, da ich mit dir rang,
und wie dich lieben mir Gesetz gewesen.

XIV

Und wie dich lieben mir Gesetz gewesen,
warst du Gesetz. Und im Gesetz sein heißt
ermächtigt sein, den Fesselgurt zu lösen
des Schicksals, das uns an die Erde schweißt.

Freiheit ist innen! Freiheit ist im Geist!
Am nächsten aber steht dem Götterwesen,
wer sich gebändigt hat. Kein Frevel reißt
ihn aus dem Ring, in den er sich erlesen.

Und eine große Heimat wird ihm dort,
wenn ihn kein Ort mehr nimmt, kein Vaterwort
mehr bindet an das Haus, an Herd und Laren.

Der Tod ist stark. Und beugt sich doch zuletzt.
Denn auch dem Tod ist sein Gesetz gesetzt.
Dies sehn wir, Herrin, zeit- und leiderfahren.

Michelangelo an Vittoria Colonna

XV

Dies sehn wir, Herrin, zeit- und leiderfahren:
Es ist ein dauernderes Dasein eben
dem Bildwerk vor dem Bildenden gegeben,
der hingehn muß in seinen weißen Haaren.

Der Schöpfer stirbt, Geschaffnes kommt zu Jahren.
So siegt die Kunst, so unterliegt das Leben.
Mit ganzer Seele meinem Werk ergeben —
Ich weiß, wie Zeit und Tod mit mir verfahren.

Doch könnt ich Ewigkeit verleihn uns beiden,
fügt ich nach deinem Wink, in Farb, im Steine
ein Bild von uns, getreu und formerlesen,

zu zeugen tausend Jahr nach unserm Scheiden,
wie deine Züge schön, wie elend meine,
und wie dich lieben mir Gesetz gewesen.

ALS ICH NOCH LEBTE..

Jambus (scenicus)

Als ich noch lebte, lag mir das Gewand
des Körpers um wie eine Last, nicht schön
genug erschien mein Wandel, jeder Narr
vermaß sich des Gerichts, der Schwächste noch,
scheeläugiger Bezichtigung nie gram,
erheuchelte an meinem Tun zuletzt
sich seine Tugend, rettete sein Nichts
vor meinem All mit Hinweis auf mein Herz,
das schwach war und geneigt verstehendem Gift . .

Wie zitterte, als ich noch lebte, dies
beklommne Etwas in der Brust, von Furcht
zu Furcht gepeitscht, und tiefer Jahr um Jahr
in Trauer fallend, mitvererbter Schuld
in gleichem Maß anheimgegeben wie
gehäufter Unbill, Menschennot und Krieg,
anheim dem Kummer um die Sprache, die
geschlagen floh, als ich noch lebte, ganz
geschlagen, so, daß keine Zuflucht mehr
sich bot, den Schmerz zu messen, keine Wahl
gestattet war und in das Tier hinab,
das röchelnde, der edle Ruf verfiel . .

Ist von des Sterbens letztem Krampf, der Qual,
die ihm vorausging (allem Menschsein gleich
nahm ich das Kreuz auf mich), ist von dem Tod
noch ein Erinnern? Was so wichtig schien,
als ich noch lebte, bloß ein Augenblick
im Rauschen der Äone, farblos steht
und fern dies Ungefähr im Nachgefühl
des Spätgebornen, der mit meinem Geist
hier Zwiesprach hält, als wäre nichts geschehn

inzwischen: millionenfacher Tod
nach meinem, millionenmal das Leid,
entzündet und verlöscht, und fortgesetzt
menschlicher Würde Kränkung, fortgesetzt
der Täter wilder Irrtum nicht geschehn ...

Wie lange bin ich tot? Wie lange schon
zu kränken nicht in jenem Reich, vor dem
die Brust, als ich noch lebte, Bangen trug?
Ich weiß es nicht. Die mörderische Zeit,
so furchtbar dem, der selbst noch zeitlich ist,
erstarb dem Geist. Der Toten schwebend Maß
ist meins und unzerstörbar hier wie dort.

Von gottgeweihtem Port ist mir erlaubt
zu reden, und es bleibt die Sprache nun
mein ein- und alles. Wie die Toten ja
erst rein die Sprache haben und in ihr
verherrlicht sind. Ich sehne mich nicht mehr
nach andrem. Hier ist Dauer. Hier erst bin
ich sicher mein. Kein klobiger Pirat
verrückt mir mehr den Satz von seinem Ort,
Blut ward Rubin und Träne Diamant,
und aus dem armen Erdenangesicht
wuchs ein Gestirn, verklärend Tag und Traum.

Wer lebte so wie ich? Und pochte so
mit hartem Knöchel an die Wand der Welt
und hätte gegen jede Zeit wie ich
sein randvoll Recht? Als ich noch lebte, mußt'
ich zu den Blumen gehn. Vorüber jetzt.
Von höherer Macht zur Herrschaft eingesetzt,
besteh ich auf der Macht:
Ich lebe fort.
Dort war es Nacht. Hier nicht. Hier ist das Wort.

Friedrich Jenaczek

GELEITWORT
ZEITTAFEL
BIBLIOGRAPHIE

GELEITWORT

> Was vom Stoff lebt, stirbt vor dem Stoffe.
> Was in der Sprache lebt, lebt mit der Sprache.
> Karl Kraus
>
> Ich weiß, wie Zeit und Tod mit mir verfahren.
> Josef Weinheber

1.

In Österreich wurde — Robert Musil sah den Unterschied — »immer nur ein Genie für einen Lümmel gehalten, aber niemals, wie es anderswo vorkam, schon der Lümmel für ein Genie«. Das ist fein und anzüglich gesagt; durch die Blume: Wo die Maßstäbe fehlen, regieren Pseudokriterien —, Vorurteile der verschiedensten Art. Musil hat übrigens, zusammen mit Otto Stoeßl, Max Mell und Richard Billinger, 1924 den neugegründeten Literaturpreis der Stadt Wien erhalten; ein Jahr darauf war, 1925, unter den Ausgezeichneten Josef Weinheber.

Anerkennen kann weniger sein als erkennen; nicht nur der Verkannte ruft nach der Bemühung und der Gerechtigkeit, die erkennen w i l l. Von ganz anderen, tückischen und größeren Gefahren — davon, daß er sich mißbraucht und abgespeist, mit falschem »Ruhm« überschüttet wußte, spricht Weinheber am Ende seines Lebens[1]: »Ich bin, sowie nur eine Öffentlichkeit an mich herankam, *falsch* hingestellt worden ... Wenn man mich in Ruhe gelassen hätte, wäre ich wohl ein großer Künstler geworden. Aber ich mußte, seitdem ich berühmt bin, dem Mob aller Schattierungen meinen Tribut zahlen. Gleichwohl weiß ich um meine *Substanz*. Sie ist umschrieben mit: Einsamkeit, Urangst, Frömmigkeit.« Von der Mißgunst und den Verhinderungen in den Jahren v o r »Adel und Untergang« schweigt das Teilbekenntnis.[2] Sicherlich: *vor- und nachher* hat Weinheber Freunde, selbstlose Förderer gefunden (auch verloren, auch: schnell verbraucht) — nicht das steht in Rede; gemeint sind kaum wägbare, mehr atmosphärische Elemente und ihr Fehlen in der Zeit: Humanitas: Freude am Geist,

---

[1] Brief an Maria Mahler, 28. 8. 1943.

[2] Tiefer sehen können wir in dieser Frage, seit Fritz F e l d n e r die Möglichkeit früher psychischer Schädigung aufgewiesen hat; doch, was den Menschen erklärt, erklärt nicht schon den Künstler, sagt nichts, noch nichts vom Kunstwerk.

an der Kunst; Freundlichkeit, und die Lust zum Gedicht — im Ungenügen am technoromantischen Surrogat in der Völlerei des Betriebs.

Und dennoch, »Weinhebers Verse sind die einzigen seit Rilkes Tod, die populär geworden ... und es auch geblieben sind«: Das hat Edwin Hartl schon 1953 in der Wiener »Furche« festgestellt, und er spricht damit nicht nur für Wien, sondern für den ganzen *österreichischen* Raum. Die zumeist politisch bedingt gewesenen Vorurteile weichen, auch in der Schweiz; in Deutschland, und gerade im lutherischen Norden Deutschlands, war das Werk Weinhebers immer hochgeachtet. Aus der DDR ist keine Ausgabe seiner Gedichte bekannt, wohl aber ein dem österreichischen Lyriker gegenüber um tunliche Objektivität bemühter Artikel im »Deutschen Schriftstellerlexikon / Von den Anfängen bis zur Gegenwart« des Volksverlags Weimar (3. Auflage 1962). Jedoch: »Der große Erfolg und der eigentliche Ruhm des Dichters ist von den Lesern seiner Gedichte ausgegangen, von denen, die verstehen können, ohne zu wissen. Also nicht von der Literaturwissenschaft« —.[3]

2.

Dem Ja der Leser gegenüber steht so das Nein oder die Verlegenheit einer Wissenschaft, die nicht fündig werden kann; wie geht das zu? Als Beispiel seien, um den Vorgang zu erläutern, Sätze aus einem Brief zitiert, den Weinheber am 6. 2. 1937 an den Arzt Dr. Kurt Oxenius in Chemnitz (heute: »Karl-Marx-Stadt«) gerichtet hat: »Inmitten einer verrotteten Zeit ist meine Sendung nicht Erneuerung, sondern Bewahrung ... Das wird mir alsbald den Ruf, die Marke eines Epigonen eintragen. Weil ja heute alles falsch gesehen wird und mein ›Ruhm‹ natürlich ein Mißverständnis ist ...«. Dort also, wo »alles falsch gesehen wird« —

---

[3] »... deren Verständnis auch der eindrucksvollsten Dichtung entscheidend vom Wissen abhängt und deren Wissen gerade dort nach wie vor eine beträchtliche Lücke aufweist, wo die unbedingt notwendigen Vorkenntnisse für ein analytisch fundiertes Verständnis der Leistung Weinhebers einzig zu finden wären ...«: Edwin Hartl in der Wiener »Presse« vom 8. 4. 65 (»Adel nach dem Untergang / Zum 20. Todestag des Lyrikers Josef Weinheber«).

und das ist: »heute« —, werde Weinheber mit einer bloßen Marke versehen und dadurch abgetan. Auch wer so genau liest, daß er die Unterscheidung zwischen der Marke und dem Begriff »Epigone« heraushört, steht der Lösung des Rätsels noch fern. Denn wer (so hat Walter Muschg gefragt) ist heute kein Epigone? Man muß den geistigen Hintergrund kennen, muß über ihn verfügen, vor dem Weinheber die »Epigonen«-Marke abgewiesen hat, um erkennen zu können, warum sie (weil sie zu Verwechslungen führt) gerade in seinem Fall sich verbietet, und wieso »heute alles falsch gesehen wird«:

> Ich bin nur einer von den Epigonen,
> die in dem alten Haus der Sprache wohnen.
>
> Doch hab' ich drin mein eigenes Erleben,
> ich breche aus und ich zerstöre Theben.
>
> Komm' ich auch nach den alten Meistern, später,
> so räch' ich blutig das Geschick der Väter.
>
> Von Rache sprech' ich, will die Sprache rächen
> an allen jenen, die die Sprache sprechen.
>
> Bin Epigone, Ahnenwertes Ahner.
> Ihr aber seid die kundigen Thebaner!

Das ist das Gedicht »Bekenntnis« von Karl Kraus. Ich unterstelle nicht, Weinheber habe sich in seinem Brief bewußt, Wort für Wort, auf Karl Kraus bezogen (es gibt genug und übergenug andere Stellen, in denen das nachweislich geschieht). Es genügt, zu zeigen, daß der von Karl Kraus erneuerte, um eine neue Spannung bereicherte Wortsinn, an das Zitat herangetragen, sein Verständnis fördert, — um begreiflich zu machen, daß die Fachgermanistik für die ihr durch Weinheber gestellten Probleme taub sich erweisen muß, solange sie noch blind bleibt für die Gedanken und Positionen der »Fackel« von Karl Kraus.[4]

---

[4] Von Franz Koch über Nadler und wen man sonst nennen möchte bis hin zu Walter Muschg oder Walter Müller-Seidel / München, um auch den zeitlich letzten zu erwähnen — sie alle sind durch das, was sie zu Weinheber anzumerken wußten, ihrer Unkenntnis der »Fackel« überführt. Die Fachgermanistik und die literarische Kritik haben noch 1965 die Auseinandersetzung mit Karl Kraus nicht einmal begonnen — dieser Nachweis läßt sich aus der Weinheber-Literatur mühelos erbringen.

3.

So ist nun der verborgen gewesene Sinn des zitierten Briefes entzifferbar. Stelle um Stelle gewinnt Leben; »Verrottete Zeit« — das wurde am 6. 2. 1937 hinübergesagt ins »Dritte Reich«, dort aber konnte man eine ähnliche Kennzeichnung seit 1934 schon schwarz auf weiß lesen — sofern man l e s e n mochte —: »Ein armes Dasein rettet sich ewig in / des feilen Tages f e i l e r e s E r b e«. Das Zitat stammt aus »Adel und Untergang«; das Buch war frei im Buchhandel erhältlich, Jahr um Jahr, und wurde seit 1937 in München gedruckt und verlegt. Das Typoskript des Gedichts ist vom 18. Mai 1933 datiert und trägt den Vermerk »D n D III«, was wohl heißen muß »Den neuen Dichtern« oder »Dem neuen Deutschland«; es hat den Titel »Auf seinem Schild sterben« (der natürlich »national« mißverstanden wurde), und ist füglich ein Pendant zu den Anti-Blubo-Strophen »Sie, die Sänger des Volks« oder zu Gedichten wie »Künstler und Volk«. Wer einmal so viel weiß und erfaßt hat, wird wohl auch, hellhörig geworden, (jetzt endlich) den gezielten politischen Sinn und die nicht nur damalige Aktualität der Anrede verstehen:

»Gräßlicher ›Herr der Erde‹, wer bist du?
Seht, er redet von Gott und zertritt seinen Nächsten ...

Hilflos seine Vermessenheit ...
schrecklich
aber sein letzter Ratschluß: Gewalt.«

»Tief und in jede
Armut s i n d wir gefallen ...«.

Das steht in »Dem kommenden Menschen«, geschrieben am 21./22. April 1936, veröffentlicht in der »Späten Krone«, Herbst 1937; beim Weiterblättern reiht sich Beispiel an Beispiel, Beleg tritt zu Beleg — und von der Kunst wird in demselben Gedichtband gesagt:

»Stein! Starrer Stein! Durch Mächte nicht noch Thesen
erschütterbar; beredt und stumm den Zeiten.
Nach ihrer Art; ein Ding mit z w e i e n S e i t e n :
daran zu kranken o d e r zu genesen.«

(»Von der Kunst und dem Künstler«, Sonett XI; 17. 10. 1935)

Solche Beobachtungen helfen verstehen, warum *sprachfremde* dürftige Zeit ist und inwiefern Zusammenhänge den *»Tod« der Sprache* mit Vernebelung, mit Verengung und mit dem Verlust der »Wirklichkeit« verbinden; welches Ziel, welche Verantwortung sprachlicher Bildung gesetzt sind; spürt man, daß in den zwei Verszeilen »Ich wollte meinem Land die Sprache wahren / und bin ein düstrer Niemand diesem Land« (ebd., Sonett VIII) es ankommt auf den Tonfall von »diesem«? und wie Unsagbares so aus einem Fürwort — dennoch spricht? Friedrich Sacher hat einmal von Gedichten gesagt, sie seien »Wortdramen«: man ersieht im Innewerden der Möglichkeiten solcher Wortbelebung das Hinschwinden der Sprache im täglichen *Sprachverfall* und begreift, warum, nach Weinheber, »der Sprachverderber der eigentliche Hochverräter« ist[5] — eine freilich nur negative Formulierung des Gedankens, dessen positiven Aspekt der Aphorismus von Karl Kraus bietet:

»Mir scheint alle Kunst nur Kunst für heute zu sein, wenn sie nicht Kunst gegen heute ist. Sie vertreibt die Zeit — sie vertreibt sie nicht! Der wahre Feind der Zeit ist die Sprache. Sie lebt in unmittelbarer Verständigung mit dem durch die Zeit empörten Geist. Hier kann jene Verschwörung zustandekommen, die Kunst ist. Die Gefälligkeit, die von der Sprache die Worte stiehlt, lebt in der Gnade der Zeit. Kunst kann nur von der Absage kommen. Nur vom Aufschrei, nicht von der Beruhigung. Die Kunst, zum Troste gerufen, verläßt mit einem Fluch das Sterbezimmer der Menschheit. Sie geht durch Hoffnungsloses zur Erfüllung.«[6]

Ob »Adel und Untergang« — Buchtitel so wie Gedichte — nur die Erinnerungen an Oswald Spengler und den »Untergang des Abendlands« aufruft und irgendwelche privat zuhandene Ideen-Assoziationen weckt, — oder ob davon ein Bewußtsein getroffen wird, das über dem »Untergang der Welt durch schwarze Magie« zu erwachen begann, dazu über »Weltgericht«, den »Letzten Tagen der Menschheit« und nicht zuletzt über dem Buch über »Die Sprache«: das ist ein Unterschied!

---

[5] 1935 (IV, 229: »Gedanken zu meiner Disziplin«). Vgl. »Heroische Trilogie, III«, Sonett VII (7. 10. 1930).

[6] 7. 11. 1912: »Die Fackel« Nr. 360 (Jetzt in K. K., »Werke«, Bd. III, »Beim Wort genommen«; Kösel, München 1955, S. 338).

4.

Apologie: Der Dichter sei so weltfremd[7] gewesen, zu glauben, er müsse sich mit der »Zeit« einlassen, um die »Zeit« zu verändern, und habe spät, erst zu spät seinen Irrtum erkannt: »... bittre Vergeblichkeit, die mich hindurchgehn läßt, aber nicht feit —«.[8]

Doch von jeder Apologie sollte gelten, was auch für alle Vorwürfe der Ankläger gilt: Die Argumente müssen auf die Realität zielen und treffen. Die — nämlich die Frage des geistigen Niveaus: des Niveaus der Sprache in Josef Weinhebers Dichtung — haben sie bisher aus nicht nur dem einen, dem allerdings tiefsten Grunde ihrer geoffenbarten Kraus-Unkenntnis immerzu verstellt: verfehlt oder zerredet. *Eine* Primitivität — die, welche die Zeitgenossen wollen — hat Weinheber ihnen nicht gestattet: die Primitivität der direkten Sage, der einsinnigen Rede und eindeutigen Stellungnahme. Weinheber hat nicht unterboten; er hat mehr Niveau gefordert, höhere Ansprüche: »... Leid. / Du hast es gesungen. Sang, zuviel / für den gängigen Tag. / Sie wollten Farbe ...« (S. 220; = Schminke: aufgesetzte Farbe). Jedes sprachliche Gebilde i s t Metapher, Sprache ist Bild; daher bezieht sie die *Kraft* ihrer Unausschöpfbarkeit, i n und d a n k der sie fortlebt — sie, obzwar immer verbindlich, ist doch nie zu Ende gedeutet; sie gewährt (wie kein Begriff, wie auch kein Zeichen) *neuem* Blickpunkt neue Tiefe, neuen Sinn. »Darum fragen wir ja auch nicht die Künstler um Rat, sondern wir fragen die Kunstwerke« (4. Vortrag »Über Sprache«: 1944; IV, 325). Die Barbarei dieses Jahrhunderts war schon im unaufhaltsamen Kommen, lange vor dem politischen (richtiger: Bürgerkriegs-) Ereignis des Nationalsozialismus, *vor* allem anderen als der zu-

---

[7] nicht *so* weltfremd. Jede Erörterung des sehr komplexen Problems setzt zweierlei voraus:

1. Eine ernst nehmende und ernst zu nehmende Auseinandersetzung mit der sprachlichen und gedanklichen Lebensleistung des Dichters;
2. Raum.

[8] »An den Mond« (vom 26. 5. 1942), hier S. 356.
Vgl. dagegen »Die innere Gestalt« (vom 17. 7. 1934): »Doch von Anbeginn / vor der Zeit gefeit ...«. (hier S. 340.)

nehmende Verlust der Sprache: als die deutsche *Bildungskatastrophe.*[9] Die steht nicht erst noch bevor: längst schon wird der *Ruin der Sprache* weiter fortgesetzt, fortgepflanzt, und niemand hält auf. Seit der Mensch und seine Bildung von Managern und von Politikern verraten werden, heißt und ist der Aufstand der Partisanen gegen das Ungeheuerliche — Literatur. Sehe zu ein jeder, wie er sich durchschlägt.

Weinheber ist, seit die Öffentlichkeit mit ihm sich zu schaffen machte, falsch hingestellt worden, weil man ihn, weil man seine Dichtung in die Fronten der Zeit gezogen und über die Leisten der Zeit geschlagen, mit den Schlagwörtern der »verrotteten Zeit« bedacht hat. Man wird nicht darum herum kommen können, Weinheber — die Gestalt des Dichters, die reine Figur seiner Dichtung — aus den ihn überlagernden Krusten der Vorurteile herauszulösen.[10]

5.

Weinhebers äußere Erscheinung[11] wurde mehrfach von Zeitgenossen und Freunden, und übereinstimmend beschrieben:

»Das innere Bild, das ich mitgebracht, wollte sich mit dem äußeren leiblichen nicht sogleich decken.

---

[9] Karl Kraus hat sie als erster wahrgenommen. Vgl. Verf., »Zeittafeln zur ›Fackel‹ ...« (s. Literaturverzeichnis), S. 29 ff. und S. 115, Anm. 25.

[10] Das tun, wäre a u c h ein Widerstand gegen den nachlebenden Geist dieser Zeit, der im Aufdecken durchschaut würde und zu verflüchtigen wäre; das unterlassen, läßt ihn sich weiterfretten.
Leopold Liegler — »ein unvergessener Aufspürer und Berater lyrischer Talente bei uns in Österreich« (Ludwig von Ficker) — hat früh die Situation und die Folgen gesehen: »Weil kaum anzunehmen ist, daß die Arbeit eines Heutigen spurlos verschwinden könnte, wenn sie auch nicht bis ins Bewußtsein der Mitwelt dringt, ebendeswegen steht zu befürchten, daß gerade diese Arbeit einmal vor aufgeschlosseneren Ohren gegen uns und unsere Zeit z e u g e n wird.« Aus dem — unveröffentlichten — Nachwort zu der Anthologie »Die Gruppe«, 1932; vgl. u. S. 451, mit Anm. 22.

[11] Vgl. Fritz F e l d n e r, »Josef Weinheber / Eine Dokumentation in Bild und Wort«, Verlag Das Bergland-Buch: Salzburg/Stuttgart 1965.

Ich sehe ihn noch in die Halle treten, mit rundem, steifem schwarzen Hut, in dem auf Taille geschnittenen dunklen Mantel mit großen Aufschlägen und Samtkragen, klein, was man so untersetzt nennt, rundlich, mit einem vollen, in der Wangenpartie verschwimmenden blassen Gesicht und ungewöhnlich starken Tränensäcken unter den spähend ein wenig zugekniffenen Augen. Diese Augen gingen auch über mich hinweg wie über viele andere, die da saßen, der Mann ging ein paar Mal hin und her und folgte dann unserem Beispiel und nahm Platz, einige Schritte von mir entfernt. Ich dachte mir, es wird ein Kaufmann sein, ein Generalvertreter von Mercedes-Benz oder ein Impresario oder so etwas, einer von den Leuten, für die es keinen Sonntag gibt. Seine sorgfältige, betont bürgerliche Kleidung paßt dazu ...«.[12]

»Und so mochte für den, der von der Würde dieser Verskunst ergriffen war, die Unmittelbarkeit, mit der der Mensch Weinheber sich offenbarte, etwas Verwirrendes, ja mitunter sogar Enttäuschendes haben: Denn er war weder Bohemien, noch abgeklärter Überwinder, vielmehr stand sein Ich nach Art und Aussage völlig im Kampf mit den Gewalten. Und da, wie in jeder bedeutenden Existenz, eben diese beiden Extreme: des sich nihilistisch Verlierenden und des im Leide Gereiften um die Priorität rangen, bewies sich die Kraft des klarsichtigen Geistes, und in ihrem Ordnungswillen gestaltete sich der Bürger. Das ist der, der zu ordnen sucht und um Ordnung und wirkliche Freiheit weiß; mit dem Spießbürger hat er nichts gemein.
Da war die feste, gedrungene, mittelgroße Gestalt; das Haupt in klaren, männlichen, nicht unschönen Linien saß auf einem starken, breiten Genick. Dem Antlitz vermochte man die bewegte Gemütslage abzulesen: ein offenes, höchst lebendiges Gesicht, darin es leicht gewitterte und das gewohnt war, seine Bewegtheit nicht zu verschließen. Ein Hauch von Schwermut war darin festgebannt, deutlich merkbare Spuren von Last und Sorge, die das Spiel der Miene begleiteten und in der leidvoll gefurchten Stirne ihr Daheim haben mochten. Der Blick aus hellen Augen: offen, suchend, unbefangen und grübelnd belebt.
Alles in allem durfte es wundernehmen, daß dieser Mann, der den äußeren Zeichen nach mit dem Abenteuer des Daseins gewiß fertig wurde, Verse von schwebender Anmut geschrieben hatte ...
Es lag gewiß nicht in Weinhebers Wesen, aus sich etwas zu machen. Auch die Zeit des Ruhms hat sein Menschliches nicht verrückt. Es hatte etwas sacht Enttäuschendes, wie er — 1935 bei seiner Grazer Lesung — rasch auf das Podium stieg und die Bücher, aus denen er las, in einer Aktentasche mitbrachte ... Seine Persönlichkeit bedurfte keiner Mätzchen. Das offenbarte sich in dem Augenblick, als er vorzulesen begann. Er hatte eine klare, volltönende Tenorstimme, eine Stimme, die sich breit ausladend sofort in Raumesmitte stellte ...«.[13]

---

[12] Georg Grabenhorst, in: Heinrich Zillich (Hgb.), »Bekenntnis zu Josef Weinheber / Erinnerungen seiner Freunde«. Akademischer Gemeinschaftsverlag: Salzburg 1950, S. 121 f.

[13] Paul Anton Keller, in »Bekenntnis ...«, S. 195 f.

»Denn Weinheber hatte ein Gesicht, und er hatte ein Antlitz. Das Gesicht trug er in seinen irdischen schweren Tagen, wenn die Damönen ihn überfielen und von seinem Thron herabzerrten in den Staub. Das Antlitz sah ich, als Weinheber... in meinem Haus in Rodaun, nachdem die offiziellen und fremden Gäste bei einem Dichtertreffen gegangen waren, einem kleinen Kreis Vertrauter durch Stunden seine Verse vorsprach — vorsang —. Sein Haupt stand wie das einer antiken Büste im letzten Sonnenlicht des schönen Raumes, der, erbaut in den großen Zeiten, da der Prinz Eugenius die Türken bei Belgrad schlug, mit seiner wunderbaren barocken Stuckdecke, den vergeudenden Ausmaßen und den duftigen Fresken an den Wänden, ihm einen großzügigen und edlen Rahmen bot. Die Stirne dieses Antlitzes leuchtete, das graue Haar lebte, aus den grauen Augen, im Alltag oft müd und kalt, brannte das Feuer des Genius. Sein Mund war bald der eines Herrschers und bald der eines Kindes. Weinhebers Stimme schwoll an zu einer ungeahnten Macht, sie donnerte, sie beschwor, sie stieg in geheimnisvolle Tiefen und sie wurde zart und quellenhaft klar, als er seine griechischen Nachdichtungen sprach — nein — sang.«.[14]

»Sonst ein elender Mensch, dem das Leben den Fuß / auf den Nacken gesetzt, müde der Tat und des Worts«,[15] mehr als an jeder anderen wird aus dieser sichtbar, der Spannung zwischen dem Dasein und dem Ergriffensein, dem bestimmenden und primären Kontrast vor und über einer Vielzahl der sekundären, der aus ihm ableitbaren Einzelzüge und Merkmal-Bündel (einschließlich der vielbesprochenen Verfallenheit an den Wein):

»... Nacht und erschreckter Zweifel,
ob getan werden kann, was flammend heiligt
all dies Begrenzte«, —

das Gedicht, »der Gedanken erlauchte Krone«, »... des mißbrauchten Geists verratne Fahne«.

»Einsam irrer Becher, der leis vernichtet
das vergänglich Wehe und Süße; Becher,
tötend dieses Herz, aber heimatfern behütend das andre.«

[14] Maria Grengg, in »Bekenntnis ...«, S. 44 f.

[15] die Zitate sind Stellen aus »An den Wein« und aus (in diese Auswahl nicht aufgenommenen) Gedichten des Bandes »Adel und Untergang«: »Gesang vom Manne, VII«; »Gesang vom Weibe, XI«; dgl., IX; »Gesang vom Manne, VII«.

6.

Nur auf dem Boden einer hintergründigen christlichen Anthropo-Theologie kann der unendliche Geist mit dem endlichen und der absolute mit dem subjektiven zusammenkommen und der übermenschliche Anspruch begründet werden, daß »die Sache selbst« in der Sprache des Menschen zu ihrem Begriff komme... Nur wenn sich alles, was ist, dem schöpferischen Wort Gottes verdankt und der Mensch Gottes Fürsprecher ist, hat auch die Sprache des Menschen onto-theologische Relevanz, andernfalls ist sie ein menschliches Instrument.

Karl Löwith,
»Hegel und die Sprache« (1965)

Sprache, will der vereinfachende und falsch dimensionierende Sprachmißbrauch dieser Nachkriegszeit wissen, sei (zuletzt immer unvollkommenes) Instrument der Verständigung, ein System manipulierbarer Zeichen *für* ihnen vorgegebene Sachverhalte.

Dem gegenüber setzt Weinheber: »Sprache ist die Wirklichkeit des Geistigen«[16] — *primär nicht* Vehikel der Information, *sondern* Feld, Kraftfeld und Impuls der *Imagination*. Ist das die Sprache in ihrem Ursprung; wird sie also im (sekundären) Dienst der zweckhaft entfremdenden sozialen Funktionen abgebaut und aufgebraucht:[17] so beginnt und besteht alle Sprachkunst in der Wiederherstellung, Regeneration der Sprache (= der geistigen Wirklichkeit): »Das Wort ist mir ein Wunder. / Wie öffnet es die Lider, / die sonst geschlossen waren«. Mit der »Neugeburt des alten Wortes«, und der Sinnerfüllung noch des unscheinbarsten, gelingt der Dichtung mehr als nur ihre Rechtfertigung.

In beiden Zitaten hatte Karl Kraus das Wort: seine Sprachlehre ist der feste Grund, auf dem Weinhebers Dichtung steht; zu Ende gedacht, nach allen Seiten, bis in die letzten Folgerungen, erprobt. Ihn betritt und gewinnt, wer Weinheber liest, so, wie er selbst es gewünscht und in seinem letzten Brief an Martin Sturm (3. 3. 1945) ausgesprochen hat: »Der Nachgestaltende, und *das ist mein Leser« ...*

Man frage dabei zunächst noch nicht »wie«, sondern: »zu welchem Zweck und Ende?«: Die Antwort, die Weinheber gegeben hat, lautet: »Kunst erschüttert nicht. *Kunst hebt den Zufall auf.* Kunst ist etwas Geistiges: Der einfachste und kürzeste Gottesbeweis« (IV, 236). Es empfiehlt sich vielleicht, um Mißverständ-

---

[16] IV, 229 (»Im Namen der Kunst«).

[17] Vgl. Verf., »Zeittafeln zur ›Fackel‹...«, S. 125 (Max Horkheimer über die Sprachauffassung von Karl Kraus).

nisse auszuschließen — zu oft wurde behauptet, Weinheber habe Kunst und Religion verwechselt —, einen Aphorismus von Kraus zu meditieren; auch und gerade vom Gedicht gilt: »Ich lehne es ab, in der Musik aufzugehen. Die es ist, muß in mir aufgehen«. Spricht es gegen ein Gedicht, wenn man sagt, daß es »gefällt«, oder gegen den, der es so (hingegeben) »genießt«? Man muß sich wohl nicht für eine der beiden Möglichkeiten entscheiden, sondern für alle beide, und wird begreifen, worin das Übel der »Faszination« besteht. Das Gedicht soll dem Phantasie-Bedürfnis entgegenkommen, indem es nicht die Phantasie in ihm *ausruhen* läßt, sondern indem es ihr an ihm zu *tun* gibt; es soll Phantasiekräfte nicht binden, sondern frei machen; mehren und steigern, bis zur Erfahrung einer höchsten Notwendigkeit.

Wer so, *nachgestaltend*, Weinheber zu lesen versucht — der Schlichteste kann das: er lernt es, lernt zu, indem er wieder und wieder liest —, der wird erfahren, wie ihm Gespür erwacht und die Sinne sich öffnen, bis sich, aus erschautem Bild, zuletzt der Gedanke ihm zuspricht. (Das Kriterium ist sicher: wo mit der Sprache nur gekünstelt wurde, bleibt der Sprachgedanke fort, bewegen und bedrängen zudem nicht mehr das Fragen, der Ruf und Notruf nach allem erst- und höchsten Menschenwert).

7.

»Ich weiß zu gut, daß das *Letzte des Gedichts Gnade* ist. Aber ich wende mich mit aller Leidenschaft gegen den gebräuchlichen Humbug der ›Inspiration‹« . . .: »Gedichte wollen *gemach*t sein!«[18] Wie, das beschreibt ein Zeugnis von sehr hohem Wert:

»Bei mir ist's fast nie so, daß ich was aussagen will. Bei mir ist eigentlich zuerst immer der Rhythmus da und beinahe gleichzeitig mit ihm die Wort-Urmasse, — weißt eh, wie ich's mein, net? Und dann geht der Rhythmus über der Urmasse spazieren und zupft sich die richtigen Worte aus dem brodelnden Chaos heraus, wie ein Magnet. Ganz einfach! Und nachher schießt die Form zusammen, — sagen wir für

---

[18] IV, 241 (»Im Namen der Kunst«).

eine Stroph'n; und dann steht schon das Gesetz da, streng und unerbittlich, — das Gesetz für das ganze Gedicht. Dann aber beginnt erst die Arbeit. Und der Inhalt ist nicht etwas für sich, nein, der steckt in allem gleichzeitig drin, im Rhythmus und in der Wort-Melodie, im Gesetz der Harmonie wie in der Form. Darum ist das bei mir keine Aussage; so was nenn ich eben Inhalt!«[19]

Die Ver-dichtung geht von der rhythmisch bestimmten ersten Bewegung aus; sie nimmt folglich die Richtung auf die Imagination hin, strebt nach der auch im Schaubaren »sinnlich vollkommenen Rede«[20] (anders, aber der direkten Aussage gleich fern, z. B. Kleist: bei ihm war im Anfang das Bild).

Im Erleben der Dichtung Trakls war Weinheber sehend geworden; den Weg zu dem ersehnten Ziel des Gestaltens aus der vollen Macht und Vollmacht der Sprache haben ihm in einem langen Lyrik-Studiengang rastloser Experimente (IV, 84 f.) die Poetik und die Sprachlehre von Karl Kraus gewiesen.[21] Den Beginn markiert die Erkenntnis des Ungenügenden der auf nur eine Dimension, auf die direkte Aussage beschränkenden Vorherrschaft des Vokabulars: Wörter und selbst noch Worte sind, was übrigbleibt, wenn man der Sprache die Fülle ihrer Sprachkraft

---

[19] berichtet von Konrad Paulis in »Bekenntnis...«, a.a.O. S. 79. — Zu »Inhalt«: soviel wie »Gehalt«, in der seit Oskar Walzel üblichen Terminologie; Weinheber folgt dem Sprachgebrauch von Herman Hefele.

[20] Herder (nach Alexander Baumgarten), in den »Kritischen Wäldern«. — Vgl. Karl Kraus: »Literatur ist, wenn ein Gedachtes zugleich ein Gesehenes und ein Geschautes ist. Sie wird mit Aug' und Ohr geschrieben...« (»Die Fackel«, Nr. 294/5 v. 4. 2. 1910).

[21] »Josef Weinheber ist der einzige deutsche Lyriker, dem es gelang, die Poetik dieses Sprachdenkers gültig in die Praxis umzusetzen, dem er das Niveau und gerade die letzte Feinheit der lyrischen Diktion verdankt. Auf den Kraus-Kenner wirkt es beinahe erheiternd, wenn Weinheber von totalen Kraus-Ignoranten nach bestem Wissen und Gewissen als Nachahmer abgetan wird...« (Edwin Hartl in der Wiener »Presse« v. 8. 4. 1965).

Vgl. die Modell-Interpretationen des Verf.:

1. »Die Trommel«, in Jg 1960 (S. 47, hier berichtigt auf S. 430) und Jg 1961: Beispiel für die frühe, »vertikale« Lyrik.
2. »Aus dem Geiste des Gesanges«, in St-Jb 7/1962: Beispiel aus der Lyrik der späten dreißiger Jahre.
3. »Herrscherlicher erhöht...« (Horaz, Carmen III/30), in St-Jb 8/1964: Beispiel für die Gestaltungsprobleme der antiken Maße.

nimmt — ein fast sprachloser Rest, eine durch die »schwarze Magie« des Drucks suggerierte Reduktion der *Sprache* zur papierenen *Schrift*. Er weiß, daß die von der Faszination durch die Vokabel ausgehende Kraft sich bald erschöpft; daß dennoch jedes, und am sinnfälligsten schon das kleinste Wort durch seinen von den übrigen, den außerlexikalischen Sprachkräften von Fall zu Fall neu bestimmbaren Stellungswert jedem Wunder und aller Dämonie offen steht: Wort, potenzierbar zur »Wortgestalt«; Dasein, im Ergriffensein geoffenbart; das alte Wort, neu geboren. Die Zeile »Ein armes Dasein rettet sich ewig in / des feilen Tages feileres Erbe« i s t freilich Prosa — solange, bis am »in« der vom Metrum geforderte Nachdruck erkannt ist, der den zwei Lettern die Bedeutung des »hinein« (verrannt, unaufhaltbar, heillos fort und hinein) verleiht, von der das Brueghel-Bild — und Weinhebers Gedicht — »Die Blinden« assoziiert werden: Nun wird, blitzhaft, die Zeile Bild[22], und Zeile um Zeile erschafft so die poetische Imagination das Gedicht.

Darum bricht und überwindet Weinheber die Vorherrschaft des direkten Wortes und reichert die Vokabel an aus dem Klang, aus dem Wohlklang wie aus der Härte, und aus dem Tonfall; durch eine Pause oder durch die auffallende Besonderheit einer Akzentsetzung, Akzenthäufung, durch die Melodie oder das Gefälle einer Verszeile; Syntax, Wortstellung und Lautverteilung, Aussparung und Strophik, Komposition (wie im Gedicht so im Zyklus), Rhythmus, Reim, Klangfarbe und Alliteration — kurz, die vieldimensionale Totalität »Sprache«, alle ihre formalen Elemente werden aktiviert. Im Widerspruch zu dem, begriffsnotwendig, einsinnigen Wesen eines jeden »Zeichens *(für* etwas)« sind die Wörter zunächst angelegt auf Mehrdeutigkeit, Vieldeutbarkeit hin. Das schränkt ihren Nutz- und Werkzeugwert ein: es befähigt sie, Bild und Sinnbild zu werden, Gefäß und Speicher und Blitz geistiger Energien. Was unter dem Aspekt der *Zwecke* Man-

---

[22] dessen Ausdruck bestimmt, neben dem »ín«, am stärksten die Jargon-Aura, das Wegwerfende von »ewig« (= fort und fort): die Entwertung des Absoluten wird sichtbar in dem Mißbrauch, den der Sprachgebrauch mit dem »Ewigen« treibt; das jedoch aktiviert den Titel »Auf seinem Schild sterben«, entfremdet ihn der Militär-Romantik: Phrase gewesen, wird das Wort so bitter wie *echt*.

gel schien, entdeckt der *Gestalter* als Stärke und Vorzug, als mächtigen Reiz und als die Aufgabe, die vagen und wechselnden Bedeutungsfelder zum festgelegten und eindeutig profilierten Kunstwerk zu verdichten, zu verweben, zu verwirklichen (so, wie in anderer, dennoch ähnlicher Weise der Künstler, der Bildhauer aus dem Stein die Figur herausschlägt). Sprache ist ein sinnlich-sinnenhaftes Material, und komplex; sinntragend — vorab und mehr noch: sinnschöpfend. Aus dem Zusammenwirken aller ihrer Einzelzüge in der Sprachfigur, aus ihrem Zusammenschließen zur »sinnlich vollkommenen Rede«, das ist zur Form des Gedichts, resultiert, *zuletzt* und zuhöchst, sein Gedanke.

Weinheber »sagt« durch Worte möglichst wenig und möglichst viel ohne Worte. Die außerlexikalischen Sprachkräfte, also die formalen Elemente der Rede, erscheinen dadurch nicht mehr in der Weise eines sinngelenkten, ornamentalen Beiwerks: sie erheben sich zu gestaltender und damit sinnlenkender Funktion. Das alles entspricht sehr genau der Absicht von Kraus' Sentenz: »Die äußere Verständigung ist das Hindernis, das die Sprache zu überwinden hat. Wo es ihr erspart bleibt, ist die Daseinsfreude, die sie sich selbst verdankt, reiner«. Zur Wortaussage treten, sie ergänzend, differenzierend — bald überschichtend, bald antithetisch, immer an- und bereichernd — die absoluten Sprachkräfte hinzu, die vielfältigen Mittel der *Formaussage;* daraus ergibt sich unter anderem für Weinheber die Notwendigkeit, die einzelnen Strophenformen auf je ihrem Wesen gemäße, konstante Bedeutungen festzulegen, ihre Eignung für bestimmte Motive zu erspüren.[23] Sohin, die übliche Suche nach der »Entsprechung von Form und Inhalt, Form und Gehalt« verfängt bei Weinheber nicht; der Gehalt ist vielmehr in der komplementären Verschränkung, in der Durchdringung und sich ergänzenden Gegenseitigkeit von formaler Struktur und verbaler Inhaltsandeutung (Vokabular) gegeben: der Wortbestand bietet kaum mehr als eine sparsame Umrißskizze des Motivs, deren Ausführung jedoch nicht der Subjektivität, gar Willkür des Lesers überlassen, sondern in

[23] *»Einiges über lyrische Formen«* (IV, 245 ff.; IV, 123 ff.) — vgl. in der Zeittafel z. Jan. 1939 — und *»Über Sprache«* (3. und 4. Vortrag, IV, 313—343).

den Form-Elementen der Gedichtgestalt objektiviert, in sie eingearbeitet ist:

»Hat nicht die Sprache das Wort,
sondern der Reiz des Gesagten:
Spiel, das die Spieler nicht wagten,
Lied, das am Klange verdorrt.«

(Frühjahr 1923; I, 431)

8.

Nicht einer von den heute namhaften deutsch schreibenden Autoren, wohl aber der anglo-amerikanische Dichter Wystan Hugh Auden, der seit einigen Jahren in Kirchstetten lebt, hat in einem Gedicht seines »Nachbarn und Kollegen«, um ihn zu ehren, gedacht: *»Josef Weinheber«*. Was tief berührt, ist die menschliche Ein-sicht und ein Verstehen-Können, das noch am Medium der fremden Sprache ihren künstlerischen Rang erspürt. Das zur 20. Wiederkehr des Todestages geschriebene Gedicht wurde im September 1965 von der »Neuen Rundschau« (Heft 3) veröffentlicht; die letzte der zwölf 10 zeiligen Strophen schließt mit den Worten:[24]

»For even my English ear
Gets in your German
The workmanship and the note
Of one who was graced
To hear the viols playing
On the impaled green,
Committed thereafter *den*
Abgrund zu nennen.«

[24] »... selbst mein englisches Ohr / Entdeckt in deinem Deutsch / Die Meisterschaft und den Tonfall / Eines, dem es vergönnt war, / Das Spiel der Bratschen / Auf umzäuntem Rasen zu hören, / Und dem es später oblag, *den / Abgrund zu nennen.«* (Zitat aus »Kammermusik«, hier S. 197. — Übertragung von Herbert Heckmann.)

9.

Der Raum dieses Geleitwortes ist knapp. Selbst wesentlichste Dinge,[25] Sachverhalte, Probleme können nicht dargestellt werden, lediglich eine Auswahl aus den wichtigsten *Gesichtspunkten* vorzuführen ist möglich. Deshalb läßt auch die Frage sich nur streifen, welcher Art das Verhältnis des Werkes von Josef Weinheber, dessen nicht nur poetologische, dessen auch geistige Basis die Kunst- und Sprachauffassung von Karl Kraus bildet, zur gegenwärtigen deutschen (bundesdeutschen) Literatur ist. Über deren Situation steht Aufschlußreiches in einigen Sätzen, mit denen Walter M u s c h g seinen Essay über den »Zauber der Abstraktion in der Dichtung«[26] schließt. Sie sind nicht im Hinblick auf Josef Weinheber geschrieben, also unverdächtig; um so mehr überraschen die vielen Beziehungen, die sich ergeben:

»Pathos ist undenkbar geworden, Gefühle gelten als Plüsch und sind von einem Zynismus verdrängt, der nur noch die Spielformen des Absurden — des Spiels mit dem Tragischen —, des Grotesken — des Spiels mit dem Furchtbaren — und des Paradoxen — des Spiels mit dem Sinnlosen — zuläßt ...
Diese raffinierte Verspieltheit der gegenstandslos gewordenen Dichtung ist nichts anderes als die jüngste Form der romantischen Zauberei. Wir leben in einer Endzeit, deren Leitfigur auf allen Gebieten der Scharlatan ist.[27] An diesem extremen Punkt der Entwicklung tritt wieder der uralte Unterschied zwischen echtem und falschem Zauber hervor ... Sie (= abenteuerliche Formen des Zerfalls, auf der Grenze zwischen Kunst und Betrug) blühen besonders in der deutschen Literatur der Gegenwart, die ihren Rückstand gegenüber dem Ausland durch Anpassung an berühmte fremde Vorbilder aufzuholen versucht. Das deutsche Literaturwunder unserer Tage wird von Erfolgsschriftstellern[28] bestritten, deren Physiognomie dem Typus der heute im Sattel sitzenden deutschen Politiker, Unternehmer, Kunsthändler und Journalisten entspricht. Sie haben alle Ideologie über Bord geworfen und sind entschlossen, das große Geschäft des Wirtschaftswunders mitzumachen ...

---

[25] Für alles rein Biographische muß auf die »Zeittafel« (S. 443) oder auf die Biographien verwiesen werden — auf die neueste von Fritz *Feldner*, auf die knappste von Friedrich *Sacher*, auf die stoffreichste, in mancher anderen Hinsicht aber problematische von Josef *Nadler*.

[26] »Euphorion« 58/1964, S. 225—242 (Zitate: S. 239—242).

[27] vgl. die Figur des Zödmeister in Weinhebers Roman »Der Nachwuchs«. (Anm. d. Verf.)

[28] vgl. die Figur des Erich Maria (!) Pawel in Weinhebers Roman »Gold außer Kurs«. (Anm. d. Verf.)

Mit den heutigen Nachkriegszynikern wetteifern viele gelehrige Schüler in... ›neuen Wortfeldern‹ einer manipulierten Lyrik, letzten Ausläufern der experimentellen Dichtung... man wird es schon in naher Zukunft als Auswuchs unseres geistigen Vakuums verstehen. Dieses abgebrühte Gebaren täuscht den kritischen Beobachter nicht darüber hinweg, daß es Maske einer Flucht vor der Wirklichkeit ist. Es ist das Gegenteil einer Revolution: literarische Industrie... diese Provokationen (wirken) als Anachronismen. Sie sind.. nur das automatisch ablaufende Endstadium[29] einer einst großen Bewegung.
Der sogenannte Avantgardismus steht heute ja vor einem ganz anderen Zeithintergrund als vor fünfzig Jahren. Damals hatte er sich gegen den brutalen Widerstand einer im Positivismus erstarrten Gesellschaft durchzusetzen. Der unbegrenzte Spielraum, den er heute besitzt, ist dagegen nur ein kleiner Ausschnitt aus der allgemeinen Anarchie und Unnatur... Die entfesselte Literatur spiegelt genau die Geistesverfassung der heutigen Menschheit, die in Unglauben, Fiktionen und technischen Spielen wie im Traum dahinlebt, unfähig, die Gefahr zu erkennen, in der sie schwebt. Das künstlerische Experiment ist kein Wagnis mehr, sondern die von allen Seiten erwartete Sensation.
...die folgenschwerste abstrakte Dichtung ist nicht die, die in der Vieldeutigkeit oder Sinnlosigkeit des Wortes schwelgt, sondern jene andere, die weiß, daß es zum Wesen des Wortes gehört, Träger von Gedanken zu sein. Von allen Künsten ist ja einzig die Dichtung imstande, an die Vernunft des Menschen zu appellieren. Nach all den Experimenten des Spiels mit der Sprache ist jetzt vielleicht die Stunde für diese andere Form der Auflehnung gegen den Wortaberglauben gekommen: für eine Dichtung, die sich der im Wort schlummernden geistigen Energien bedient und es wieder zum Werkzeug sprengender Gedanken macht..«.

Vor dem trügerischen Zirkel freilich dieser letzten Hoffnung warnt die Mahnung von Karl Kraus, »Wer nichts der Sprache vergibt, vergibt nichts der Sache«: Bevor einer *schlummernder* Kräfte »sich bedient«, muß er sie *wecken* — können; *er* muß

---

[29] Weniger ablehnend als Walter Muschg (1898—1965) sieht Herbert Cysarz das literarische Heute:
»...Dennoch, durch alle Revolution und Pseudorevolution hindurch schreitet ein gewaltiger Kampf um die Dichtung. Das angebrochene Weltalter wird nicht nur über Aufgang oder Untergang des Menschengeschlechts, sondern auch über Sein oder Nichtsein der Kunst entscheiden. Es gilt den Fortbestand der Dichtung trotz Hiroshima, Stalingrad und Auschwitz, trotz den Millionen Kriegs- und Nachkriegstoten, trotz all dem undarstellbar ja unvorstellbar Grauenhaften und Ungeheuren. Und das ist das rühmlichste, was sich über die Dichtung der Gegenwart bislang sagen läßt: Sie hat sich als Dichtung, hat die Dichtung behauptet. Sie führt da den gleichen Kampf wie Josef Weinheber. Er war nicht der letzte, seine heutigen Antipoden sind nicht die ersten. Hier wie dort wird um mehr als zeitliche, also auch zukunftsgültige Dinge gerungen...«. (»Josef Weinheber und die jüngste deutsche Lyrik«, in: Jg 1964/65, S. 4)

ihnen »dienen»: Wir bedürfen einer Dichtung, welche die potentiellen geistigen Energien der Sprache (nicht in Quisquilien verspielt, sondern) aktiviert, aktualisiert. Weinheber hat das — mit künstlerischem Gelingen — versucht und so »die schwarze Messe jener eigentlichen Wertvernichtung, zu der nun einmal das neudeutsche Leben aufgewacht ist,«[30] zu all den Mißverständnissen jenes »Ruhms« und Rufs provoziert, mit denen sie ihn, d. i. seine Dichtung, überschüttet (hat). Genau das ist geschehen: *noch* eine Demonstration mehr, und eine weitere Selbstentlarvung dieser Zeit, die sie nicht wahrnehmen und nicht wahrhaben möchte; nicht anders als in allen den Fällen ihrer Entlarvung, die vor dem Vergehen am Geist die Verbrechen an ungezählten Menschenleben enthüllten.

10.

»Einsamkeit, Urangst, Frömmigkeit« — mit dieser Dreiheit hat Weinheber 1943 die Substanz seiner Dichtung umschrieben. Ein Jahrzehnt vorher, 1933, benannte er ihre Themen: »Durch mein ganzes vielfältiges Gedicht[31] ziehen einige wenige Motive: Einsamkeit, Leiden, Tod, Traum . . .«. Es ist gewiß, daß Weinheber Goethes Wort über »die große Wichtigkeit der Motive, die niemand begreifen will,« bekannt war; Karl Kraus hat es in der »Fackel« vom 10. 6. 1907 (Nr. 227/8) zitiert:

»Unsere Frauenzimmer haben davon nun vollends keine Ahndung. Dies Gedicht ist schön, sagen sie, und denken dabei bloß an die Empfindungen, an die Worte, an die Verse. Daß aber die wahre Kraft und Wirkung eines Gedichts in der Situation, in den Motiven besteht, daran denkt niemand. Und aus diesem Grunde werden denn auch Tausende von Gedichten gemacht, wo das Motiv durchaus null ist, und die bloß durch Empfindungen und klingende Verse eine Art von Existenz vorspiegeln. Überhaupt haben die Dilettanten und besonders die Frauen von der Poesie sehr schwache Begriffe. Sie glauben gewöhnlich, wenn sie nur das Technische loshätten, so hätten sie das Wesen und wären gemachte Leute; allein sie sind sehr in der Irre.« (zu Eckermann, am 18. 1. 1825)

---

[30] Karl Kraus, »Die Fackel« Nr. 890—905, S. 139.

[31] = vielfältig im Formalen, in den künstlerischen Mitteln. (V, 77, Brief an Friedrich Sacher vom 17. 10. 1933.)

Die Thematik der Dichtung Weinhebers entfaltet sich in der Bindung an bestimmte, durch ihre Wiederholung in die Vielfalt ihrer Bedeutungsschichten aufgefächerte und dadurch voll ausgeschöpfte Motiv-Wörter, die untereinander zusammenhängen: »Herz« (als Chiffre für Seele, Liebe und den zentralen Menschenwert: »denn nur vom *Herzen* ist / die Ewigkeit getan«, S. 100), und »Leid«; »Zeit« (»die Zeit ist der Anti-Künstler«, IV 237) und nächstverwandt, immer negativ: »Tag«, das Nichtige in der Gegenwart, Betrieb; als der Gegensatz beider — »Traum«, die Chiffre für das Absolute, für die Meditation und für allen wahren und höchsten Wert[32]. Schließlich »Tod« und, ambivalent gefaßt, als Ausdruck des Vergehens *und* der Ewigkeit, Schoß des Werdens *und* Abgrund der Vernichtung, »Nacht«, das zentrale und insofern wichtigste der Motiv-Wörter. Die vier Chiffren, *Leid*, *Traum*, *Tod* und *Nacht* berühren sich in der Vorstellung von den »großen Toten« und ihrer Wieder-Holung *in* und *gegen* die (S. 413) »mörderische ›Zeit‹«. Die Wieder-Holung der »großen Toten« aber, und dank ihrem Beispiel die Wieder-Holung der Welt, sie sind die Frucht der »Wahl«, und *sie* ist der Geist: dem Menschen »wárd der / Geist verstattet: Jenes unsäglich Freie: / Scheidung, Entscheidung« (Ode 34). Das Motiv-Wort »Wahl« ist die Zusammenfassung dieser gleichsam synonymen Vokabeln.

Es sind autarke Symbole, deren Bedeutung nicht durch die Tradition oder den Sprachgebrauch zeitgenössischer Dichtung gegeben ist; sie wächst, wird entwickelt und ausgeformt im Sprachraum der Lyrik Weinhebers, durch die ständige Wiederkehr dieser (dadurch in ihrer Intensität gesteigerten) Motiv-Wörter: Weinhebers Lyrik ist in Wahrheit ein einziges, großes Gedicht; der Schlüssel zu der Sprache *eines* sind *alle* Gedichte (ist allenfalls eine repräsentative, nie eine zu schmale oder nur zufällige Auswahl) — die Tendenz zur auslotenden Hebung der Wortinhalte und -bedeutungen erzwang und erzwingt die zyklische Komposition, zumindest Gruppierung.

---

[32] »*Traum*schatten, der zerfließt, / *Tag*, der vorübereilt ...«: = »Traum«, zum Schatten gemindert und noch weiter schwindend. (»Mit fünfzig Jahren, I«, hier S. 390)

11.

Ein Wort noch (als dem Leser geschuldete Hilfe und Aufklärung) zu Weinhebers O d e n.

Ode heißt zunächst nichts anderes als »Lied«; die Odenstrophe besteht aus Zeilen von feststehender Silbenanzahl (wie die romanischen Strophenformen, jedoch im Gegensatz zu den germanischen). Der Rhythmus des Oden-Verses ist jedoch nicht die Darstellung des ruhigen Ein- und Ausatmens, er besteht nicht im regelmäßigen Wechsel von betonter und unbetonter Silbe: es entstehen so Zeilen von charakteristisch und verschiedenartig ausgeprägter rhythmischer Figur — sie und die strophischen Gebilde, zu denen sie zusammentreten, zeigt die der Orientierung dienende Übersicht auf S. 468 ff. Über die Ausdruckswerte, die Physiognomie der einzelnen Strophenformen (auch über die romanischen und germanischen, nicht nur über die der Oden) hat sich Weinheber mehrfach und eingehend geäußert[23], doch worauf es zunächst und grundsätzlich ankommt, um nicht von vornherein falsch zu lesen und mißverstehen zu müssen, ist ein anderes Merkmal: *Tongipfel = Sinngipfel.* Das ist eine sehr viel strengere Forderung als das in der deutschen Odik seit Klopstock, in unserer Lyrik seit Opitz geltende Gesetz »Tongipfel = natürlicher Wortakzent«, als dessen Folge in der Ode — von Wortumstellungen sei ebenso abgesehen wie von den Fragen der Wortwahl — die zwanglose »Natürlichkeit« des Prosa-Tonfalls erstrebt wurde, rhythmische Unauffälligkeit also. Weinhebers Oden dagegen kennzeichnet ihr *Doppelgesicht:* ein flaches und banales, »alltägliches«, das sie zeigen, wenn ein des Rhythmus oder Metrums Unkundiger sie — wie sollte er anders — im »normalen« Prosa-Tonfall liest (wobei unwillkürlich manche zu betonende Silbe die Akzentuierung einbüßt); *und* ihr davon sich abhebendes, zwingend profiliertes w a h r e s Gesicht, i h r Gesicht, durch das sie Gedicht wird, und das hervortritt, wenn jede Tonstelle des Metrums genau, als Tongipfel *weil Sinngipfel,* beachtet wird. Der Nachdruck besteht meist in stärkerer Betonung, doch auch in der Nuancierung des Tonfalls, der Sprachmelodie. Ein erstes Beispiel boten bereits die zwei S. 429 demonstrierten Zeilen aus der Ode »Auf seinem

Schild sterben«. In Weinhebers Oden ist der Rhythmus ein Kunstmittel, das ganz der »Neugeburt des alten Wortes« dient.

Der Odik vor Weinheber war die Akzentuierung oft weniger eine Chance des Gedankens gewesen als ein Hindernis für den Wohllaut und eine Crux wie der Theorie so der Technik — sie erließ gerne (nach antikem Vorbild) einen Akzent auf der den Vers schließenden Silbe; ihre meisterörterten Probleme waren die der sogenannten »Spondeen« und der (den Versrhythmus gegen das Versmaß ausspielenden) »schwebenden Betonung«: Beide Probleme gibt es in Weinhebers Oden nicht,[33] in ihnen geht der metrische Raster ohne Divergenzen in der rhythmischen Bewegung auf. Statt dessen spielt Weinheber den *Versrhythmus* gegen den *Prosarhythmus* der Sätze aus; charakteristisch für seinen Odenvers ist ferner außer der strengen Beachtung noch die Vermehrung der akzenttragenden Silben, der infolgedessen häufige, durch Pausensetzung am Versende auch wieder vermeidbare Akzent-Prall. Vor allem aber — das Gesetz »Tongipfel = Sinngipfel« bedeutet den Zwang zur äußersten Intensivierung und Konzentration im Gedanklichen. Die Ode ist als Kunstform und durch ihren Gedankengehalt anspruchsvoller als das Lied aus Reimzeilen.

Ein Beispiel.

Um die typographische Nebenwirkung, den optischen Eindruck der Zeilenordnung, auszuschalten, sei hier die dritte Strophe der 12. Ode »Zwischen Göttern und Dämonen« in einem Prosa-Absatz wiedergegeben: »Ja, Sprache ist eines Volks große Beichte. Ein zeugend Volk redet stark. Wille nicht, Zwang nicht ruft die Kraft, doch eine Wahrheit aus Erz ist das Gedicht.«

Das ist das Vorgegebene: drei einfache und nichtssagende, bis

---

[33] »Schwebende Betonung« kennt Weinheber in Hexametern und in den alternierenden Rhythmen der romanischen Strophen. In den Oden gibt es sie nicht:
Diese Regel können die seltenen Ausnahmen nur bestätigen; so wird ein Trochäus bzw. Jambus durch Spondeen ersetzt im Eingang von »Künstler und Volk«, hier S. 243: »Lebt ein Leib ohne Herz...« = — — / . . / (kenntlich gemacht durch Sperrdruck); in der Ode 15, hier S. 293: erdgraue Kleid, = — — . / statt . / . /; im alkäischen Elfsilber, zum Ausdruck der Innigkeit: »Schubert erklingt...« (hier S. 279).

auf eine abgestoßene Endung und wenig ausgeprägte Wortumstellungen prosa-nahe Sätze.

Die Klopstock-Strophe als die (erschaffende) Form des Gedichts — *forma formans* — evoziert zunächst eine geistige Szene; Klopstock, profiliert als einer der Stifter, der Begründer der neueren deutschen Literatur, wird aufgerufen, als Eideshelfer, als richtende Instanz: Wesen überhaupt und Rang von »Literatur« stehen in Frage. Das Metrum akzentuiert im ersten Satz »Sprache«, »ist« und die letzten drei Wörter; es bewirkt durch den überstarken Nachdruck auf dem Hilfszeitwort die Verwandlung seiner Aussage: was suggeriert, was evoziert, was zu denken zwingt er, über die Vokabeln hinaus, die da stehen? Man erkennt, es handelt sich gar nicht um die Kopula, sondern um eine ungeheuere Verkürzung (von »Sprache« reden kann man *nur* da, wo . . ., *nicht* aber, wo einer nur Worte macht, schöne, scheinhafte, verlogene usw.), um bitterste Negation u n d schroffste Forderung; um so mehr, als Rechenschaft und Buße, das strengste Selbstgericht und die umundumstürzende tiefste Erschütterung nur des Einzelnen nichts vermögen: Sprache und Sprachverlust sind Kollektiv-Ereignisse, Sache der Gruppe (»Volk«). Die Wiederholung dieses Wortes, beide Male an das betonte Versende gerückt (beide Male vor einer skeptischen Pause), stellt *noch mehr* in Frage, als nur das Vorhandensein der »Sprache« — es brauchte gar nicht des so freilich noch mehr verstärkenden, anzweifelnden »zeugend«. Sodann ist hinzuweisen auf die Funktion der Verseinschnitte (Zäsuren): **»Wílle nícht«** wird so herausgehoben und in ein distanziertes, isolierendes Schweigen als Ausdruck der Negierung hineingestellt, in der letzten Zeile dagegen — »íst das Ge**dícht**« — abgesondert als unverrückbare Gewißheit. Die künstlerische Wirkung der Pausen bleibt also eine variable Funktion, durchaus frei von monotonen Wiederholungen; auch die Akzentuierung der Kopula führt nicht beide Male zum gleichen Effekt: die zweite Bekräftigung wird ausschließlich als erhärtende Beschwörung verstanden, ihr fehlt ganz der von der ersten mit-evozierte Horizont der Verneinungen.

Unkenntnis des Rhythmus (des Metrums) verflacht die Aussage bis zur Nichtigkeit: dank seiner Beachtung wird die Aussage trotz ihrem Lakonismus geräumig und erfüllt, durch Ober- und Untertöne präzisiert, nuanciert, profiliert, nichts bleibt vag. Einfaches Vokabular wird beredt, wie das Attribut »große«, wie das Adverb »stark« = bezwingend, überzeugend, Berge versetzend, wie »Sprache« = Dichtung, Literatur, wie »Gedicht«, das den Höhenzug, die Gipfelkette der Weltliteratur assoziiert. Freilich geschieht so das Gegenteil von Information, die exakt mitteilt, auf ihrer Rezeption besteht und Imagination ausschalten möchte. Angesprochen und durch die subtilste Beanspruchung aktiviert, aber auch sehr streng gelenkt wird gerade das Vorstellungsvermögen. Wie z. B. »fällt das Gefällige« dahin, nicht nur durch die Wiederholung der mit Geringschätzung befrachteten Lautgruppe »fä«, mehr noch durch den dem »natürlichen« Tonfall widerstrebenden Akzent auf »-ge« — ein Nonplusultra der Verächtlichkeit. Unter der Einwirkung des Rhythmus werden aus minimalen Stoffquanten stärkste Ströme geistiger Energie frei. »Unter der Einwirkung des Rhythmus« — das allerdings stellt auch fest, daß die Wirkung des Gedichts, seine so ästhetische wie geistige Realität an die Mitwirkung des Lesers geknüpft ist.

Ein zweites Beispiel — um zu demonstrieren, wie nicht allein der Ausdruck, wie gerade auch das Überhören oder Begreifen inhaltlicher Motive (Literaturpolemik, politische Spitzen) mit der Aufmerksamkeit zusammenhängt, die dem Versmaß und Rhythmus zuteil wird. Merkwürdig mißverstanden wurden die Oden von den Jünglingen in »Zwischen Göttern und Dämonen«, als Ausdruck einer unrühmlich blinden Überschätzung der Jugend, der heraufkommenden neuen Generation.[34]

Die 31. Ode beginnt mit einem Rückblick auf die Verherrlichung der Jugend in der Antike und seit den Griechen; sie sei in der Gegenwart durch die Verbindung mit dem »Elite«-Denken kompromittiert, auch durch den George-Kreis, weit mehr durch den verzerrenden »olympischen« Gedanken. Das Jünglingssymbol bedürfe einer neuen, es rechtfertigenden Sinngebung; ist sie möglich? Ja — wenn es verstanden wird als Symbol

1. für die Sorge um alle einzelnen und Gruppen in der Jugend einer Gesellschaft;

---

[34] Rudolf Ibel, »Mensch der Mitte«, Holsten-Verlag: Hamburg 1962, S. 215.

2. für den auf Verwirklichung des höchsten Menschenwertes gerichteten Willen dieser neuen Generation (»bringen und bewahren den Gott«).

Die folgende Ode (32) steht vor der Frage, ob die Erneuerung des »Jünglings«-Symbols mehr sei als ein Denkspiel; gibt es eine sie fordernde, zwingende Notwendigkeit? »Es war ehmals der Adler eins. Nun von Tieren nichts mehr: Dies überwand der Mensch ...«. Solche Prosa heißt kaum mehr als: Wir hatten ein Emblem, den Reichsadler; der ist dahin — besser und zeitgemäßer trägt man jetzt Klassizismus (immerhin: nicht das Hakenkreuz).

Doch leidenschaftlich zu lesen und ganz anders zu verstehen zwingt der Versrhythmus: »Es **war** (Zäsur) — **ehmals** der **Adler eins**«: **nur** eins unter vielen, kein besonders gutes; das betonte »war« sagt nicht Vergangenes — gelassen — aus, es ist affektbetont. Die Akzentuierung »éhmals« und die Pause davor steigern die Erregung bis zum Abscheu vor einem Anachronismus (»fort damit!«), denn — »**Nun** von **Tieren** nichts **mehr** (Zäsur)«: Welcher Nachdruck des Ekels liegt auf dem Plural «Tieren«! Das läßt, rückwirkend, den »Adler« nicht mehr als den Reichsadler verstehen: er wird, wohl eher »Legionsadler«, zur Chiffre für Gewaltmacht, Gewalttat — »**Dies** über**wand** der **Mensch**«! Nicht nur, daß das Motiv »fort mit dem anachronistischen Greuel!« noch einmal verstärkt wird, der starke Ton auf »Mensch« stellt gegen den Unwert den Wert, in bewußtem, schärfstem Gegensatz.

12.

Sicherlich würden heute die vierzig Oden vom »Zwischenreich« um ihrer literarischen und politischen Polemik willen nur wenige lesen; auch sich klarzumachen, in welcher Weise durch sie die damals vorhandenen Möglichkeiten sprachlichen Verstehens und die verfügbare intellektuelle Potenz überfordert worden waren, bleibt ein Beginnen von Reiz nur für Fachleute. Das Entsetzlichste hat sich inzwischen, jede Vorstellung voller Grauen überbietend, wirklich ereignet. Aber Weinheber hat von dem einmaligen Konkreten fort auf die latent in jeder Gesellschaft zu jeder Zeit und an jedem Ort vorhandene Bedrohung hin gesehen und hingewiesen: Wer in Analogien zu denken vermag, findet seine Zeit und seinen Ort und seine Gesellschaft vor dem Hintergrund der Schrecken ausgesprochen wieder. Die Zitate — vornehmlich aus Hölderlin — konfrontieren diese Welt mit einer anderen, angestrebten, gültigen. So erwächst dem Werk die ihm eigentümliche Spannung und eine zeitüberlegene Tiefe, jenseits der zeitbedingten Anlässe; es auszuloten, auszumessen ist noch wenig geschehen.[35]

»Graeca sunt — non leguntur«, das heißt: »Es ist Griechisch: man kann — oder: man mag — es nicht lesen«; aber *könnte* man — vielleicht *wollte* man verstehen. Der gleiche Trotz, der vor die Oden in »Adel und Untergang« Weinheber jenes lateinische Zitat setzen ließ, hat ihn veranlaßt, von der unabdingbaren Voraussetzung ihres Verständnisses, der Kenntnis des metrischen Schemas der Strophe, zu schweigen. Denn er wollte den sich bemühenden, den nachgestaltenden Leser, doch er wollte noch mehr: er wollte vermöge der anfordernden Sprachkraft die Kraft des Geistes sammeln. Den Leser zur geistigen Anstrengung zwingen, eben das wollte Klopstock auch, der in dem vom Ressentiment gegen den »barbarischen« Reim erfüllten 18. Jahrhundert den Rhythmus im Vers so ausgebildet und verfeinert hat, daß die Sprache die Übernahme der antiken Oden-Formen versuchen konnte. Deshalb hat er, ein weniger schroffer Erzieher als Weinheber, jedem seiner Gedichte das Strophenschema beigegeben. Seinem Beispiel möchte diese Ausgabe folgen; denn Weinhebers Oden sind weder eine antikisierende noch eine antiquarische Kunstübung, sondern eine Kunstform, deren Vorzug und genuin *griechische* Absicht es ist, die geistige Aktivität des Lesers zu steigern, indem sie seine nachgestaltende Bemühung herausfordert und ihn (über einfache technische Voraussetzungen) an dem Erschaffen des Gedichts in einer Weise beteiligt, die dem Suchenden mit dem Finden der Wortgestalt zugleich den Sprachgedanken erschließt.[36]

---

[35] Vgl. die zwei Studien des Verf. zur Ode 36: »Wege zum Gedicht« S. 360—367 und St-Jb 5/1957, S. 218—241.

[36] Vgl. Verf., St-Jb 8/1964, S. 228 ff.

ZEITTAFEL

Die mit Stern bezeichneten Fußnoten stehen jeweils auf derselben Seite; die mit Ziffern bezeichneten am Ende der Zeittafel (ab Seite 464)

I

1892—1914 KINDHEIT UND JUGEND

1892 9. März: Josef Weinheber in Wien geboren, als Sohn des Fleischers und Kellners (Geschäftsführers) Johann Christian Weinheber (1860—1901)[1] und der Hebamme und Weißnäherin Theresia Franziska Wykidal (1868—1904, gest. an Tbc). Erste Lebensjahre in Ottakring (Ost) und in Purkersdorf bei Wien.
Zwei Schwestern: Amalia (1896—1910), Franziska (1898—1904).

1897 Die Eltern leben in getrennter Ehe; der infolgedessen vernachlässigte Bub wird (wann? wohl noch, bevor er am 1. 9. 1898 schulpflichtig wurde) in die Korrektionsanstalt in Ober-Sankt-Veit abgegeben (»Knabenerziehungshaus« des »Wiener Schutzvereins zur Rettung verwahrloster Kinder«): schwere psychische Frühschäden, in Weinhebers Erinnerung verdrängt und — fälschlich — der sehr viel günstigeren Waisenhauszeit angelastet.[2]

1899 1. Dez.: Auslösung aus der Korrektionsanstalt und Eintritt in die 2. Klasse der Neumayer-Volksschule in Ottakring (Ost), auf Veranlassung seines Ziehvaters und Onkels, des Gasthausbesitzers Ernst Trbuschek.

1901—1908 nach dem Tod des Vaters: Unterbringung in der Landeswaisenanstalt Mödling bei Wien.

1903—1908 Besuch des humanistischen Gymnasiums in Mödling (1. bis 4., und Winterhalbjahr der 5. Klasse).[3] Vgl. IV, 18 ff.

1904 Tod der Mutter; Tod der jüngsten Schwester, Franziska.

1905 Tod des Onkels und Vormunds (?) Ernst Trbuschek.

1908 Feb.: Verlust der Freistelle wegen einer ungenügenden Leistung in Mathematik.

Frühjahr: Lehrjunge in der »Austria«-Brauerei, Wiener Neudorf.

seit Juli: Lehrjunge in der Roßschlächterei der Tante Franziska verw. Trbuschek, geb. Weinheber, in Ottakring (1852—1925).

1910 7. Juli: Mali, Weinhebers letzte Schwester, stirbt an Tbc, vierzehnjährig.

1910—1927 »Hofkabinett in Ottakring«: Die Lehrerswitwe Marianne Grill (1871—1960), die Mutter eines Kameraden aus dem Waisenhaus, nimmt — Weihnachten 1910 — Weinheber zu ihren drei Söhnen in ihre Wohnung auf. (Ottakring/West)

1911 bis Ende März: Tätigkeit im Büro einer Molkerei.

seit April: Besuch einer Abendschule zur Erlangung des Abiturs (»Freies Lyceum«), und —

1911—1932 Beamter (Beamtenanwärter, zuletzt Inspektor) bei der Postverwaltung; im Okt. 1932 pensioniert: V, 120.

1912 früheste, noch völlig unprofilierte Gedichte.

1913 10. Apr.: erste Veröffentlichung eines Gedichtes, »Garten der Seele«, geschrieben am 4. 7. 1912 (s. I, 7, 648; V, 8).

1914/1915 (Jahreswende:) Das künstlerische Erwachen Weinhebers steht im Zeichen einer zu religiöser Ergriffenheit gesteigerten, spekulativen Leidens- und Seelenmystik; Weinheber hat den Krieg erlebt nicht als heroischen* Kampf, sondern als Übermaß von Leid.[4]

* Das Motiv des Heroischen — mit den Motiv-Wörtern »Held«, »Krieger«, »die (großen) Toten« — findet sich bei Weinheber erst seit dem Ende der zwanziger Jahre; je intensiver seine Bemühungen um die Sprache und das Gedicht werden, desto größere Bedeutung gewinnt es: es gilt immer, in einem von der zweitausendjährigen Tradition der Stoa vorbestimmten Sinn, dem Kampf für den Geist, gegen den Ungeist (gegen »die Zeit«: dieses Motiv-Wort Weinhebers steht unter dem Eindruck des »Zeitkampfes« von Karl Kraus und folgt dessen Postulat — und Auffassung — einer »Kunst gegen die Zeit«).

II

1915—1922 ERSTE PERIODE DER FRÜHEN GEDICHTE

Periode des am Stoff orientierten Interesses;[5] gedanklich z. T. schon eigenständig, formal ganz unselbständig, abhängig vor allem von Dehmel, Wildgans, Rilke. Weinheber hat schon 1923 die Gedichte dieser Jahre, als künstlerisch wertlos, völlig verworfen (»Gehirnreimerei«, V, 43).[6]

1916 Herbst und Winter: Begegnung mit Irmgard Stuart Willfort (geb. 10. Mai 1882).[2]

1917 Mitte Feb.: Erster Brief an, Mitte Apr.: persönliche Bekanntschaft mit Emma Fröhlich (geb. 1889). Sommer: Beginn einer mehrjährigen[7] geistigen und religiösen Krise (1917 bis etwa 1923/24 = Krieg, Nachkriegs- und Inflationsjahre).

1917 ff. Emma Fröhlich versucht, Weinheber aus der ursprünglich introvertierten Verkapselung (IV, 16) seiner Dichtung herauszuführen; sie verweist ihn auf Trakl (auf Anschauung und Gegenständlichkeit in der Lyrik)[8] und auf die damalige lyrische Moderne. — Erste Natur- und Landschaftsgedichte Weinhebers; Versuche u. a. im Drama[9] und in der Novelle; feuilletonistische Grotesken. Studium von Otto Weininger, »Geschlecht und Charakter«.

Einfluß der »Fackel« von Karl Kraus — nachweisbar seit (spätestens) 1917 (V, 15).[10]

1918 Jan.: »Genie«, Drama; biographisch aufschlußreich als die früheste Selbstanalyse.[11] (Vorarbeiten und Entwurf bis 12. Okt.; Niederschrift beendet am 4. Dez. 1918.)

30. Okt.: Austritt aus der katholischen Kirche. — Vgl. »Post festum«, I, 282.

1919 21. Juni: Ehe mit Emma Fröhlich; geschieden 1920 am 11. Mai.

22. Spt.: Bekanntschaft mit Leo Perutz. (Nadler S. 54)

1919—1923 Arbeit an dem Roman »Das Waisenhaus«. Alle Romane Weinhebers sind verschlüsselte Selbstdarstellungen[12a], von ihm selbst als bloße Gebrauchsprosa gewertet; wichtig jedoch als biographische Materialien.

1919—1925 Mitarbeit an der Zeitschrift *»Die Muskete«* (etwa 35 Gedichte, vor allem aus den Jahren 1920/21). Vorbild für den burlesk-rustikalen Ton — besonders auch in den späteren Mundartgedichten — wird der Simplizissimus-Mitarbeiter Dr. Owlglass; vgl. V, 119 und Nadler S. 127.

1920 Weinheber besitzt, wenige Wochen nach ihrem Erscheinen, die Kraus-Biographie von Leopold Liegler (Widmung, datiert »27. II. 1920«; gezeichnet: »Szeren«[12b]).

DER EINSAME MENSCH, Frau Marianne Grill gewidmet. (Ende 1920; 50 Gedichte in fünf Gruppen)

1921 ff. Karl Kraus eröffnet in der »Fackel« (Nr. 572—576, Juni-Heft) die »Sprachlehre«; für Weinheber bes. wichtig: »Bei den Tschechen und bei den Deutschen«, »Die Wortgestalt« (1921); »Dichters Klage« (1923); »Der Reim« (1927); »Die Sprache« (1932), u. a.; vgl. V, 72 f. (Brief v. 17. 9. 32 an Friedrich Sacher)

bis 1922 Weinheber schwankt zwischen den Begabungen zum Sänger — Lyriker — bildenden Künstler; er entscheidet sich erst jetzt für die Sprachkunst, auch unter dem Einfluß von Karl Kraus (IV, 68).

III

1922—1930 ZWEITE PERIODE DER FRÜHEN GEDICHTE

Periode der gezielten Experimente in lyrischer Technik, bis zur erlangten künstlerischen Eigenständigkeit.[13]

1922/1924 S t u f e (1), *»vertikale«* Lyrik: »Symphonische« Darstellung mehrerer Ebenen innerhalb des Gedichtraums[14] durch sinnlenkende Gruppierung der Vokale und Konsonanten; »einiges Gelingen des Gewollten«, jedoch: nicht ausbaufähig.

1923 15. Aug.: † Mizzi Sladek.[2] Vgl. I, 514.

Nov.: Weinheber lernt seine spätere zweite Gattin kennen, die (seit kurzem verwitwete) Frau H e d - w i g K r e b s, geb. O b e r s t.

VON BEIDEN UFERN, Leo Perutz gewidmet. (Ende 1923; 41 Gedichte)

1924 ff. Herman Hefeles Buch »Das Wesen der Dichtung« (Ex-libris-Datum: 20. 11. 1923) beantwortet richtungweisend für Weinheber[15] die Frage »wie *macht* man ein Gedicht?«; Folgen:

a) Weinhebers Hinwendung zur Dichtung und Kunst der italienischen Renaissance;
b) seine Hinwendung zur objektiven, zur »klassischen« Form (IV, 72 f.);
c) die gegen jede »Gefühls«-dichtung gerichtete Zielsetzung: *keine* »deutsche Form« — vielmehr: »deutsche Formwerdung des *lateinischen Geistes«* der Klarheit, Objektivität, Ordnung und Disziplin;
d) durch Hefele — geb. 1885 in Stuttgart, gest. 1936 in Braunsberg/Ostpr. — wird das von Kraus eingeleitete Streben nach Überwindung des literarischen Expressionismus ergänzt und intensiviert.

1924/1930 S t u f e (2), Entwicklung »von der Tiefe weg in die Breite, vom Symphonischen in die lineare Melodie« (als *neue Synthesis);* Beginn des Studiums der Technik des Gedichtes bei Trakl, Claudius, Mörike, Goethe, der Droste-Hülshoff, später bei der Sappho, bei Horaz, Hölderlin; Versuche im Volksliedton, in orientalischen und in mediterranen Formen (Makame, Ghasel, persischer Sinnspruch — Einfluß Rückerts;

Sonett, Siziliane, Terzine, Ritornell). Erste Stilporträts (nach A. Holz' »Dafnis«) und Dialektgedichte. — Der Öffentlichkeit gilt Weinheber bis 1935 als ein Lyriker nur der strengen und hohen Form: zunächst jedoch entwickelt seine Lyrik sich in der Richtung auf »Wien wörtlich«.

1924 Beginn der Latein- und Griechisch-Studien; erste Versuche in antiken Maßen.
Spt.: Urlaub mit Frau Krebs-Oberst in Kleinzell b. Hainfeld, N.-Ö.

DAS WAISENHAUS. Vorabdruck in der »Arbeiter-Zeitung«, 7. Spt. bis 11. Nov.; die (auf 1925 datierte) Buchausgabe ist infolge der Auflösung des Verlags nicht mehr ausgeliefert worden.
Konzeption der Romane »Der Nachwuchs« und »Gold außer Kurs«.

1925 Mai: Preis der Stadt Wien für Dichtkunst.
Aug.: Erster Versuch, einen Sonettenkranz zu schreiben.

1925—1931 Urlaubsreisen, jeweils im September (Florenz, Rom, Paris = *Michelangelo-Erlebnis):*
1925 Italien (Venedig, Rom, Neapel, Florenz);
1926 Oberitalien (Assisi);
1928 Dalmatien;
1929 Oberitalien (Venedig, Südtirol);
1931 Frankreich (Paris und Provence).

1926 Weinheber findet — so spät wohl infolge der Ablehnung bei Hefele — Zugang zu Hölderlin.

BOOT IN DER BUCHT, Frau Hedwig Krebs gewidmet. (Ende 1926; 42 Gedichte)

1927 5. Aug.: Eintritt in die evangelische Kirche und (2. Spt.) Ehe mit Frau Hedwig Krebs-Oberst (1885 bis 1958). Übersiedlung in deren Wohnung im III. Bezirk (Rudolf-von-Alt-Platz).
Spt.: Hochzeitsreise nach Kärnten, an den Faaker See.

20. Dez.: Erstes Auftreten des Herzleidens (klinisch o. B.).

nach 1927 Stufe (3), *»horizontale«* Lyrik, d. i. Aneignung der »Klaviatur der äußeren Formen *mit der* ihnen *jeweils innewohnenden Gemäßheit«* (IV, 71; im Original nicht kursiv). Das Studium der *Anthologia Graeca* (Sappho, Alkaios) führt zum *Verständnis* der Formenwelt Hölderlins: Weinheber erarbeitet nunmehr seine Form der antiken Maße und gewinnt damit die volle Eigenständigkeit als Sprachkünstler.

1928 Der Nachwuchs. (Niederschrift begonnen am 27. 11. 27; erschienen von Jan. bis Dez. 28 im 1. Jg. der Monatsschrift »Der neue Pflug«)

1927/1928 Studium des »Siebenten Rings« und der »Bücher der Hirten- und Preisgedichte ...«: sehr zögernde und, trotz dem Drängen einiger Freunde, bes. des Dr. jur. Franz Othmar Haeller, immer kritisch-distanzierte Befassung mit dem Werk Stefan Georges.

Ende der Zwanziger Jahre: Wiederannäherung an Rilke (»Duineser Elegien« und »Sonette an Orpheus«; der »mittlere« Rilke dagegen hat auf Weinheber keinen Einfluß geübt; vgl. die polemischen Stellen in »Zwischen Göttern und Dämonen«).

1929 5. Feb.: *Theodor Lessing* — geb. 1872 in Hannover; † (Feme-Mord) 1933 in Marienbad/Böhmen — bespricht unter dem Titel »Der einsame Mensch« die vier von Weinheber veröffentlichten Bücher: »Soziale Dichtung? Proletarische Lyrik? Ich kenne sie! Man rühmt in Deutschland etwa Karl Bröger oder Gerrit Engelke ... Ich werde stets für sie eintreten. Aber ich weiß trotzdem: Es ist schlechte Dichtung ... Sie kann bestehen vor dem Erfurter Programm. Sie muß verstummen vorm Baum, welcher blüht, vorm Vogel, welcher singt. ... Jiří Wolker ... Fránja Srámek ... Petr Bezruč ... Das ist proletarische Kunst. Blut und nicht rote Tinte ... So nun erfühle ich diesen unbekannten Joseph Weinheber ... ›Von zwei (sic!) Ufern‹ und ›Boot in der Bucht‹. Welche Überraschung! Der aus tausend Untiefen schreiende, aus tausend Wunden Blutende hat sich gebändigt zur kalten Form und ist nun wirklich auf dem Wege, das zu werden, was wir ihm zutraun: Ein echter Meister! ... Dieser Proletarier ... ist d u r c h. Der hat bestanden! Denn so, meine Herren Zeitgenossen, so sehen Poeten aus.« (Hannover, »Beilage zum Volkswillen«, Nr. 19)

1930 14. Dez.: Lyrik-Preis der Julius-Reich-Dichterstiftung der Universität Wien.

IV

1930—1938 PERIODE DER »MEISSELKUNST DES WORTES«

Absage an die Musikalität des Verses. Die in diesen Jahren entstandenen Zyklen versteht Weinheber als »Hereinnahme des *architektonischen* Kunstelements in die Lyrik« (IV, 76), die von ihm als nächstverwandt nicht der Musik, sondern der Bildhauerei bezeichnet wird:[16] Der Sprachkünstler habe aus der amorphen und rationalen Gebrauchssprache den Urlaut und lebendig sinnenhaften Wortklang ebenso herauszuhämmern und auf sich selbst zu stellen, wie der Bildhauer die Figur aus dem Stein[17] — das Gedicht »führt die Sprache in sich selbst und in die eigene formale Spannung zurück«[18] und verflicht das Vielsinnige der Wortbedeutungen zum Sprachgedanken. — Es ist zugleich die Periode des höchstgespannten humanen Pathos in der Dichtung Weinhebers.

1930—1932 Freundschaft mit dem Kraus-Biographen Leopold Liegler (1882—1949); sie hat wohl Ende der zwanziger Jahre bei Lyrik-Kolloquien mit Friedrich Sacher und Franz Staude begonnen.[19]

1930—1934 Erst jetzt — nach den Auslandsreisen — nimmt die Entwicklung der Lyrik Weinhebers die Richtung auf »Adel und Untergang«.

1930 Frühjahr: Friedrich Sacher nimmt in seine »Anthologie junger Lyrik aus Österreich« acht Gedichte Weinhebers auf (Geleitwort: Richard von Schaukal). Vollendung des 1925 begonnenen, 1927 weitergeführten ersten Sonettenkranzes: »Heroische Trilogie«, I. Teil.

10. Juni bis 5. Juli (und einige Tage Mitte Spt.): Urlaub in Miesenbach im Piesting-Tal, südwestlich von Wien.

Juli bis Aug.: »Heroische Trilogie«, II. (Terzinen-) Teil.

Spt./Okt. und 11. Nov.: »Heroische Trilogie«, III. Teil (zweiter Sonettenkranz).

1931 30. Dez. 1930 bis 7. Feb.: »Gesang vom Weibe«.

Frühjahr bis Dezember: »Blumenstrauß«.

7. Apr.: Erste Übersetzungen — Sappho, »An Aphrodite«, früheste der acht Fassungen. (R. M. Rilke, »Les roses«, I-XXIV: wann? — Datierung unsicher)[20]

13. Juli bis 17. Aug.: »Gesang vom Manne, I—VII«

Erwin Rieger nimmt in seine »Anthologie österreichischer Lyrik« vier Oden von Weinheber auf. (Darmstädter Verlag Josef Würth)

1932 Weinheber gibt an, etwa 1700 Gedichte geschrieben zu haben.[21]

Juli: Urlaub am Fuschlsee in Salzburg.

17. Spt., Brief an Dr. Sacher: er enthält wichtige Angaben über Weinhebers geistigen und künstlerischen Werdegang.

Das Zerwürfnis zwischen Weinheber und Liegler hat zur Folge, daß Friedrich Sacher in seine neue Anthologie »Die Gruppe / neun Lyriker aus Österreich« weder Weinhebers Gedichte noch Lieglers Einführungen aufnehmen kann.[22]

Nov.: Nach seiner Pensionierung (V, 120) lebt Weinheber als freier Schriftsteller; 1932/33 entsteht eine größere Anzahl kleiner Gebrauchsprosa für Zeitung und Rundfunk, vgl. IV, 527 ff.; wohl die reifste Prosaarbeit Weinhebers ist die Schilderung des »Niederösterreichischen Weinlands«.

1933 GOLD AUSSER KURS. Niederschrift Spt. 32 bis Jan. bzw. (Reinschrift) Apr. 33. Postum veröffentlicht 1953.
Juli: Urlaub in Gstetten bei Lunz am See (westl. Niederösterreich).
Juli: Plan eines (Fragment gebliebenen) Zyklus »H e r o e n«.[23]
27. Okt.: »Adel und Untergang« erstmals erwähnt als Titel für den seit Herbst 1930 geplanten und seither vielen Verlegern ohne Erfolg vorgelegten Lyrik-Sammelband. (Brief an Dr. Sacher: V, 77 f.)
Herbst: Erste Bemühung um eine auf die »Physis des Atemzugs« gegründete, neue Verstechnik des Hymnus. (IV, 91 ff., 254 ff.)

1934 12. Feb. bis 20. März: »Variationen auf eine hölderlinische Ode« (dazu, 10. Aug. 34: »Aufgestiegen, später Sohn«).
März: Weinheber, der seit 1932 Beziehungen zu nationalsozialistischen Kreisen aufgenommen hatte, sieht sich, als pensionierter Staatsbeamter, zur Wahrung strikter Loyalität veranlaßt. Zu der Kultur- und Literaturpolitik beider Diktaturen, der in Österreich und vor allem der in Deutschland, ist jedoch Weinheber *immer* in scharfem und in bewußtem Gegensatz gestanden. Es entsteht so eine innere Reserve, die wächst, je besser Weinheber auf seinen Reisen, durch Augenschein, die deutschen Verhältnisse selbst kennenlernt: also seit dem Sommer 1936.*

* Es ist f a l s c h, wenn — gestützt vermutlich auf die Darstellung bei Nadler — gesagt wird, Weinheber habe erst 1943, und gar nur »innerlich«, den Nationalsozialismus abgelehnt. Die andere Deutung, welche die Formulierung von G. v. Wilpert und bei Hermann Kunisch zuläßt[24] — Weinheber hätte nur seit 1943 seinen vom Nationalsozialismus geförderten Ruhm abgelehnt —, ist ganz unhaltbar: vgl. u., zum Jahr 1936, Jan./April.

Juli: »Ihr Vokabular heißt heute Blubo, Volk und Heldentum. Die Vorzeichen haben sich geändert, der Unfug ist geblieben ... sie bilden einen furchtbaren Ring der Mediokrität ...« (»Gedanken zur Lyrik«; mit eingearbeiteten Partien aus dem Jahr 1931: »Über den Unfug der Gebrauchslyrik«).

Spt.: Urlaub in St. Martin bei Lofer (Land Salzburg).

1934 ADEL UND UNTERGANG (141 Gedichte. Verlag A. Luser, Wien, 17. Okt.;[25] ab Dez. 1937 im Verlag Langen/Müller, München). Weinheber wird über Wien hinaus in Österreich allgemein bekannt und anerkannt.

1934 ff. Vermehrte Beschäftigung mit der Kunst und Dichtung *Michelangelos* (bes. 1936), um der Faszination durch Hölderlin entgegenzuwirken.

1935 März: Vertrag mit dem Verlag Albert Langen/Georg Müller in München, über die Rechte an den künftigen Werken Weinhebers.

Mai: Beginn der Freundschaft zwischen Weinheber und Gustav Pezold, dem Direktor des Langen/Müller-Verlages.

WIEN WÖRTLICH. Über die Halfte der 55 Gedichte stammt aus dem Frühjahr 1935. (Verlag A. Luser, Wien, 24. Mai; seit Okt. 1938 im Verlag Langen/Müller).

12. Juli: Weinheber wird der Ehrenring der »Deutschösterreichischen Schriftstellergenossenschaft« verliehen.

GEDICHTE, in: »Das Gedicht / Blätter für die Dichtung«, Verlag Ellermann, Hamburg. (Acht Gedichte, erschienen am 1. Okt.; Feb. 1937[2])

Juli: Urlaubsaufenthalt in Lofer (Land Salzburg).

26. Spt. bis 21. Okt.: »Von der Kunst und vom Künstler«, Sonettenkranz.

VEREINSAMTES HERZ, 63 Gedichte aus der Zeit der »frühen Lyrik«, 41 davon aus den drei Gedichtbänden der zwanziger Jahre. (Verlag Paul List, Leipzig, 4. Nov.)

Nov.: »Gedanken zu meiner Disziplin« und Glossen, »Werk und Zeit«, in: Persönlichkeit und Schaffen«, Verlag A. Luser, Wien.

»Die Gruppe / zwölf Lyriker aus Österreich«, hgg. von Friedrich Sacher: Außer den neun Dichtern der »Gruppe« von 1932 — Richard Billinger, Arthur Fischer-Colbrie, Wilhelm Franke, Hans Leifhelm, Paula Ludwig, F. Sacher, Walter Sachs, Wilhelm Szabo, Julius Zerzer — sind jetzt auch Hans Deißinger, Ernst Scheibelreiter und (mit 11 Gedichten und 2 Glossen) Weinheber vertreten.

1936 11. Jan./27. Feb. bis 25. März: »An die Nacht«, Sonettenkranz.

Jan./Apr.: Mozart-Preis der Goethe-Stiftung, verliehen durch die Universität München: Der »Ruhm scheint mir doch wohl im großen und ganzen ein Mißverständnis zu sein« (IV, 98).

März: Kauf des Landhauses in Kirchstetten (»Aigenhof«).

Mai: (Erste) Deutschlandreise, mit Gustav Pezold.

Juli: Alfred Margul-Sperber (geb. 23. 9. 1898), jüdischer Dichter in deutscher Sprache aus Czernowitz/Bukowina, besucht Weinheber. Briefe Margul-Sperbers an Weinheber, der ihn als Dichter sehr schätzte, sind erhalten aus den Jahren 1935 bis 1937 (Herbst).

SPÄTE KRONE (66 Gedichte in 5 Gruppen; gewidmet: »Den Manen Michelangelos«. Druckbeginn: 17. Aug., Auslieferung: Mitte Okt.). In Deutschland wurde Weinheber erst durch dieses Buch allgemein bekannt und »berühmt«.

IM NAMEN DER KUNST (August, beendet am 5. Spt.; vgl. V, 256 f.):[26]
Weinheber bezeichnet die Schrift als die »Hauptarbeit dieses Jahres« (3. 8. 36, an R. List); sie soll

noch 1936 bei Langen/Müller als Bändchen 67 der »Kleinen Bücherei« erscheinen, muß aber zunächst, später (Feb. 37) ganz zurückgestellt werden, da man im Verlag fürchtet, einer Veröffentlichung würden weitere Repressalien gegen das »Innere Reich« folgen, das damals von einem Verbot durch das Goebbels-Ministerium bedroht war (Briefe Pezolds und Maschers an Weinheber, vom 17. und 28. Okt. 36; vgl. das August- und das Nov.-Heft der Zeitschrift).

»Im Namen der Kunst« (Text: IV, 228—284) ist eine polemische Erweiterung der »Gedanken zu meiner Disziplin«, gegen die Blubo-Literatur überhaupt und insbesondere gegen die Literaturpolitik im »Dritten Reich« gerichtet: »Die Scholle ist alles ... von einer willfährigen Zeitkunst glorifiziert. Der Sieger aber, der unbestrittene Sieger in diesem Streit ist der Analphabet ... Nicht der G e i s t ist der Widersacher des Lebens, ... sondern der U n g e i s t.«

15./16. Nov.: Die österreichische Regierung v. Schuschnigg verleiht Weinheber den Titel »Professor«.

Entstehung der ersten Monographie über Weinheber: Friedrich Ernst P e t e r s, »Die Wiederkehr des Empedokles. Friedrich Hölderlin und Josef Weinheber« (1937/38[1], 1940[2], 1942[3]).

seit 1936 Durch Alkoholmißbrauch bedingte, progrediente Verschlechterung von Weinhebers Gesundheitszustand.

1937 21. Jan.: »Meine geistige Heimat«, IV, 7—13. Dazu V, 387, 388.

16. Feb., an G. Pezold: »›Im Namen der Kunst‹ lassen wir nicht etwa g a n z fallen. Es muß nur v e r e d e l t werden ...«. Weinheber verdichtet den mißliebigen »Klartext« zu den »dunklen« Gedichten »Zwischen Göttern und Dämonen«: diese vierzig Oden sind — primär — eine literarische Polemik, gegen das »Dritte Reich« und sein Milieu, gegen die NS-Kulturpolitik gerichtet.

1. Apr. bis 20. Nov.: Erster Sommer in Kirchstetten. Hier sind noch 29 Gedichte für das Kalenderbuch

entstanden oder beendet worden, als letztes am 9. Aug. »Die Blinden«.

1937 15. bis 17. Juni: Entstehung der ersten 4 Oden zu »Zwischen Göttern und Dämonen«; Arbeitstitel: »Fragment«.

19./25. Aug., an G. Pezold: Weinheber bestimmt das Zarathustra-Zitat »O Mensch, gib acht!« zum Titel des Kalenderbuchs. (Zuvor Arbeitstitel »Jahraus — jahrein«)

Okt.: II. und III. Geviert (= 5. bis 12. Ode) von »Fragment«; Ursprung, Akzente und Tendenz der Planung sind klar (V, 229): den Platz vor der in der Klopstock-Strophe geschriebenen 12. Ode erhält ein literaturpolemisch besonders engagiertes *früheres* Gedicht *(vom 5. Nov. 1932)* im asklepiadeischen Maß.

4. Nov., Linz: Erste Begegnung mit Gerda Janota.

O Mensch, gib acht (10. Nov.; 85 Gedichte; Planung und Arbeitsbeginn: Frühjahr 1934). Das »erbauliche« Kalenderbuch eines Großstädters; Weinheber greift ein Blut-und-Boden-Thema auf, um es »aufzuheben«, d. h. zu negieren — in doppelter Weise: durch künstlerische Formung, und zugleich durch die ironische Beleuchtung, in die jedes Gedicht durch das Nietzsche-Zitat im Titel gerückt ist.

Selbstbildnis. Gedichte aus zwanzig Jahren (Nov.; »Die Kleine Bücherei«, Bd. 67). 50 Gedichte, ausgewählt aus »Adel und Untergang«, »Wien wörtlich«, »Persönlichkeit und Schaffen«, »Späte Krone« und »O Mensch, gib acht«.

1938 15. Jan.: Ausscheiden — Ausbootung — G. Pezolds aus dem damals der »Deutschen Arbeitsfront« gehörenden Verlag Langen/Müller; vgl. V, 244 ff.; V, 247: »Dein persönlich menschliches Schicksal, das typisch wird« —.

März: »Anschluß« Österreichs; vgl. V, 638 zum 17./18. Mai, und Nadler S. 288/9: im Freundeskreis verbirgt Weinheber nicht, wie sehr ihn die Ereignisse, die er als eine Katastrophe erlebt, deprimieren.

1938 15. Apr. bis 26. Juli: »Fragment«, IV.—X. Geviert, und endgültiger Titel: »Zwischen Göttern und Dämonen«, statt des von Weinheber vorgeschlagenen, aber zu riskanten und vom Verlag daher abgelehnten »Zwischenreich« (!).

Sommer: Erste Gedichte für »Kammermusik«; geplant sind »episch-lyrische Sprachkunstwerke«, »(weit) in die Sprache vorgetrieben« (V, 303).

5. Aug.: Titel »Kammermusik« (V, 319).

Aug. (V, 323/4): Erster gesundheitlicher Zusammenbruch (Polyneuritis, begleitet von Depressionen und Schlaflosigkeit), der schnell überwunden wird, jedoch ohne daß Weinheber sich jemals wieder ganz erholt hätte.

ZWISCHEN GÖTTERN UND DÄMONEN, vierzig Oden. (Erschienen um den 20. Spt.) Die (primär) polemische Absicht* verdichtet noch jeden in einem Kolon ausgesprochenen oder angespielten oder durch ein Zitat evozierten Gedanken zu einer Besinnung und Umkehr fordernden, derzeit freilich wirkungslos gebliebenen Kraft.

29. Okt.: Weinhebers Rede auf dem »Großdeutschen Dichtertreffen« (Weimar) versteht richtig und in ihrer Hintergründigkeit nur, wer das zeitliche Zu-

* Die Oden wurden in der bisherigen Interpretation (wie in der ersten Hälfte des Jahrhunderts in Deutschland üblich) aus allen gesellschaftlichen Beziehungen gelöst und absolut — unverbindlich-metaphysisch — zu verstehen gesucht. Freilich nicht Kritik der Gesellschaft, aber gerade die Kritik des Verhältnisses der Gesellschaft zum Geist war Weinhebers Absicht: »Sie setzen ›Geist‹ als etwas Metaphysisches, als etwas außerhalb des Menschen Stehendes und leugnen damit einen Teil der menschlichen *Natur.* Denn der Geist ist uns immanent und nicht transzendent, er ist etwas so typisch *Menschliches* wie sein Ausdruck, die Sprache« (IV, 257 f.: »Im Namen der Kunst«).

sammentreffen mit dem Erscheinen von »Zwischen Göttern und Dämonen«, und den Zusammenstoß zwischen Weinheber und Goebbels berücksichtigt.
13. bis 28. Nov.: 6. Vorlesungstournee (Schweiz).
2. Dez., Vorlesung in Stuttgart: Beginn der Korrespondenz mit Gerda Janota (10. 12. 38 — 9. 3. 45; 81 Briefe u. 22 Postkarten von Weinheber, die Hälfte davon a. d. Jahre 1940).

1939 »Einiges über lyrische Formen«: Veröffentlichung leicht überarbeiteter Teile eines Abschnitts (»Form und Formen«) aus dem Manuskript für »Im Namen der Kunst« (1936).*
Jan.: 8. (letzte) Vorlesungstournee und Deutschlandreise; danach im sog. »Altreich« nur noch eine größere Vorlesung (München, 1. 11. 40). In Österreich haben von 1938 bis 1944 rund 100 Vorlesungen stattgefunden.

1938/1939 Mitte August 1938 bis Ende Mai 1939: für die Dichtung taube, unergiebige Zeit. Vgl. IV, 81.

»Mich stiert halt das Phrasengetrommel, das den Menschen die echte, untergründige, deutsche Humanitas verschüttet« (V, 196: 28. Aug. 1938).

* Erschienen in der »Zeitschrift für Deutschkunde«, 53/1939, 1. Heft (Januar), S. 1—5; Zweitdruck 1940 im »Augarten«, Heft 11, S. 14—18; aufgenommen 1942 in die Ansprache anläßlich der Promotion zum Doktor h. c. (veröffentlicht 1943 in Heft 5 der »Wiener wissenschaftlichen Vorträge und Reden«). — Jeder Hinweis auf diese Sonder-Publikation(en) fehlt in der Salzburger Ausgabe.
Weinhebers funktionale Begründung für die Differenzierung der lyrischen Formen folgt Impulsen der glf. funktionalen Sprachauffassung und Poetologie von Karl Kraus und scheidet sich dadurch von den Konventionen der »Formalisten« (= der »Epigonen« im landläufigen Sinn). — Vgl. zu dem ganzen Problem den Aufsatz von Erich Trunz, »Die Formen der deutschen Lyrik in der Goethezeit«, in: »Der Deutschunterricht« 16/1964, Heft 6 (Dezember), S. 17—32, an dem auch die von der älteren abweichende Handhabung und Rolle des Versakzents in Weinhebers antiken Maßen deutlich wird; vgl. ob. S. 436 ff.

V.

»... und der geheime Kranz
mir sank dahin.«
Mit 50 Jahren, I

1939—1945 Die frühere Behauptung einer Verwandtschaft zwischen Lyrik und Bildhauerei wird jetzt als »einseitiger Standpunkt« revidiert; Rückwendung zur Position von 1924, = Wiederannäherung an die Musik[27]: »Die Grundlagen meiner Kunst sind dieselben wie die a l l e r Ö s t e r r e i c h e r: musikalisch-musikantischer Natur...«.[28]

»Sprache ist die Wirklichkeit des Geistigen, und durch sie wird der Mensch eine geistige Wirklichkeit« (IV, 229): In den Kriegsjahren wird die Sprache Weinhebers zentrales und alleiniges Thema: er beruft angesichts der äußersten Lebensbedrohung die stärkste, die geistigste Kraft, in der er das Leben gegründet weiß. Diese Zuflucht, als der Appell »z u r S p r a c h e!«, bestätigt das Sprachdenken von Karl Kraus als die Grundlage der Kunstauffassung Weinhebers.[29]

1939 5. Apr.: »Ich habe mit Müh und Not ein Weihespiel für den Leipziger Rundfunk zusammengebosselt. Es ist nicht das Richtige, ich fühle es. Aber ich muß verdienen. Es geht mir auch materiell viel schlechter als vor einem Jahr«. (an G. J.)

29. Mai (Pfingstmontag): Unterschenkelbruch; bis 5. Juli: Krankenhaus St. Pölten (dann Gehgips bis Mitte Spt.). In diesen Wochen entstehen die meisten Gedichte von »Kammermusik«.

Okt. 1939 bis März 1943: Weinheber zeichnet als Herausgeber des *»Augarten«*, der Zeitschrift des am 3. Juni 39 gegründeten »Wiener Dichterkreises«.

KAMMERMUSIK: »... zeitgemäß, das Artistische ... zu betonen ... in einer Zeit, die nur so von Heroik staubt, etwas Intimeres zu sagen« (V, 345; 14.7.39). — (44 Gedichte; erschienen am 12. Nov.)

im zweiten Weltkrieg »... ich bin ein schwankender, zerrissener, armseliger Mensch, den eine ständige furchtbare Angst quält —«. (V, 483; 22. 12. 39. Ähnlich öfters.)

1940 22. Feb. bis 20. Apr.: Heilstätte Inzersdorf.
17. März: Du bekommst neue Gedichte zu hören: »Zur Sprache«. (an G. J.; = Beginn der Arbeit für »Hier ist das Wort«)
Mai-Heft des »Augarten«: Sprachkritische Gedichte (oft in engster und unverkennbarer Anlehnung an Karl Kraus).[30]
Mai: Weinheber wird zum Laienprüfer bei der I. juridischen Staatsprüfung bestimmt.
28. Juli bis 20. Aug.: Salzburger Dichterfahrt (Salzburg und Bad Gastein).
9. Aug.: »Als ich noch lebte .. / Jambus (scenicus)«. (für G. J.)
5. Spt.: Pläne, für den Verleger Reinhard Piper als Herausgeber von drei Lyrik-Anthologien zu arbeiten, scheitern am Widerstand des Verlages Langen-Müller.
seit Nov.: wieder »arbeitstaube« Zeit.
Beginn der Freundschaft und (seit 27. 12. 40) der Korrespondenz mit Dr. Werner Berg.

1941 15. Jan.: Grillparzer-Preis der Stadt Wien.
22. Jan. bis 23. März: Heilstätte Inzersdorf.
19. Mai bis 3. März 45: Briefwechsel mit Martin Sturm, † 23. 10. 64 (veröffentlicht 1955).
10. bis 28. Juni: Rappottenstein, Waldviertel, Zwettl.
16. bis 26. Aug.: Salzburger Dichterfahrt (Zusammenstoß mit W. Schäfer).
10. bis 16. Spt.: Kärntner Dichterfahrt.
Weinheber sendet das fast fertige Manuskript »Zur Sprache« an Werner Berg, den Freund, der in seinen letzten Lebensjahren ihm am nächsten stand und dem »Hier ist das Wort« gewidmet ist.
Spätherbst: »Zur Sprache« wird gesetzt, aber nicht gedruckt; N 379 ff.

Ende Dez.: Weinheber nimmt auf Dr. Bergs Rat und für eine spätere, selbständige Veröffentlichung aus dem neuen Buch das ganze Glossar und den größten Teil der »Sprachlehre« heraus.

Im Dezember wurde Weinhebers Sohn, Johann Christian Janota, geboren (Taufe im Stephansdom am 5. 1. 42).

Weinheber entdeckt und erkennt die dichterische Begabung von Christine Busta, Wolf von Niebelschütz † und Hermann Stahl.

1941/1942 Drei Oden an Hölderlin, begonnen am 10. Mai 41: 1. Fassung (»Hölderlin!«), beendet am 28. Jan. 42; 2. Fassung (»An Hölderlin«), beendet am 26. Juli 42; 3. Fassung (»An den Genius Friedrich Hölderlins«), 13. Aug. 42.

1942 9. März: 50. Geburtstag. — Weinheber wird der Ehrenring der Stadt Wien verliehen.

»Rückblick und Rechtfertigung«: »Ich habe mich im Künstlerischen bemüht, durch Treue zur ruhmlosen Vergangenheit, durch Treue zur künstlerischen Tat dieser Gefahr (die der Ruhm bringt, — der Auflockerung, des Sich-gehen-lassens, des geistigen Hochmuts und Machtdünkels) zu begegnen. Im Menschlichen ist es mir nicht immer gelungen, zu widerstehen und der zu bleiben, der ich war«. (März-Heft des »Augarten«)

18. März: Promotion zum Doktor h. c.; die »Dank- und Festrede« bestreitet Weinheber mit Partien aus »Im Namen der Kunst«[31] (s. ob., Jan. 1939!).

4. Juni bis 12. Aug.: »Mit 50 Jahren, I—VI«.

Juni: Dichterfahrt durch Oberschlesien.

15. bis 22. Nov.: Gerhart Hauptmann in Wien, Feier seines 80. Geburtstags. Festprolog von Weinheber, »An Gerhart Hauptmann«.

1943 28. Jan.: »Der Erlös aus dem Verkauf meiner Bücher, bisher das Rückgrat meiner Existenz, (ist) fast Null geworden. Ich muß mich mit allerlei Gelegenheitsarbeit über Wasser halten«. (an G. J.)

März: Weinheber interessiert sich für Form und Eigenart der japanischen Haiku-Strophen (Briefwechsel mit Paul Lüth/Rostock).

Frühjahr: Besuch, auf Drängen des gemeinsamen Freundes *Christian Neumeier*, bei dem Dichter Heinrich Suso W a l d e c k († 4. 9. 43, vgl. V, 158 bis 167) im Kloster Sankt Veit/Mühlkreis, OÖ.

8. Aug. bis 4. Feb. 45: Briefwechsel mit M a r i a M a h l e r (1899—1950; veröffentlicht 1951, 1952).

8. Nov.: Zwei Gedichtbände stehen vor dem Abschluß: »Hier ist das Wort« und »Glossen zur Sprache«.

30. Dez.: Weinheber bezeichnet sich als »gläubigen Katholiken«; zu einer formellen Re-Konversion, welche geplant war, ist es jedoch vor seinem Tod nicht mehr gekommen.

1944 4. Jan.: Weinheber hat bei Langen-Müller 11 000 RM Schulden: »Was ich außerhalb meiner Bücher das ganze Jahr 1943 hindurch zu verdienen vermochte, ist nicht der Rede wert«. (An G. J.)

17. Jan.: »Dokumente des Herzens« in Leipzig ausgedruckt, aber verbrannt.

Über Sprache: Poetik-Lektorat, sieben Vorlesungen (2. Mai bis 25. Juli).

22. Spt.: Weinheber erteilt Imprimatur für »Hier ist das Wort«.

1. Nov.: Weinheber wird zum Volkssturm eingezogen, aber wieder, zuletzt noch im März 45, zurückgestellt.

In den letzten Monaten seines Lebens werden die ihn seit ihrem ersten Auftreten im Sommer 1938 peinigenden Nervenschmerzen immer ärger; Weinheber verschafft sich Morphium. Er bekommt aber oder hat jederzeit selbst Wein und Most, genug, um seine innere Angst und Unruhe zu betäuben.

1945 16. Feb.: Der Verlag Langen-Müller kündigt den Vertrag mit Josef Weinheber.

DOKUMENTE DES HERZENS (Auswahl aus dem lyrischen Gesamtwerk, 142 Gedichte, erschienen Ende Feb. 45)
März: Weinheber stellt seine Epigramme und Sprachglossen zusammen, vgl. IV, 737—796:

GLOSSARIUM.
9. März: Weinhebers Geburtstag; Abschiedsbrief an Dr. Gerda Janota und den Sohn.
5. Apr.: Testament.
8. Apr.: Tod, durch eine übergroße Morphium-Dosis.
13. Apr.: Kirchstetten, Kampfgebiet seit dem 7. April, wird von russischen Truppen besetzt.

1947 HIER IST DAS WORT (»Dem Kärntner Maler und Bauern Dr. Werner Berg in Freundschaft« gewidmet) 108 Gedichte, Arbeitsbeginn: März 1940; Titel gefunden am 6. Aug. 42. Erster Satz: vgl. Herbst 1941; zweiter Satz: Feb. bis Spt. 1944. — 1949^2, 1953^3 (Hamburg).

1953—1956 SÄMTLICHE WERKE in 5 Bänden, hgg. von J. Nadler und H. Weinheber.[32]

1956 13. Jan.: Gründung der Josef Weinheber-Gesellschaft in Wien, durch Hedwig Weinheber.

1958 5. Spt.: Tod Hedwig Weinhebers.

1961 März: Übernahme des Landhauses in Kirchstetten durch den von Weinheber zum Universalerben eingesetzten Sohn, Johann Christian Janota.

1965 6.—17. Apr.: Gedächtnisausstellung zum 20. Todestag Josef Weinhebers, in den Schauräumen der Österreichischen Staatsdruckerei, Wien, bewerkstelligt von Fritz Feldner[2] (1892—1965; † 27. Juli) und Prof. Lotte Hahn, eröffnet mit einer zur Toleranz mahnenden Ansprache durch den Generaldirektor der Österreichischen Staatsdruckerei und Präsidenten der österreichischen Widerstandsbewegung, Dr. Franz Sobek. — 15 000 Besucher.

ANMERKUNGEN

[1] Einer der Vorfahren Weinhebers, sein Ur-ur-großvater Matthäus Adalbert Leydig, * 1770, entstammte einer in Sichelbach bei Kirchstetten ansässigen Schuhmacherfamilie. (Diese wenn auch sehr entfernte Verwandtschaft mit Ann Tizia Leitich wurde erst nach Weinhebers Tod festgestellt.) Das soziale Milieu der anderen Vorfahren des Dichters war das Lebenselend des Landproletariats in der niederösterreichischen Umgebung Wiens. — Vgl. Lois Stawars in der Jg 1960, S. 51 ff.; H. Schöny, in Jg 1964/65, S. 22—32.

[2] Vgl. Fritz Feldner, »Josef Weinheber / Eine Dokumentation in Bild und Wort«, Verlag Das Bergland-Buch: Salzburg/Stuttgart 1965.

[3] Vgl. Nadler S. 429, Anm. zu S. 108.

[4] Vgl. I, 58 u. ö.; z. B. I, 95: »Leid gottnah bist du«; das Motiv »Leid« stiftet die innere Einheit des Gesamtwerks; »den Menschen macht das Leid« (»An die Nacht«, 9. Sonett).

[5] Drei Phasen: (1) Gedankenlyrik, 1915/17; (2) Herumexperimentieren, 1917/19; (3) Ausklang, 1919 ff.; der positive Ertrag in »Der einsame Mensch« und »Von beiden Ufern«. — Vgl. Verf. in St-Jb VI/1959, S. 162 ff.

[6] Aufschlüsse darüber, wie Weinheber seine Lyrik bewertet hat, sind auch daraus zu gewinnen, wie viele Gedichte er in den einzelnen Abschnitten seiner künstlerischen Entwicklung — und wie viele aus ihnen — selbst veröffentlicht hat:

I. *Die drei Bücher der zwanziger Jahre* enthalten etwa 15% der zwischen 1917 und 1926 entstandenen Lyrik; das ist ein Durchschnittswert: von den in den Erscheinungsjahren (1920, 1923, 1926) geschriebenen Gedichten hat Weinheber fast die Hälfte aufgenommen.

II. *Nach 1930* hat Weinheber drucken lassen

a) von den vor »Der einsame Mensch« geschriebenen Gedichten, 1912—1918 . . . . 1,2%

b) von den bis 1930 geschriebenen (z. T. schon in den drei Büchern der zwanziger Jahre veröffentlichten) Gedichten . . . . 34 %

1) aus den Jahren 1919—1922: . . . . 20 %

2) aus den Jahren 1923—1926/30: . . . . 55 %

c) von den nach 1930 geschriebenen Gedichten . . . . 92 %

III. *Insgesamt* hat Weinheber veröffentlicht — in Lyrik-Büchern, Zeitungen und Zeitschriften (einschl. der »Muskete«), in Anthologien und in den Auswahlbänden seit »Das vereinsamte Herz«:

(7 Gedichte =)	2,8%	der Lyrik aus den Jahren 1912/16
(durchschnittl.)	15 %	der Lyrik aus den Jahren 1917/18
(durchschnittl.)	64 %	der Lyrik aus den Jahren 1919/22
(praktisch)	100 %	der Lyrik aus den Jahren 1923/45

[7] »Siebenjährig«; vgl. »Janus, I« (387: »Siebenjahr«). Die Vorstellung eines siebenjährigen Zyklus in der Periodizität des Lebensablaufs hat Weinheber von dem Psychologen und Weininger-Forscher Hermann Swoboda übernommen.

[8] Überspitzt, m. A. n. dennoch zutreffend: Ohne Emma Fröhlich weder »Wien wörtlich«, noch »O Mensch, gibt acht«!

[9] Vgl. Nadler S. 433, Anm. zu S. 385.

[10] »Die lyrische Generation Österreichs nach dem ersten Weltkrieg ist im Schatten der Sprachzucht Karl Kraus' aufgewachsen; sie strebte zur klaren Tiefe des Worts und zur Formstrenge« (Ernst Waldinger, »Der österreichische Lyriker Franz Staude«, Vortrag, Chicago 1960; in E. W., »Gesang vor dem Abgrund«, Graz und Wien 1961, S. 109—119, Stiasny-Bücherei Band 85).

[11] Unveröffentlicht; Dialogpartien daraus in der Salzburger Ausgabe, IV, 651—663. Der vollständige Text wurde erst 1962 in Kirchstetten gefunden.

[12a] Vgl. Verf., »Im Hinblick auf Weinhebers ›Romane‹«, in Jg 1959, S. 32—74.

[12b] Vgl. die Gedichte »An S. V.«, I, 300 ff.: Frau Eva Vas (genannt Szeren) aus Budapest, geb. Lotter; Psychoanalytikerin. (Dank mdl. Mitteilung von Herrn Dr. Viktor Matejka.)

[13] Drei Stufen: (1) »vertikale« Lyrik, 1922/24; (2) Studium der lyrischen Technik, 1924/30; (3) »horizontale« Lyrik, nach 1927.

[14] IV, 69 ff.; von Weinheber selbst als Folge seiner Begegnung mit der Dichtung Trakls bezeichnet. — Nicht onomatopoetische (= sinngelenkte), sondern sinnlenkende Lautverteilung: vgl. »Buchstabenmystik und Lautsymbolik«, 1932 (IV, 192—204).
Beispiel: »Die Trommel«; vgl. Verf. in Jg 1960, S. 10 ff.

[15] Vgl. »Vom Wesen des lyrischen Gedichtes«, Einleitung zu einer Vorlesung eigener Gedichte, am 3. 4. 30: IV, 170—178. Die Auffassung des künstlerischen Schaffensprozesses als einer gleichsam in vielen Druckkammern betriebenen »Verdichtung« des Gedicht-Anlasses und die Unterscheidung der fünf Elemente des Kunstwerks folgt dem Werk von Hefele und gibt den Extrakt aus seiner aristotelisch-thomistisch systematisierenden Darstellung. — Verf., »Zum Begriff der ›Wortgestalt‹«, in St-Jb 7/1962, S. 216 f.

[16] IV, 164, 239 (u. ö.).

[17] IV, 203. — Das ist *ein* Aspekt des »Steinernen« in der Lyrik Weinhebers; wichtige Aufschlüsse über einen weiteren gibt Hans *Sedlmayrs* Arbeit *»Über Michelangelo«*, München 1940[1], die der Verleger, Reinhard Piper, zu Ostern 1941 dem ihm befreundeten Dichter zugesandt hat: »... die Auffassung des Steins als nicht nur harter, dichter, sondern schwerer Materie, ja als leibhaftiger Schwere ist dem 19. Jahrhundert ... fremd geworden ... Die Schwere des Steins ... gehört zum ›status‹ des gefallenen Menschen ... Die Körperwelt, in die die menschliche Seele gebannt ist, wird schwer, weil sie dem Göttlichen entsinkt und trotz aller Riesenkräfte des Leibs kraftlos ist, in ihm sich zu erhalten ... Wo immer (ein solches Urverhältnis zum Stein oder zur Erde) auftritt, ist es verbunden mit besonders starken Todeserlebnissen und einer Weltangst, die etwas ganz anderes ist als Furcht ...« (Zitiert nach der überarbeiteten Fassung in »Epochen und Werke«, Wien-München: Herold 1959, Bd. I, S. 235—251: »Michelangelo / Versuch über die Ursprünge seiner Kunst.«)

[18] IV, 197, 234: wörtlich nach Hefele, »Das Wesen der Dichtung«, S. 152; vgl. Verf. in St-Jb 7/1962, S. 216 f.

[19] V, 93: »Ich arbeite an einer großen lyrischen Trilogie, wobei mich Leopold Liegler ... in wertvollster Weise durch seine Kritik, überhaupt durch seine rege Mitarbeit unterstützt ... Ich brauche diese Zusammenarbeit mit einem Menschen, der wie kaum ein Zweiter in Österreich um das Wesen der Wortkunst weiß, wie einen Bissen Brot.« — Zu Liegler: Vgl. Ernst Waldinger in »Hochland« 55/1963, S. 484—485.

[20] Die Handschrift mit Weinhebers Übertragungen der »Les roses« von R. M. Rilke habe ich im August 1957 in Kirchstetten gefunden. Vgl. Jg 1959, S. 6 ff. und Jg 1961, S. 4 ff., ferner St-Jb 8/1964, S. 236 ff.

[21] Vgl. V, 66, 108, 121, 123, 212. — Die Salzburger Ausgabe enthält aus den Jahren 1912—1932 nur etwa 1100 Gedichte: bis zu 600 Gedichte (möglicherweise aus den Jahren 1928—1932) wären demnach verloren; es kann sich um »Fingerübungen« handeln, die Weinheber selbst (nach 1932) vernichtet haben mag. Nadlers These aber, »daß nennenswert Unbekanntes kaum mehr an den Tag kommen wird« — I, 649 (1953) —, scheint durch Weinhebers Angaben in den von Nadler (1956) edierten Briefen in Frage gestellt.

[22] Lieglers Charakteristik der Dichtung Weinhebers ist in einer Abschrift von Friedrich Sacher erhalten: ein Dokument — noch ungedruckt —, das die durch Modell-Interpretationen gewonnenen Einblicke in die poetische Praxis und Sprachästhetik Weinhebers bestätigt.

[23] V, 129. Weinheber distanziert seine Konzeption des »Helden« von dem um sich greifenden Sprachgebrauch der NS-Zeit. Vgl. Verf. in der »Jahresgabe« 1960, S. 26, Anm. 14.

[24] G. v. Wilpert (»Lexikon der Weltliteratur«, Stuttgart, Kröner) schreibt, 1963: »Schloß sich zeitweilig ohne näheres polit. Engagement dem Nationalsozialismus an, der s. Ruhm förderte, den er seit 1943 aber innerl. ablehnte.«
Bei Hermann Kunisch (»Handbuch der deutschen Gegenwartsliteratur«, München, Nymphenburger Verlagshandlung) heißt es, 1965: »Stand zeitweilig dem Nationalsozialismus nahe, der seinen Ruhm förderte, den er aber seit 1943 innerlich ablehnte.« — Vgl. zu dem Handbuch des Münchner Ordinarius die Besprechung von Marcel Reich-Ranicki in der »Zeit« (Hamburg) vom 13. Aug. 1965.

[25] Der ersten von den vier Auflagen der Luser-Ausgabe von »Adel und Untergang« war eine Einführung von Friedrich Sacher beigelegt: »Der Lyriker Josef Weinheber« (Wien 1934, 16 S.).

[26] Von Nadler auf 1944 gesetzt, S. 384; die Folge dieser *falschen* Datierung, die er auch nicht im Apparat zu den Bänden IV und V seiner Ausgabe (1954 bzw. 1956) berichtigt hat, war Nadlers *falsche Darstellung der letzten zehn Lebensjahre Weinhebers:* Nadler hat so gut wie alles verflacht, übersehen oder einfach nicht verstanden, wodurch Weinheber dem herrschenden Zeitgeist zu opponieren versucht hat. Nadlers Opus, bis etwa z. J. 1934 eine immer noch wichtige, in manchem grundlegende Arbeit, bezeugt für die entscheidenden Jahre nach dem Durchbruch im wesentlichen *nur, wie die Zeitgenossenschaft Weinheber sah,* es ermißt in gar keiner Weise den Abstand zwischen

ihrem Weinheber-Bild und der wahren Bedeutung, dem Rang seines Werkes.

27 Vgl. IV, 83.

28 V, 468 (5. Mai 41), im Original nicht gesperrt; vgl. V, 457, 479.

29 »Die Fackel«, Nr. 885—887 von Ende Dezember 1932, S. 1—4: »Diese Gewähr eines moralischen Gewinns liegt in einer geistigen Disziplin, die gegenüber dem einzigen, was ungestraft verletzt werden kann, der Sprache, das höchste Maß einer Verantwortung festsetzt und wie keine andere geeignet ist, den Respekt vor jeglichem andern Lebensgut zu lehren. Wäre denn eine stärkere Sicherung im Moralischen vorstellbar als der sprachliche Zweifel?... Welch ein Stil des Lebens möchte sich entwickeln, wenn der Deutsche keiner andern Ordonnanz gehorsamte als der der Sprache!... Den Rätseln ihrer Regeln, den Plänen ihrer Gefahren nahezukommen, ist ein besserer Wahn als der, sie beherrschen zu können. Abgründe dort sehen zu lehren, wo Gemeinplätze sind — das wäre die pädagogische Aufgabe an einer in Sünden erwachsenen Nation... Der Mensch lerne, ihr zu dienen!« (Zitiert nach Karl Kraus, »Die Sprache«, München: Kösel 1954, S. 437 f.)
Fernzubleiben hat jeder alte oder neue (der Sprachauffassung von Karl Kraus fremde und an sie nicht heranreichende) Sprach-Mystizismus. Außerdem liegt die Wendung zur Sprache in der Konsequenz der Ursprünge von Weinhebers Dichtung: Vgl. Verf., in St-Jb 6/1959, S. 182 ff. (S. 183, 2. Zeile von unten muß es richtig heißen: »Eigengesetzlichkeit«.)

30 Weinheber besaß fast alle von 1918—1934 erschienenen Hefte der »Fackel« (Nr. 484—905) und mehrere der Buch-Publikationen (Aphorismen-Sammlungen, Worte in Versen, die Akt-Ausgabe der »Letzten Tage der Menschheit«); er war außerdem regelmäßiger Hörer der *Vorlesungen* von Karl Kraus gewesen (»Theater der Dichtung«!), von dem er auch für den Vortrag seiner eigenen Gedichte Charakteristisches gelernt hat. — Vgl. Edwin Hartl in Jg 1958, S. 55—65, und Verf., in Jg 1960, Jg 1961, und in den St Jb 6/1959, 7/1962 und 8/1964.

31 Eine erst der Nachwelt klare polemische Demonstration von bitterer Ironie — aber auch das Unvermögen zu anderer oder gar »neuer« Aussage, die Unlust eines Menschen, der zwar als Dichter sich unwiderlegt wußte, dem aber auch bewußt war, daß er als Mensch sich in einen Kampf gegen die Zeit eingelassen hatte, in dem er — wenigstens in dieser Zeit — unterliegen mußte.
Nichts davon hat Nadler bemerkt, der seit dem (mit seiner Hilfe geglückten) Durchbruch im Jahre 1934 über die Rede bei der (von ihm durchgeführten) Promotion weiter bis zu dem (von ihm »tragisch« genannten) Tod des Dichters im Jahre 1945 eine einzige, ungebrochene, unaufhaltsam höhersteigende Entwicklungslinie zieht.

32 Nadlers Biographie und Muschgs Essay »Josef Weinhebers Glück und Ende« berücksichtigen die im V. Bd. (1956) gesammelten Briefe noch nicht und sind dadurch in vielem überholt. Für die vorstehende Zeittafel konnten außer diesen und anderen veröffentlichten weitere, bisher unausgewertete Materialien benutzt werden.

A. VERSFÜSSE

/ .	Trochäus[1]	»**Le**ben«
. /	Jambus	»im **Geist**«
/ . .	Daktylus	»**dich**terisch«
. . /	Anapäst	»mit Ge**sang**«
/ . /	Kretikus	»**Flug**, o **führ**«
. / .	Amphibrachys	»des **To**des«
/ . . /	Chorjambus	»**Wo**ge und **Blitz**«

— — Spondeischer Rhythmus: Den natürlichen Wortton mehr oder weniger verändernde »schwebende« Betonung zweier Silben. Vgl. Anm. 33 zu S. 437; dort Beispiele.

B. VERSZEILEN

Adoneus:

/ . . / .	»**klopf**enden **Her**zens«

Kleiner Archilochius:

/ . . / . . /	»**miß**t seinen **bit**tern Tri**umph**«

Pherekrateus:

/ . / . . / .	»**daß** die **spä**ten **Ä**one«

Glykoneus:

/ . / . . / . /	»**denn** wie **lebt** er nur **ei**nen **Tag**«

[1] *Zeichenerklärung:*
/ = Verston tragende Silbe; . = unbetonte Silbe
|| = Verseinschnitt (Zäsur, Pause im Vers)
Abkürzungen:
alk(äisch) — anap(ästisch) — archil(ochisch) — asklep(iadeisch) — dakt(ylisch) — gl(ykoneisch) — jamb(isch) — pher(ekrateisch) — sapph(isch) — troch(äisch);
9 = neunsilbig, 10 = zehnsilbig, 11 = elfsilbig.
Tonbeugung, Tonversetzung: Vom Metrum geforderte, jedoch im Gegensatz zum Prosa-Tonfall, zur »natürlichen« Betonung stehende Akzentuierung einer Silbe, um die Aussage mit einem zunächst nicht erwarteten, besonderen und tieferen Sinn zu erfüllen: sie ist gestattet, wo dies gelingt, sonst verboten.

Kleiner Asklepiadeus:
/ . / . . / || / . . / . /
»hab ein **Ehrenmal, ein** || **ewiges, ich** gesetzt«

Großer Asklepiadeus:
/ . / . . / || / . . / || / . . / . /
»**Vielmißhandeltes Wort** || **menschliches Wort** || **göttliches: Menschlichkeit!**«

Sapphischer Elfsilber (trochäisch-daktylischer Elfsilber):
/ . / . / . . / . / .
»**Nimm** des **Menschen Dunkelstes: Dies** ist **ewig**«

Alkäischer Elfsilber (jambisch-anapästischer Elfsilber):
. / . / . / . . / . /
»**Laß** jene **deuteln. Einige grüßen dich**«

C. STROPHEN (alle sind vierzeilig):

1. DIE ALKÄISCHE STROPHE:

alk.	11	. / . / . / . . / . /
alk.	11	. / . / . / . . / . /
alk.	9	. / . / . / . / .
alk.	10	/ . . / . . / . / .

VARIANTEN:

Ode 21 (S. 296):	alk.	9 (11)	. / . / . / . / . (/ .)
	alk.	10	/ . . / . . / . / .
	troch.-dakt.	9	/ . / . / . . / .
	jamb.-anap.	9	. / . / . / . . /
Ode 30 (S. 302)	dakt.-troch.	10[2]	/ . . / . / . . / .
	dakt.-troch.	9	/ . / . . / . / .
	dakt.-troch.	9	/ . / . . / . / .
	asklep. (1/2)		/ . / . . /

2. DIE SAPPHISCHE STROPHE:

sapph.	11	/ . / . / . . / . / .
sapph.	11	/ . / . / . . / . / .
sapph.	11	/ . / . / . . / . / .
adon		/ . . / .

[2] Strophen 3 und 4 = jamb.-anap. 10: . / . / . / . . / .

VARIANTEN:

»Sache des Sängers«, S. 259; »Geist und Leben«, S. 255:

troch.-dakt. 11[3]	/ . / . . / . / . / .
troch.-dakt. 11 (12)[3]	/ . / . / . . / . / .
pher.	/ . / . . / .
kl. archil.	/ . . / . . /

Ode 2 (S. 284): troch.-dakt. 11	/ . / . . / . / . / .
kl. asklep.	/ . / . . / ‖ / . . / . /
troch.-dakt. 11[4]	/ . . / . / . . / . /
alk. 9	. / . / . / . / .

3. DIE ASKLEPIADEISCHEN STROPHEN:

a) DIE ERSTE ASKLEPIADEISCHE STROPHE:

vier kl. asklep.	/ . / . . / ‖ / . . / . /

b) DIE ZWEITE ASKLEPIADEISCHE STROPHE:

kl. asklep.	/ . / . . / ‖ / . . / . /
kl. asklep.	/ . / . . / ‖ / . . / . /
kl. asklep.	/ . / . . / ‖ / . . / . /
gl	/ . / . . / . /

c) DIE DRITTE ASKLEPIADEISCHE STROPHE:

kl. asklep.	/ . / . . / ‖ / . . / . /
kl. asklep.	/ . / . . / ‖ / . . / . /
pher	/ . / . . / .
gl	/ . / . . / . /

d) DIE VIERTE ASKLEPIADEISCHE STROPHE:

gl	/ . / . . / . /
kl. asklep.	/ . / . . / ‖ / . . / . /
gl	/ . / . . / . /
kl. asklep.	/ . / . . / ‖ / . . / . /

e) DIE FÜNFTE ASKLEPIADEISCHE STROPHE:

vier gr. asklep.	/ . / . . / ‖ / . . / ‖ / . . / . /

[3] mit wechselnder Stellung des einen bzw. der zwei Daktylen.

[4] Strophe 3: / . / . . / . . / . /

VARIANTE:

gr. asklep. / . / . . / || / . . / || / . . / . /
gr. asklep. / . / . . / || / . . / || / . . / . /
gr. asklep. / . / . . / || / . . / || / . . / . /
pher / . / . . / .

4. DIE HIPPONAKTEISCHE STROPHE:

(Ode 15, S. 292)

/ . / . / . /
. / . / || / . / . / .
/ . / . / . /
. / . / || / . / . / .

5. DIE KLOPSTOCK-STROPHE:

(Ode 12, S. 290)

. / . / . . /
/ . / . . / . /
/ . / || / . / || / . / . /
/ . . / . . / || / . . /

ERKLÄRUNG EINIGER WIENER AUSDRÜCKE

Bagauner	Bakonyer, ungarisches Mastschwein aus dem Bakonyerwald
Bahö(l)	Geschrei, Wirbel
blädern	rasch dahinfahren
Coloniakübel	Kübel der Städtischen Kehrichtabfuhr
Erdzeißel	Zeisel (Nagetier); Schimpfwort
Eß	Abkürzung für Schilling
Göß (Gösser)	steirische Biermarke, in Wien sehr beliebt
Kåschernåt	Mischgericht, mit abfälliger Nebenbedeutung
Maxen	Geld, Kapital
O. K.	bekannte Wiener Gaststätte
påbeln	betteln
palästern	Fußball spielen
palisieren	davonlaufen
pickter Schadel	geklebter Scheitel
Tschecherl(n)	kleine vorortliche Gaststätten
z'lecksent	zer-leck-sent, leck sein
z'nepft	zerzupft

ERKLÄRUNG DER ABKÜRZUNGEN

I—V = Josef Weinheber, Sämtliche Werke, Bd. I—V, Salzburg, Otto Müller 1953—56. (Vgl. dazu die Besprechung von Harry Bergholz in »Euphorion« 52/1958, S. 207—222)

Jg = Jahresgabe der Josef Weinheber-Gesellschaft Wien (Wien XIV, Bierhäuselberggasse 39), 1956 ff.

N = Nadler, Josef: »Josef Weinheber / Die Geschichte seines Lebens und seiner Dichtung«. Salzburg, Otto Müller 1952

St-Jb = Stifter-Jahrbuch (Band / Erscheinungsjahr), Jahrbuch des Adalbert Stifter Vereins in München, hgg. v. Helmut Preidel, Verlag Dr. Edmund Gans, 8032 Gräfelfing bei München, Rudolfstraße 32

BIBLIOGRAPHIE

Bergholz, Harry: »Josef Weinheber Bibliographie«, Bad Bocklet-Wien, Walter Krieg Verlag 1953 (Bibliotheca bibliographica, Bd. 14)

Bergholz, Harry: »Weinheber-Schrifttum. Ein Forschungsbericht«, in: »Deutsche Vierteljahrsschrift für Literaturwissenschaft und Geistesgeschichte«, 31/1957, S. 557—579

Hirschenauer-Weber: »Wege zum Gedicht«, München / Zürich, Schnell & Steiner 1956, S. 464—466 (Bibliographischer Teil: Stand von 1960)

Jahresgabe der Josef Weinheber-Gesellschaft, Wien 1956 ff.

außerdem:

Adel, Kurt: »Josef Weinhebers Weg durch die Welt der Künste zum Wort«; in Jg 1956, S. 1—12

Adel, Kurt: »Späte Krone«; in Jg 1957, S. 9—24

Adel, Kurt: »Verzeichnis der Gedichte Josef Weinhebers«; in Jg 1959, S. 97—107

Adel, Kurt: »Janus«; in Jg 1962, S. 40—46

Auden, Wystan Hugh: »Josef Weinheber« (Gedicht, übertragen von Herbert Heckmann), in: »Neue Rundschau« 76/1965, Heft 3, S. 398—405

Beißner, Friedrich: »Satzton und Verston«, in »Der Deutschunterricht« 16/1964, Heft 6, S. 33—49

Binder E.: »Josef Weinheber und die Antike«, Diss. Wien 1959

Braun, Dietrich: »Die lyrische Poetik Josef Weinhebers«, Diss. München 1955

Conrady, Karl Otto: »Lateinische Dichtungstradition und deutsche Lyrik des 17. Jahrhunderts« (Bonner Arbeiten zur Deutschen Literatur, Bd. 4; Habilitationsschrift). Bonn, H. Bouvier u. Co., 1962

Cysarz, Herbert: »Josef Weinheber und die jüngste deutsche Lyrik«, in: Jg 1964/65, S. 3—21

Fackiner, Kurt: »Problematik des Wortes im lyrischen Werke Josef Weinhebers / Versuch einer perspektivischen Deutung«, Diss. Frankfurt/Main 1954

Feldner, Fritz: »Dichter zwischen zwei Welten / Zu Josef Weinhebers Tod vor zwanzig Jahren«, in: »Neues Österreich«, Wien (10. 4. 1965)

Feldner, Fritz: »Josef Weinheber / Eine Dokumentation in Bild und Wort«, Salzburg/Stuttgart, Verlag Das Bergland-Buch 1965

Finke, Edmund: »Josef Weinheber. Der Mensch und das Werk«. Salzburg/Köln/Zürich 1950

Franke, Walter: »Josef Weinheber: ›Der Baum‹ — Ein Zeitgedicht«, in: »Der Deutschunterricht« 10/1958, Heft 5, S. 59—65

Frenzel, Herbert: »Josef Weinheber, Tragik und Form«, in: »Merkur« 10/1956, S. 393—397

Friedrich, Hugo: »Die Struktur der modernen Lyrik / Von Baudelaire bis zur Gegenwart«. Hamburg, Rowohlt 1956 (rde Nr. 25)

Göbbels, Peter: »Stil- und Motivstudien zur Dichtung Josef Weinhebers«, Diss. Freiburg i. Br. 1961

Habe, Hans: »Dem Dichter zur Ehre«, in: »Badisches Tagblatt«, Baden-Baden (8. 4. 65)

Hartl, Edwin: »Weinheber und Karl Kraus«, in: Jg 1958, S. 55—65, jetzt — »Josef Weinheber und Karl Kraus« —, überarbeitet und erweitert, in: »Österreich in Geschichte und Literatur«, hgb. v. Institut für Österreichkunde, Wien (9/1965, Folge 4 = April, S. 214—223)

Hartl, Edwin: »Josef Weinheber / 1892—1945«, in: »Wort in der Zeit. Österreichische Literaturzeitschrift«, 6/1960, April-Heft, S. 14 ff.

Hartl, Edwin: »Adel nach dem Untergang / Zum 20. Todestag des Lyrikers Josef Weinheber«, in: »Die Presse«, Wien (8. 4. 1965)

Heer, Friedrich: »Josef Weinheber aus Wien«, in: F. H., »Land und Strom der Zeit. Österreich gestern, heute, morgen«, Wien 1958, S. 272—292

Heselhaus, Clemens: »Josef Weinheber: Das magisch-virtuose Gedicht«, in: C. H., »Deutsche Lyrik der Moderne / Von Nietzsche bis Yvan Goll (Die Rückkehr zur Bildlichkeit der Sprache)«. Düsseldorf, August Bagel Verlag 1961

Hornung-Jechl, Maria: »Wiener Redensarten in Josef Weinhebers ›Wien wörtlich‹«, in: »Muttersprache« 68/1958, S. 142—147

Ibel, Rudolf: »Josef Weinheber«, in: R. I., »Mensch der Mitte«. Hamburg, Holsten-Verlag 1962, S. 185—248 und 254—259

Jenaczek, Friedrich: »Zeittafeln zur ›Fackel‹ / Themen, Ziele, Probleme (mit einer einführenden Schrift von Emil Schönauer ›Über Karl Kraus‹)«. Edmund Gans Verlag, Gräfelfing bei München / *in Kommission bei Kösel-Verlag München* 1965

Jenaczek, Friedrich: »Josef Weinheber: ›Zwischen Göttern und Dämonen ...‹ (Ode 36)« in: Hirschenauer-Weber, »Wege zum Gedicht«, 1956; S. 360—367

Jenaczek, F.: »Aufzeichnungen zu einem Gedicht von Josef Weinheber (›Zwischen Göttern und Dämonen‹, Ode 36)«, in: St-Jb 5/1957, S. 218—241

Jenaczek, F.: »Josef Weinhebers frühe Gedichte / Studien zur Periode des am Stoff orientierten Interesses, 1915—1922«, in: St-Jb 6/1959, S. 164—190

Jenaczek, F.: Josef Weinhebers Nachdichtungen von R. M. Rilkes Zyklus »Les Roses« (I—XXIV), hgg. in: Jg 1959, S. 6 ff., Jg 1961, S. 4 ff.

Jenaczek, F.: »Im Hinblick auf Weinhebers ›Romane‹«, in: Jg 1959, S. 32—74

Jenaczek, F.: »Resultate eines lyrischen Experiments«, in: Jg 1960, S. 10—50 und Jg 1961, S. 33—53 (Interpretation von »Die Trommel«; Weinheber und Karl Kraus; Strukturmerkmale der modernen Lyrik bei Weinheber)

Jenaczek, F.: »Zum Begriff der ›Wortgestalt‹« / Ein Brief über den Einfluß der Ästhetik von Karl Kraus auf Josef Weinheber«, in: St-Jb 7/1962, S. 203—220 (Interpretation von »Aus dem Geiste des Gesanges«)

Jenaczek, F.: »Wort und Wert. / Zu Josef Weinhebers Übersetzungen aus Horaz und aus Rilke«, in: St-Jb 8/1964, S. 209—242 (mit Proben aus den »Les Roses«-Nachdichtungen)

Keller, Paul Anton: »Josef Weinheber«, in P.A.K., »Dreigestirn / Josef Weinheber — Max Mell — Josef Friedrich Perkonig / Begegnungen, Erinnerungen.« Maria Rain, Verlag Dr. Bertl Petrei 1963, S. 7—27

Lausberg, Heinrich: »Elemente der literarischen Rhetorik«. München, Max Hueber Verlag 1963

Löwith, Karl: »Hegel und die Sprache«, in: »Neue Rundschau« 76/1965, Heft 2, S. 278—297 und 375

Maier, F.: »Josef Weinhebers Stellung zur Sprache«. Diss. Wien 1958

Mönch, Walter: »Bekenntnis zu Gesetz und Form« (Josef Weinhebers Sonettdichtung), in: W. M., »Das Sonett / Gestalt und Geschichte«. Heidelberg F. H. Kerle Verlag 1955, S. 261—264

Müller-Seidel, Walter: »Der Fall Weinheber«, in: W. M.-S., »Probleme der literarischen Wertung / Über die Wissenschaftlichkeit eines unwissenschaftlichen Themas«. J. B. Metzlersche Verlagsbuchhandlung, Stuttgart o. J. [1965], S. 26 und 148—160

Muschg, Walter: »Josef Weinhebers Glück und Ende«, in: W. M., »Die Zerstörung der deutschen Literatur«. Bern und München, Francke 1956[1]

Muschg, Walter: »Der Zauber der Abstraktion in der Dichtung«, in: »Euphorion« 58/1964, S. 239—242

Pecinka, Dr. med. H.; »Adel und Untergang« (Krankheitsgeschichte und Todesursache); in: »Materia therapeutica / Aus Klinik und Praxis für Klinik und Praxis«, Wien, 11/1965, Heft 3 (Mai), S. 88—98

Pfeiffer, Johannes: »Kunst und Existenz: Über den Lyriker Josef Weinheber«, in: J. Pf., »Die dichterische Wirklichkeit. Versuche über Wesen und Wahrheit der Dichtung«. Hamburg 1962, S. 48—56, 167, 170

Rohm, Karl: »Blick in den Spiegel. Josef Weinhebers Selbstbildnisse«, in: Jg 1962, S. 9—39, und Jg 1963, S. 8—41

Sacher, Friedrich: »Der Lyriker Josef Weinheber«. Wien 1934 (Beilage zur 1. Auflage von »Adel und Untergang«, Wien, Verlag Adolf Luser)

Sacher, F.: »Der Lyriker Josef Weinheber« (2. erweiterte Fassung), in: »Josef Weinheber / Persönlichkeit und Schaffen«, hgg. v. Adolf Luser, Wien 1935

Sacher, F.: »Der Lyriker Josef Weinheber. Ein Bekenntnis«. Wien, Hollinek 1949 (Österreichische Heimat, 10)

Sacher, F.: »Arbeitsbegegnungen (mit Josef Weinheber)«, in: Zillich (Hgb.), »Bekenntnis zu Josef Weinheber«, 1950, S. 141—146

Sacher, F.: »Josef Weinheber«, Essay, Einleitung zu der Auswahl aus Josef Weinheber in der Stiasny-Bücherei (»Über alle Maße aber liebte ich die Kunst«) Graz und Wien, Bd. 81, 1960; jetzt auch in F. S., Ausgewählte Werke in drei Bänden, Bd. »Die Brunnenstube«, Wien, Kremayr & Scheriau 1964, S. 287—315

Stawars, Lois: »Zur Abstammung Josef Weinhebers«, in: Jg 1960, S. 51—60

Trunz, Erich: »Die Formen der deutschen Lyrik in der Goethezeit« (Lied, Ode, Elegie, Freie Rhythmen, Sonett, Stanze, »Gedicht« schlechthin), in: »Der Deutschunterricht« 16/1964, Heft 6, S. 17—32

Vogtmann, Martha: »Die sprachkünstlerische Gestaltung der Lyrik Josef Weinhebers«. Diss. Erlangen 1954

Waldinger, Ernst: »Leopold Liegler«, in: »Hochland« 55/1963, S. 484—485

Waldinger, Ernst: »Schlaflose Stunden / Den Manen Josef Weinhebers«, in: »Ich kann mit meinem Menschenbruder sprechen«, Gedichte. Wien, Bergland Verlag 1965, S. 129; ebd., S. 130: »Erinnerung an Leopold Liegler«, und S. 87: »Kleine Sängergruppe in Neulerchenfeld«

Zillich, Heinrich (Hgb.): »Bekenntnis zu Josef Weinheber / Erinnerungen seiner Freunde«, Salzburg, Akademischer Gemeinschaftsverlag 1950

VERZEICHNIS DER TITEL UND GEDICHTANFÄNGE